ClimatePartner °
klimaneutral
Verlag | ID: 128-50040-1010-1082

CO₂-Emissionen vermeiden, reduzieren, kompensieren –
nach diesem Grundsatz handelt der oekom verlag.
Unvermeidbare Emissionen werden durch
Emissionsminderungszertifikate mit Gold Standard ausgeglichen.
Mehr Informationen finden Sie unter: www.oekom.de

Bibliografische Information der Deutschen Nationalbibliothek:
Die Deutsche Nationalbibliothek verzeichnet diese Publikation
in der Deutschen Nationalbibliografie; detaillierte bibliografische
Daten sind im Internet über http://dnb.d-nb.de abrufbar.

Deutsche Erstausgabe

© oekom verlag München 2014
Gesellschaft für ökologische Kommunikation mbH,
Waltherstraße 29, 80337 München

Gestaltung und Satz: Reihs Satzstudio, Lohmar
Illustrationen: Bernd Wiedemann, Krailing
Lektorat: Susanne Darabas
Druck: GGP Media GmbH, Pößneck

Dieses Buch wurde auf FSC®-zertifiziertem Recyclingpapier
und auf Papier aus anderen kontrollierten Quellen gedruckt.
Circleoffset Premium White, geliefert von Igepagroup,
ein Produkt der Arjo Wiggins.

MIX
Papier aus verantwor-
tungsvollen Quellen
FSC® C014496

Peter Finke

CITIZEN SCIENCE

Das unterschätzte Wissen der Laien

Mit einem Nachwort
von Ervin Laszlo

Erinnerung und Protest zugleich:
Paul Feyerabend (1924–1994)

Inhalt

Vorwort

Dieses Buch plädiert für eine Abrüstung:
die Abrüstung unseres zu stark auf die professionelle Wissenschaft
verengten, überhöhten Wissenschaftsbildes.

Dieses Buch schließt eine Lücke, eine Lücke im gewöhnlichen Wissenschaftsverständnis. Sie klafft zwischen den Profis und den Laien, dort, wo Menschen als Wissenschaftler tätig sind, ohne Wissenschaftler zu sein. Aber es ist auch ein Beitrag zur Veränderung unseres Lebens hin zu einer zukunftsfähigeren Welt. Das oft missachtete Wissen der Bürger spielt hierbei eine Schlüsselrolle. Wie kann dies zusammengehen?

Hier wird etwas thematisiert, wofür es im angelsächsischen Raum schon einen populären Begriff gibt, anderswo noch kaum: Citizen Science. Ohne die Grenzen dieses Konzepts zu übergehen, die unübersehbar sind, lässt es doch angesichts seiner Chancen eine Vision aufscheinen: die Vision der teilweisen Befreiung der Wissenschaft aus dem Elfenbeinturm und ihrer Rückkehr in die Mitte der Gesellschaft. Dort wird beides durch freie Wissensbürger zusammengebunden. Sicher: Wirklichkeit und Vision liegen ein Stück weit auseinander. Aber unerreichbar ist ihr Zusammentreffen nicht. Es ist allerdings eine Begegnung, der Brisanz innewohnt: An ihr muss gearbeitet werden.

Die Chancen werden auch von Risiken begleitet. Das größte Risiko besteht darin, den neuen Begriff unter Wert zu handeln. Es gibt reichlich Literatur über Wissenschaft, aber nur wenig über Citizen Science. Und dies Wenige bleibt oft oberflächlich. Citizen Science endet in solchen Darstellungen meist irgendwo zwischen Mitmachportalen und Freizeitgestaltung. Begeisterung ist oft spürbar, aber eine genauere Reflexion auf den Sinn des Ganzen fehlt. Dabei geht es um ein ganz großes, aktuelles Thema: die Wissenschaftsgrenze für Nichtprofis auch in der Forschung durchlässiger zu machen.

Mit diesem Programm ist die Citizen Science-Bewegung eine der stärksten, zugleich traditionsreichsten und modernsten Ausdrucksformen bürgerschaftlichen Engagements in der Zivilgesellschaft. Sie engagiert sich für einen breiten Zugang zum Wissen, wirbt für die aktive Beteiligung vieler Menschen an seiner Gewinnung, stärkt die Position der Laien gegenüber den Experten und verändert dadurch die Gesellschaft. Sie spielt eine wichtige Rolle bei der notwendigen Vermeidung der Fallen unserer riskant gewordenen Lebensweisen, der Zurückdrängung unserer Abhängigkeit von etablierten Institutionen und Gewohnheiten, der Befreiung von den vielen neuen Mythen (»Geld, Wachstum, Fortschritt«) und der nötigen Orientierung beim Aufbruch in eine demokratische Wissensgesellschaft. Sie sucht mit diesen Tugenden nicht die Konfrontation mit der normalen akademischen Wissenschaft, auch wenn ihre andere Verfasstheit, ohne Stellen, Institute und Machtzentren, kritische Impulse freisetzt, die sich nicht zuletzt an jene Adresse richten. Citizen Science könnte, so bescheiden sie auftritt, Professional Science verändern helfen. Das Einfache und das Anspruchsvolle schließen einander nicht aus.

Meine Methode ist also anders als üblich. Gemeinhin redet man nur von Wissenschaft und Nichtwissenschaft; ich weise aber darauf hin, dass nicht alle Wissenschaft so aussehen und agieren muss wie die professionelle in ihren Institutionen. Nur wenn man zu dieser Differenzierung bereit ist, kann man die Charakteristika von Citizen Science wirklich erfassen. Auch muss man den Blick deutlich über die Naturwissenschaften hinaus erweitern; es geht letztlich um einen kulturellen Wandel.

Zwei Ergänzungen des fortlaufenden Textes sollen diesen nicht nur auflockern, sondern das Buchthema direkter erfahrbar machen. In Kästen lasse ich anonyme Sprecher aus verschiedenen Berufen typische Citizen Science-Situationen kommentieren. Dieses Material stammt aus mehreren Befragungen, die ich in verschiedenen Lehrforschungsprojekten zwischen 1996 und 2005 gemeinsam mit Studierenden in Bielefeld und Witten-Herdecke durchgeführt habe. Die Kapitel leite ich jeweils durch einen kurzen kursiv gedruckten Abschnitt ein, der einzelnen Citizen Scientists gewidmet ist. Dabei verkörpern neben einigen herausragenden Persönlichkeiten viele nur regional bekannte oder unbekannte Personen dasjenige, was ich das »Basislager der Wissenschaft« nenne. Ich möchte diesen Menschen hier stellvertretend für viele andere die Ehre der Anerkennung ihrer Leistung erweisen, die ihnen von der Gesellschaft meistens vorenthalten wird. Schließlich werden noch einzelne kürzere Abschnitte durch einen Balken hervorgehoben.

Metaphern können helfen, eine unbekannte Sache zu verstehen. Vier von Bernd Wiedemann sehr sorgfältig gezeichnete Bilder sollen auf die verschiedenen Aspekte des Themas aufmerksam machen: die Expedition, der Apfelbaum, das Haus und die Pyramide. Sie werden zu Beginn der jeweiligen Buchteile erläutert.

Für Anregungen, Ermutigung und Kritik danke ich vielen Freunden und Kollegen. Ich nenne stellvertretend nur wenige, unter ihnen an erster Stelle einen, der seit zwei Jahrzehnten nicht mehr unter uns ist: Paul Feyerabend. Sein Buch »Erkenntnis für freie Menschen« verschonte nur eine Gruppe der Gesellschaft von beißender Kritik: die Laien. Hieran möchte ich erinnern. Feyerabend war ein höchst ideenreicher Zyniker und Verfechter des demokratischen Prinzips, dass Wissen auch vom Volke ausgeht. Damit gebührt ihm ein Platz in der Geschichte von Citizen Science. Doch meine Erinnerung ist zugleich ein Protest, denn er hat sich leider durch seine maßlose Wissenschaftskritik selbst die Wirkung genommen. Für einzelne konkrete Hinweise danke ich vor allem Haji Badaruddin (Kuching), Sarah Darwin (Berlin/Landermere), Herve Gonin (Paris), Stefan Menzel (Schierke), Christian Preiswerk (Bern), Joachim Radkau (Bielefeld), Hermann-Josef Roth (Bonn), Gerhard Scherhorn (Mannheim), Ingo Schindler (Berlin), Jan Wirrer (Spenge) und Zahar Zakaria (Kuala Lumpur).

Christoph Hirsch und seine Kolleginnen und Kollegen vom oekom verlag waren hilfreiche Begleiter, von denen ich viel über den Unterschied von Bücherschreiben und Büchermachen gelernt habe. Olivier Perrin danke ich dafür, dass er uns im Sommer 2013 seine Pariser Wohnung auf dem Montmartre zur Verfügung stellte, damit ich die wesentlichen Teile des Manuskripts dort fertigstellen konnte.

Dass Ervin Laszlo für mein Buch ein Nachwort geschrieben hat, freut mich besonders. Während ich die Wissenschaft von unten sehe, sieht er sie eher von oben. Er hat sie als eine der kulturellen Kräfte bezeichnet, ohne die wir aus den Sackgassen der Gegenwart nicht herausfinden werden. In den Gedanken, die er meinem Buch mit auf den Weg gibt, bestätigt er, dass auch Citizen Science dazu gehört, ja sogar eine sehr wichtige Rolle hierbei spielen muss. Er gibt damit dem Wissen der Laien die Würde zurück, die die bisherige Nichtbeachtung durch Forscher und Politiker ihm genommen hat.

Bielefeld und Paris, im August 2013
Peter Finke

Wissenschaft ist wie eine große, aufwendige Expedition, eine Art Himalaya-expedition in das Land des Wissens. Viele sind daran beteiligt. Es fällt aber auf, dass das Interesse der Öffentlichkeit und der Medien eigentlich nur den professionellen Gipfelstürmern gilt. Nur sie werden als Bergsteiger gefeiert beziehungsweise als Wissenschaftler bezeichnet. Dabei verdanken sie ihren Erfolg maßgeblich auch all jenen, die die nötige Grundausrüstung tragen, selber jedoch nur bis zum Basislager mitkommen. Man sollte nicht vergessen, dass auch sie gute bis sehr gute Bergsteiger sind, Menschen, ohne die die Expedition kaum Erfolg haben könnte. Auch ein Berufswissen-schaftler kann lernen, dass es Laienwissenschaftler gibt, die sich in der Hingabe und der Lust am Wissenwollen und in den Basisfähigkeiten von ihm nicht unterscheiden.

Citizen Science ist eine Art Basislager der Wissenschaft. Die Selbstbe-schränkung auf grundlegende und einfache, bisweilen auch komplexere, aber zumeist lokal oder regional geerdete Forschung auf vielen lebens-praktisch relevanten Gebieten ist ein durchgängiges und oft als Qualitäts-mangel missgedeutetes Merkmal von Citizen Science. Grundlegend heißt jedoch nicht schlecht. Die Beschränkung auf die Basis ist kein Zeichen minderer Qualität, sondern ein Beleg für Einsicht, Lebensnähe und Praxis-bezug; also eher ein Qualitätsmerkmal. Es reicht völlig aus, um Wissen-schaft zu kennzeichnen. Die vielen Spezialinstrumente, die Profis darüber hinaus noch benötigen, lenken hiervon eher ab.

Unserem Wissenschaftsverständnis tut eine Abrüstung gut.

TEIL I

Die Expedition,
oder:
Laien sind nicht dumm

Im ersten Teil des Buches wird die Idee von Citizen Science als zugleich altes und junges Phänomen vorgestellt. Ohne häufigen Rekurs auf Professional Science, die vielfach als einzige beziehungsweise als Alleinvertretung von Wissenschaft gesehen wird, geht das nicht. Deshalb wird sie hier eine große Rolle spielen sowie die Literatur zum Thema und die Lücken, die es in diesem Zusammenhang gibt.

Das Bild einer Bergexpedition ist zum Zweck der Veranschaulichung sehr hilfreich.

Wie sehr die Gipfelerfolge von der Erfahrung, der Kraft und dem Können der vielen guten Bergsteiger abhängen, die nur bis zum Basislager mitgehen und die gesamte, für alle nötige Ausrüstung dort hintragen, darüber denkt kaum einer nach. Professional Science ist nur der anspruchsvollste, spektakulärste Teil der gesamten Wissenschaft; ihr Basislager ist Citizen Science. Trotz der ihr eigenen Bescheidenheit verdient diese, in vollem Umfange als Wissenschaft ernst genommen zu werden. Sie thematisiert, was viele interessiert, und handelt im demokratischen Erfahrungsraum des ganzen Volkes.

Wir sollten deshalb unser einseitiges Verständnis von Wissenschaft abrüsten und uns daran erinnern, dass auch die Rationalität der Laien die Wissenschaft mitträgt, und dass das Streben nach Wissen alle Bürger miteinander verbindet.

Der Status quo:
Eine Ausgangslage mit manchen Lücken

Anfang 2013 rief der Wissenschaftsjournalist Richard Friebe die 90-jährige Hausfrau Irmgard Sonneborn an und fragte sie, was sie von Beruf sei. »Verkäuferin«, sagte sie. Doch die Verkäuferin Irmgard Sonneborn hatte einen in der Fachwelt weithin bekannten Namen als Botanikerin und Pilzexpertin. Sie hatte nie eine höhere Schule besucht, geschweige denn als Studentin eine Universität von innen gesehen. Und doch wurde sie eine gefragte Gesprächspartnerin von Professoren der Botanik und der Mykologie. »Wir hatten ein erfülltes Leben, mein verstorbener Mann und ich«, sagte sie am Ende jenes Telefongesprächs, »denn wir hatten ja die Natur und die Forschung.«[1]

Die Wissenschaft ist gespalten in die der Profis und die der Laien. Wenn man Berufswissenschaftler nach Citizen Science[2] fragt, verziehen nicht wenige das Gesicht, als wollten sie sagen: Na gut, aber so richtige Wissenschaft ist das ja nicht. Und umgekehrt sind manche Laien auch unsicher, ob man für ihre Bemühungen um Wissen den sehr prestigebeladenen Begriff der Wissenschaft in Anspruch nehmen darf. So kommt es, dass beides nebeneinander existiert, wie zwei etwas fremdelnde Nachbarn: Professional Science und Citizen Science.[3]

Eigentlich ist – so sollte man denken – nur die professionelle Wissenschaft als solche ernst zu nehmen, doch erweist sich diese Annahme bei näherer Betrachtung als falsch. Beispiele wie das von Irmgard Sonneborn, das leicht um Hunderte Namen ergänzt werden könnte, zeigen: Es gibt eine Wissenschaft jenseits der Wissenschaft. Aber dies ist keine Metaphysik, sondern eine Wissenschaft wie die andere auch, nur ist sie meistens bescheidener, darum aber nicht schlechter, und oft auf unkonventionellen, nichtprofessionellen Pfaden zu dem geworden, was sie ist. Als solche verrichtet sie – in der mehr oder weniger engen Nachbarschaft zur professionellen Wissenschaft, aber doch unter anderen Rahmenbedingungen – ihre ebenfalls wichtige und gesellschaftlich nützliche Arbeit. Sie trägt einen noch ungewohnten Namen: Citizen Science.

Es gibt bisher wenig Fachliteratur zu Citizen Science. Meist wird darin der Gegenstand sehr schlicht und oberflächlich als eine Form von Wissenschaft charakterisiert, an der viele Menschen sich beteiligen oder beteiligt werden – eine Art gehobenes Freizeitvergnügen. Dies ist richtig und doch zu wenig. In welchem Sinne es sich dann doch um Wissenschaft handelt und wie diese sich zur »richtigen« Wissenschaft verhält, wird nahezu nirgends thematisiert. Dass Citizen Science vielleicht sogar einen besseren Weg zum Verständnis von Wissenschaft eröffnet als Professional Science, gilt geradezu als abwegige Vorstellung. Und dass ihr Brisanz innewohnt, und zwar wissenschaftstheoretisch und politisch: vermeintlich undenkbar. Es wird deshalb Zeit, sich mit solchen und weiteren Fragen zu befassen, und das geschieht in diesem Buch. Im ersten Teil sollen einige Voraussetzungen aufgearbeitet und zugleich die am meisten störenden Fehler und Einseitigkeiten angesprochen werden, die in Umlauf sind. Dazu muss wenigstens kurz auf einige Arbeiten eingegangen werden, die es zum Thema Citizen Science gibt.

Das erste, gezielt zum Thema geschriebene Buch[4] war noch das bislang beste: das 1995 erschienene »Citizen Science: A Study of People, Expertise and Sustainable Development« des englischen Wissenssoziologen Alan Irwin. Als es geschrieben wurde, gab es die neuen Formen von Citizen Science noch gar nicht; es ging um ein Programm. Schon hier – und der Titel verweist darauf – dominierte ein inhaltlicher Aspekt völlig,

Ich mache inzwischen wirklich gern bei Pflanzenkartierungen mit.
Am Anfang war ich noch schlecht, aber ich bin mitgegangen
und habe dazu gelernt. Es waren immer gute Leute dabei.
Jetzt bin ich auch schon ziemlich gut. Nur bei Gräsern habe ich
noch größere Probleme. Was wir machen, ist wichtig.
Es dient unter anderem dazu, einen Überblick darüber zu
bekommen, was der sonst kaum bemerkte Landschaftswandel
anrichtet und wo man Schutzgebiete einrichten muss.

Eine Verwaltungsangestellte

auf dem gegenwärtig auch in anderen Zusammenhängen oft der Schwerpunkt liegt: sustainability, Nachhaltigkeit. Die häufigsten Citizen Science-
Aktivitäten finden noch heute in den Wissensfeldern statt, die sich mit
Natur und Umwelt befassen, sowie mit den in unseren Lebens- und Kul-
turformen liegenden Ursachen für die dortigen Probleme. Irwins Buch,
das oft zitiert wurde, unterscheidet sich in einem sehr wichtigen, positiven
Aspekt von vielem, was später publiziert wurde: Es wird von einem philosophischen Impetus geleitet, von einem emanzipatorischen, auf ökologischen und sozialen Erkenntnisfortschritt gerichteten Denken. Keineswegs beschränkt es die Forschungsinteressen auf naturwissenschaftliche
Inhalte. Von dieser Weitsicht ist nur wenig übrig geblieben. In England
hat sie gewisse Früchte getragen, die Amerikaner waren auch hier prag-
matischer eingestellt und haben das Konzept als willkommenen Weg verstanden, die Öffentlichkeit in aktuelle Naturforschung mit einzubeziehen; soziale und kulturelle Forschung wurde dagegen weniger beachtet.
Heute wird meist nur betont, was Citizen Scientists tun, nicht, warum sie
es tun und ob es einen tieferen Sinn dafür gibt. Im Grundsatz ist Irwins
Buch deshalb nicht überholt, doch fehlt ihm etwas: die Reflexion darauf,
was Citizen Science zur Wissenschaft macht.

Erst 17 Jahre nach Irwin, im Jahr 2012, erschien ein erster großer Sammelband: das von Janis L. Dickinson und Rick Bonney herausgegebene
Buch »Citizen Science: Public Participation in Environmental Research«.[5]
Es konzentriert sich ganz auf die Rolle von Citizen Science als spezielle
Methode innerhalb der professionellen Wissenschaft, und dort auf das
umfangreiche Feld der Umweltforschung, das nach wie vor zu den ge-
wichtigsten und stärksten Bereichen bürgerschaftlichen Engagements in
Wissensprozessen gehört. Die Herausgeber sind der Mitgründer (Bonney)
und der jetzige Direktor (Dickinson) des Citizen Science-Programms am

Laboratorium für Ornithologie der amerikanischen Cornell Universität in New York, und dies ist bezeichnend und bemerkenswert zugleich. Die Ornithologie, die »Scientia amabilis«, wie sie genannt worden ist, hat über die Lust an der Vogelbeobachtung – ein Gebiet, das leichter zugänglich und attraktiver ist als andere – schon sehr viele Menschen dazu gebracht, ihren Wissensdurst durch Eigeninitiative zu stillen und tiefer in eine Sache einzudringen, als es vielleicht zunächst beabsichtigt war. Sie ist deshalb eine der »Geburtshelferdisziplinen« von Citizen Science und hat ihre führende Rolle bis heute beibehalten.

Doch soviel dieses sicherlich informative Werk auch über die amerikanische Citizen Science-Szene aussagt, über die fortwirkende Stärke der dortigen »Friends-of-the-earth«-Bewegung, über die Rolle des Sierra Clubs mit herausragenden Einzelnen wie John Muir oder David Brower: Hinter dem Nötigen bleibt es weit zurück. Es behandelt Citizen Science als einen Teil der professionellen Wissenschaft, der sich für die Beteiligung vieler Interessierter öffnet, jedoch lediglich eine willkommene neue Vorgehensweise der umweltbezogenen Forschung darstellt. Der dabei verwendete Wissenschaftsbegriff wird auch hier nicht reflektiert, sondern einfach vorausgesetzt. Die Botschaft erscheint simpel, sie lautet: »Naturwissenschaftler! Beziet die Laien in eure Forschung ein. Sie machen gern mit, erschließen euch neue Datenfelder und alles ist auch noch kostengünstig!«

Diese Einstellung gilt für die meiste bisher zum Thema publizierte Literatur. Sie ist sympathisch, aber auch lückenhaft – der tatsächlichen Bedeutung des Themas nicht angemessen. Nicht nur manche der oft kurzen journalistischen Beiträge werden ihm nicht gerecht, sondern auch ausführlichere aus der Wissenschaft selbst. Oft wird Citizen Science dort auf einzelne Projektbeschreibungen verengt oder zur Werbung dafür verkleinert, wie Hobbyisten sich an für Laien zugänglicher Naturwissenschaft beteiligen können. Bisweilen schrumpfen die Abhandlungen sogar auf Ratgeberniveau für familiäre Wochenendunternehmungen zusammen, so in dem neuesten Buch zum Thema.[6] Die beiden vorher genannten Bände sind daher schon positive Ausnahmen, obzwar auch sie das Thema alleine aus der Sicht von Disziplinen behandeln, die an den verschiedenen Formen der Environmental Sciences beteiligt sind (wobei, wie im Sammelband von Dickinson und Bonney, biologisch-ökologische Themen deutlich dominieren)[7]. Zumindest in Irwins frühem Buch kam die an der Zukunft der Zivilgesellschaft interessierte Sicht der empirischen Wissenschaftsforschung hinzu. Dies alles sind tatsächlich wichtige

Varianten von Citizen Science, doch behandeln sie den vollen Inhalt des Begriffs unzulänglich.[8]

Ganz andere Themenfelder, die mit Irwins Zielen eng zusammenhängen, wie etwa das Lernen aus der Geschichte, die Auseinandersetzung mit aktuellen interkulturellen oder sozialen Problemen und mit den Krisen der Wirtschaft, das Sich-Wehren gegen die Fetische unserer Zeit, »Geld«, »Markt« oder »Fortschritt«, die Sorge um die soziale Zukunft unserer alternden Gesellschaften oder die Bemühungen um eine Weiterentwicklung der Demokratie fehlen in großen Teilen der bisherigen Literatur: Auch sie gehören zur Citizen Science, denn auch sie verbinden die breit angelegte, viele Nichtprofis einbeziehende Suche nach neuen Erkenntnissen mit der Suche nach zukunftsfähigen Lösungen, die unser gemeinsames Denken und Leben voranzubringen erlauben. Historische, Kultur- und Geisteswissenschaften fehlen meist völlig, weil sie im angelsächsischen Raum nicht als »Science« gelten. Und gänzlich fehlt die Stimme der Disziplin, die vor allen anderen herausgefordert sein müsste: die Stimme der Wissenschaftstheorie. Auch beim philosophisch bewegten Autor Irwin ist sie nicht zu vernehmen; ihn leiten mehr moral- und sozialphilosophische Motive. Was aber das Aufkommen von Citizen Science für die Wissenschaft insgesamt und besonders für unser Wissenschaftsverständnis bedeutet: Dies wird so gut wie nirgends behandelt. Insbesondere fehlt eine Diskussion der Frage, wie sich Professional und Citizen Science zueinander verhalten. Ist Citizen Science nur eine auf Nichtwissenschaftler zugehende neue Methode der Wissenschaft oder ist sie womöglich eine andere, vielleicht sogar andersartige Wissenschaft? Diese Frage bleibt – erstaunlicherweise – durchweg ungestellt.

Die genannte Lücke ist auffallend und beunruhigend. Insbesondere die Wissenschaftsphilosophie[9] könnte sich nämlich herausgefordert fühlen: Müsste sie nicht die »normale« professionelle Wissenschaft von Citizen Science abgrenzen und vielleicht auch als die »wahre Wissenschaft« ausdrücklich verteidigen? Warum geschieht dies nicht? Wird dies für selbstverständlich, für nicht erklärungsbedürftig gehalten? Die wahrscheinlichste Antwort ist tatsächlich, dass das Wissen von Laien bisher bei den Wissenschaftsprofis weithin unterschätzt und nicht wirklich ernst genommen wird. Es bleibt ihnen »zu einfach«, wohl oft auch methodisch zu wenig abgesichert. Bei allem Werben um die Einbeziehung möglichst vieler Menschen in Forschungsprozesse überwiegt meist die Skepsis hinsichtlich der Qualität des Laienwissens. Als ernsthaftes wissenschaftliches Wissen scheint es nicht konkurrenzfähig zu sein, allenfalls verwendbar als Datensammlung, die noch der Kontrolle und Auswertung bedarf. Das Vorurteil, dass es sich bei Citizen Science nur um zweit- und drittrangige Wissenschaft handele, ist offenbar so weit verbreitet, dass selbst die Philosophie der Wissenschaft unter ihm leidet, wenn sie das Thema schweigend übergeht. Sie verkennt aber damit die Bedeutung einer Entwicklung, die viele Potenziale enthält, und die heute in manchen Ländern immer rasanter Fahrt aufnimmt. Einen Verdacht legt jedenfalls die bisherige Literatur nahe:

> Nur wenige Personen, die über Citizen Science schreiben, kennen sie wirklich aus der Innensicht des aktiven Laienforschers, sondern allenfalls aus der Rolle professioneller Projektorganisatoren oder journalistischer Beobachter: von außen. Diejenigen, die sie von innen kennen, betreiben sie, aber erklären sie nicht, weil dies nicht ihr Metier ist.[10] Und diejenigen, die sie zu erklären versuchen, kennen sie nicht gut genug, weil sie nicht die Laienperspektive einnehmen. Dies ist der schwerwiegendste Mangel, den viele der nach Irwin zum Thema veröffentlichten Arbeiten aufweisen. Es ist ein durchaus folgenreicher Mangel. Er ist dafür verantwortlich, dass bei den meisten Citizen Science-Darstellungen die Kernaufgabe verfehlt wird: das unterschätzte Wissen der Laien ernsthaft zu rehabilitieren.

Das vorliegende Buch macht den Versuch, diese Lücken zu schließen. Es ist von einem Autor geschrieben, der sowohl Professional Science kennt, als auch – aus eigener langjähriger Erfahrung – die Realität von Citizen Science. Er hat als Professor für Wissenschaftstheorie oft Gelegenheit gehabt, beides ausgiebig miteinander zu vergleichen, nicht um es gegeneinander auszuspielen, sondern um mit Studierenden und Bürgern darüber zu diskutieren, was die Entwicklung von Citizen Science für die professionelle Wissenschaft und die Gesellschaft insgesamt bedeutet. Und als Aktivist bürgerschaftlichen Engagements in verschiedenen Kontexten[11] hat er viele Jahre lang intensiv auch die andere Seite und viele Wissenschaftler kennengelernt, die keine Wissenschaftler waren, aber als höchst eindrucksvolle, bewundernswerte Sachkenner wie solche handelten. Waren sie also nicht dennoch Wissenschaftler, nur nicht von Berufs wegen, und oft auf höchst eigenwilligen Wegen zu dem geworden, was sie nun verkörperten? Bemühten sie sich nicht sehr ernsthaft und erfolgreich um Wissen, das man nicht als »zu einfach« oder »zu wenig gesichert« abtun kann?

Im Zuge der Recherche fiel auf, wie einseitig Wissenschaft ausgerechnet in der sie erforschenden Disziplin, der Wissenschaftstheorie, beschrieben wird. Zum einen wird so getan, als gäbe es jene andere Wissenschaft außerhalb der offiziellen Wissenschaft gar nicht oder sie sei irgendwie minderwertig.[12] Mitunter stellt man sie auch als von der Wissenschaftsentwicklung überholt dar, als typisch laienhafte Reminiszenz an einen Wissenschaftsstil, der inzwischen theoretisch und methodisch längst nicht mehr up to date ist. Dies ist teilweise richtig, aber in jener bequemen Pauschalität auch falsch. Zum anderen wird auch die professionelle Wissenschaft oft geschönt abgebildet, als ob es dort nur um die Ideale der Erkenntnis, nicht aber auch um die manchmal weit hinterherhinkende Realität ginge. Wir mussten inzwischen lernen, dass es auch viel Anlass für Kritik an der Wissenschaft gibt. Eine Wissenschaftstheorie, die heute nicht die wissenschaftskritischen Resultate der empirischen Wissenssoziologie aufnimmt, ist tatsächlich zu einseitig und selbst überholt.

So müssen wir auch zugeben, dass die Wissenschaft nicht selten hinter ihren eigenen Ansprüchen zurückbleibt, denn es sind Menschen, die sie betreiben. Diese hatten viel Zeit, sie mit Strukturen und Institutionen zu befrachten, durch deren Organisationsformen und Bürokratie die Wissenschaft oft mehr belastet wird, als unterstützt und gefördert. Auch die Politik wirkt trotz vieler gegenteiliger Beteuerungen daran mit, setzt sie doch noch immer andere Prioritäten als Bildung und Forschung. Sicherheitsdenken, Besitzstandswahrung, die Gewährleistung und Mehrung des materiellen Wohlstands, Wirtschaftswachstum und der Schutz von Privilegien: All dies ist der Politik – die Budgetaufteilungen zeigen es unmissverständlich – de facto weit wichtiger und teurer als Bildungs- und Wissenschaftsförderung. Allen Beteuerungen und (bescheiden bleibenden) Ausgabensteigerungen zum Trotz.

Es sind solche für einen kritischen Wissenschaftsbeobachter deutlichen Mängel in der Weiterentwicklung der professionellen Wissenschaft, welche selber zu Geburtshelfern gegenwärtiger Citizen Science werden. Denn in ihrer modernen Form ist letztere auch eine Reaktion auf durch Wissenschaft und Politik bislang uneingelöste Erwartungen und Bürgerrechte. Die Bildungs- und Wissenschaftspolitik hat Citizen Science bislang komplett ignoriert. Und in der von Wissenschaftlern geschriebenen Literatur findet man zwar viele lobende Worte über mitarbeitswillige Bürger sowie deren Kenntnisse und Fleiß. Aber mit Ausnahme weniger aus der Geschichte herausragender Figuren, die besondere Leistungen erbracht haben, wird den Citizen Scientists kaum der Respekt entgegengebracht, der den wissenschaftlichen Profis fast immer gezollt wird.[13] Das Spannungsfeld zwischen Experten und Laien, eines der großen Themen unserer Zeit, findet kaum Beachtung. Doch gerade Citizen Science kann eine Antwort geben, die die Laien stärkt und nicht die Experten.

Kritische Aspekte der Profiwissenschaft gegenüber fehlen in dieser Literatur nahezu völlig. Sie werden gemieden wie ein zu heißes Eisen. Es ist vor allem diese fehlende Reflexion der Schwächen der normalen Wissenschaft und ihrer Organisationsformen, die selbst zu einer Schwäche der meisten bisherigen Veröffentlichungen über Citizen Science gerät.

Allerdings ist bereits vor dreieinhalb Jahrzehnten ein Buch erschienen, für das diese Einschätzung nicht gilt.[14] In ihm hat sich einer der einflussreichsten, zugleich aber auch umstrittensten Wissenschaftsphilosophen des 20. Jahrhunderts, Paul Feyerabend, sehr nahe an das heranbegeben, was heute Citizen Science heißt, doch diesen Begriff gab es damals noch nicht. Dieses Buch, »Science in a Free Society« – ich werde an späterer Stelle mehr darüber sagen – geht weit über das Thema Citizen Science hinaus, denn es ist eine bittere Abrechnung mit den Imperialismen der westlichen Zivilisation und dem hier geltenden Begriff von Rationalität. Dadurch aber auch mit der etablierten Wissenschaft. Zugleich ist es jedoch eine Fundgrube an vielen guten Argumenten für eine Emanzipation: sich darum zu bemühen und alle Ansätze dafür zu stärken, dass freie Bürger sich der Sache von Wissen und Wissenschaft selbst annehmen und sich aus der Vormundschaft der sogenannten Experten zu befreien versuchen. Deshalb ist, obwohl sie nicht explizit sein Thema war, Feyerabends Buch aus der Entstehungsgeschichte von Citizen Science nicht wegzudenken.

Feyerabends kühner, letztlich aber misslungener Vorstoß, in dem er mit seiner Kritik zu weit ging, gibt Anlass, im vorliegenden Buch früh-

> All das, was uns an der Universität belastet – die Stellenstreichungen, die unzureichende Ausstattung, der enge Rahmen der Studienordnungen, die viele Gremienarbeit, die nicht immer freundschaftliche Konkurrenz der Kollegen usw. – gibt es in unserem Verein für natur- und kulturwissenschaftliche Heimatforschung nicht. Auch deshalb mache ich dort gern mit. Hier sind die Leute noch dankbar für jede Entdeckung, jede Bestimmungshilfe.
>
> *Ein wissenschaftlicher Mitarbeiter*

zeitig ein mögliches Missverständnis auszuräumen. Was immer Citizen Science ist, eines ist sie sicherlich nicht: Ein Generalangriff auf das, was üblicherweise als Wissenschaft bezeichnet wird, und der Versuch, eine Art »Gegenwissenschaft« auszurufen. Jeder, der dies versuchte, würde sich übernehmen. Die Wissenschaft ist nicht sakrosankt, unangreifbar und fehlerlos, denn sie wird von Akteuren betrieben, die Fehler machen können, aber sie enthält eine ganze Reihe von Mechanismen, um mit diesen – im Prinzip – selbst fertig werden zu können. In der Sache kann es nur eine Wissenschaft geben oder wir geben unsere Erkenntnisansprüche ganz auf. Sie ist die einzige Hoffnung aus unserer kulturellen Geschichte, unsere Rationalität so weiterzuentwickeln, dass wir auch auf komplexe Fragen Antworten finden, die wir zu begründen und zu rechtfertigen vermögen, und sei es auch nur dadurch, dass wir sie einstweilen nicht widerlegen können.

Die heutige Citizen Science ist aber auch eine Reaktion auf die Tatsache, dass es Mängel und Fehlentwicklungen der professionellen Wissenschaft und einzelner ihrer Disziplinen gibt, und sie kann mit dazu beitragen, diese auszuräumen. Sie tut es freilich im Rahmen der gemeinsamen Ideale und ist deshalb keine grundsätzlich gegen die Wissenschaft gerichtete Veranstaltung, sondern in erster Linie eine Entwicklung, um Profis und Laien in ein vernünftiges Verhältnis zu setzen und hierbei auch die Rationalität der Laien ernst zu nehmen. Dies unterscheidet sie von Feyerabends Vision einer »Erkenntnis für freie Menschen«. Seine Fundamentalkritik der westlichen Rationalität enthält zwar viele wichtige Gedanken, aber sie schießt doch erheblich über das Ziel hinaus, das wir bei Citizen Science immer im Auge behalten müssen: die Wissenschaft zu nutzen, gewiss auch kritisch zu nutzen, ja in einigen wichtigen Punkten auch zu verändern, aber sicherlich nicht, sie ernsthaft zu beschädigen oder gar als Typus rationaler Problembewältigung durch etwas Besseres ersetzen zu wollen. Diesen Ersatz gibt es nicht.

Deshalb wird in diesem Buch, im Unterschied zur üblichen Praxis, die einfach durchweg und unterschiedslos von »Wissenschaft« spricht, die konsequente Unterscheidung von Professional und Citizen Science strikt durchgehalten. Sie macht es möglich, die Wissenschaft zu kritisieren, ohne sie als kulturelle Errungenschaft zu verlieren. Keine konfrontative, sondern nur eine kritisch-kooperative Konzeption von Citizen Science hat wirklich Chancen, ernst genommen zu werden und uns weiter voranzubringen. Der kritische Aspekt ist freilich unerlässlich.[15] Wir müssen ausloten, welcher Raum angesichts der professionellen Wissenschaft hierfür noch bleibt, weniger für eine Neben- oder gar Gegenentwicklung, sondern eher für etwas im Basisbereich der Wissenschaft; kaum in den höchsten Spitzenregionen, zu denen letztere sich heute aufschwingen kann. Dies schließt freilich ernsthafte Kritik an Professional Science nicht aus, sondern ermöglicht sie geradezu. Citizen Science setzt nämlich in einigen Punkten die Prioritäten anders als die professionelle Wissenschaft und kann schon deshalb auch zu einigen anderen Perspektiven kommen: Sie verfügt zwar nicht über deren ganze Möglichkeiten, wertet aber die elementare, lebensnahe Erfahrung wesentlich auf – mehr als dies in der professionellen Wissenschaft geschieht, die dem gewöhnlichen Leben oft entrückt scheint.

Ein spezieller formaler Umstand befeuert die wachsende Konjunktur von Citizen Science besonders. Es ist die Tatsache, dass die vielen Institutionalisierungen der professionellen Wissenschaft inzwischen eine Macht über sie gewonnen haben, die ihr nicht immer gut tut: ihre Bindung an einen Berufstyp, in manchen Ländern sogar an einen Beamtenstatus, an viele Organisationsstrukturen, an bestimmte Hochschulen wie Universitäten, an andere Institute, aber auch an Einrichtungen und Interessen der Wirtschaft, mit all ihren Verwaltungsformen, und schließlich auch an eine politische Ebene, die den Anspruch erhebt, sie mitzusteuern. Die Kritik, die an der Wissenschaft geäußert werden muss, bezieht sich häufig, ja mehrheitlich auf ihr Dasein innerhalb von ziemlich starren, schwer zu verändernden Institutionen, die ihren Spielraum massiv begrenzen. Sie legen Abläufe fest, die die Wissenschaft binden, die aber nicht wirklich der Wissenschaft selbst zuzurechnen sind.[16] Diese bestimmen den Arbeitsalltag der Wissenschaftler, die nicht selten darunter leiden. Meistens sind es die Institutionen, die die Kritik verdienen, nicht die Wissenschaft selbst. Und in diesem Sinne geht es bei Citizen Science nicht um ein wissenschaftliches Gegenmodell, sondern um Basiswissenschaft mit einer etwas anderen – institutionsfreien, nicht durch deren Eigenbelange beeinträchtigten – Perspektive auf das gemeinsame Ziel: Wissen zu schaffen und zu verbreiten. Sie lebt mit und in diesem Spannungsfeld zur Profiwissenschaft und sie lebt gut damit. Eher wird letztere ein Problem mit ihr bekommen als umgekehrt.

Wenn man in Europa, aber auch anderswo, nach Orten sucht, an denen Citizen Science seit langem gepflegt wird, stößt man unter anderem auf die Tradition von Gruppen und Vereinigungen, die nicht nur Wissensweitergabe und Volksbildung auf ihre Fahnen geschrieben haben, sondern auch eigene, überwiegend regionale Forschung.[17] Geschichtsvereine sind hier zum Beispiel zu nennen, auch spontan gegründete Gruppen, denen es um die historische Forschung vor Ort geht; Zellen und Netzwerke verschiedener Art, die vergessene kulturelle und sprachliche Traditionen wiederentdecken, deren Erhaltung betreiben, sich um Wissen über fremde Kulturen und die Integration von Flüchtlingen und Migranten bemühen oder Fragen der sozialen Armut oder der Gesundheit bearbeiten; ferner musikalische und künstlerische Initiativen, die vielfach neben Ausstellungen und Aufführungen bisweilen auch eigene Forschungsbeiträge zu ihren Gegenständen liefern; schließlich sogar einige der eher biederen Heimatvereine, bei denen sich ebenfalls einzelne Personen forschend engagieren können. Vor allem aber gibt es viele Musterbeispiele für Citizen Science auf natur- und umweltwissenschaftlichem Gebiet: Die vielen regionalen naturforschenden Individualisten, Fachgruppen und Gesellschaften sind lebendige Anschauungsbeispiele bürgerschaftlichen Engagements, das sich im Lebensumfeld sammelt und dort zu ergänzen versucht, was die akademische Wissenschaft früher auch interessiert hat, was sie heute aber meistens aus Mangel an Geld oder Interesse unerforscht lässt; im englischen Sprachraum sind es beispielsweise die »Natural History Associations«. Auch Irmgard Sonneborn, die am Anfang vorgestellt wurde, ordnet sich selbst dort ein.

Es handelt sich um Vereinigungen von natur-, kultur-, sozial-, sprach- und geschichtsinteressierten Bürgern, die zum Teil schon zu Zeiten der Aufklärung im 18. Jahrhundert oder später gegründet wurden. Sie schlossen sich zusammen, um gemeinsam ihr heimatliches Umfeld zu erkunden und dessen natürliche oder kulturelle Ausstattung, einschließlich ihrer überkommenen oder verschütteten Spuren aus der Vergangenheit, aufzudecken. Zunächst geschahen diese Zusammenschlüsse in großem Vertrauen auf die seit jener Gründerzeit zunehmend in den Vordergrund drängenden Naturwissenschaften und neuen Technologien. Aber die anfängliche Technikgläubigkeit ist vielfach einer zunehmenden Skepsis gewichen. Gegenwärtig haben nicht wenige der älteren Vereine Probleme, sich in der lauten und unübersichtlichen modernen Mediengesellschaft noch durchzusetzen. Bürgerinitiativen und Naturschutzverbände, die bisweilen näher an den Ausdrucksformen der Gegenwart dran sind, greifen heute deshalb viele dieser Themen auf und lösen oft die etwas unbeweglich gewordenen alten Strukturen ab.

Es gibt aber die alte Bürgerwissenschaft jener Vereinigungen nach wie vor. Sie verbündet sich mit den jüngeren Organisationsformen, folgt teilweise auch neuen Themenstellungen, und leistet mit ihren Ergebnissen unersetzliche, vielfach dringend von Behörden gesuchte, freilich ebenso oft auch übersehene und selten ausreichend gewürdigte Bildungs- und Forschungsarbeit im Dienste von Natur und Gesellschaft. Hier werden kaum große Entdeckungen gemacht, aber lokal und regional bedeutend können sie schon sein. Die hohe Wissenschaft ist dieser Bürgerwissenschaft oft unzugänglich, aber Basiswissenschaft ist deshalb noch nicht Nichtwissenschaft oder gar schlechte Wissenschaft. »Big Science« ist nicht ihr Ding, aber Qualität ist nicht von Größe abhängig.

Besonders unter den Mitgliedern der älteren naturwissenschaftlichen Vereine findet man manchmal ein interessantes und widersprüchliches Phänomen: einerseits eine auffallende Sicherheit, andererseits eine ebenso auffallende Unsicherheit darüber, wie man mit dem eigenen Anspruch auf Wissenschaftlichkeit umgehen sollte. Wir treffen dort auf Menschen, die unbefangener als mancher Forscher in einer Universität davon sprechen, dass sie naturwissenschaftlich arbeiten; ihr Naturbegriff ist noch bezogen auf die unmittelbare Anschauung um sie herum. Wir treffen aber auch solche, die diesbezüglich Hemmungen haben und lieber von Naturkunde als von Naturwissenschaft oder Interessen und Aufgaben statt von Wissenschaft und Forschung sprechen. Dies soll bescheidener klingen und ist im Effekt doch – dasselbe. Es ist jene Beschränkung auf grundlegende Dinge, die die einen sicher und die anderen unsicher macht.

Dieser Befund ist typisch für Citizen Science. Er ist das Ergebnis des überhöhten, sachunangemessenen Bildes, das wir von Wissenschaft pflegen. Einerseits ist das Wissenschaftsverständnis noch fast ungebrochen, so, wie es vor 150 Jahren verbreitet war, gewissermaßen naiv Wissen und Wissenschaft gleichsetzend. So positiv hat es das allgemeine Bewusstsein zu einer Zeit beherrscht, als die starke Rolle der heutigen Hochschulen und anderer Forschungsinstitutionen noch nicht die Welt in die der Profis und die der Laien einteilte. Andererseits spüren aber viele, die selbst eine professionelle Ausbildung genossen haben, wie groß der Abstand zwischen solch unzeitgemäß erscheinender Wissensspontaneität und der hohen Komplexität der modernen professionellen Wissenschaft sein kann. Sie drücken sich deshalb oft betont vorsichtig aus. Wie soll, wie kann man mit diesem scheinbaren Widerspruch umgehen?

Das Vorgehen, das dieses Buch vorschlägt, um jene Lücken zu schließen, ist eine gedankliche Abrüstung: die Abrüstung des zu stark auf die professionelle Wissenschaft verengten, überhöhten Wissenschaftsbildes, das heute in unserer Gesellschaft verbreitet ist. Es plädiert dafür, sich weniger als bisher üblich von den Gipfelstürmern, als vielmehr von den Wissenssuchern, den noch immer in Wissensdurst und Wissenslust verankerten Citizen Scientists leiten zu lassen, um zu verstehen, was Wissenschaft ist und zu leisten vermag. Nicht der Berufswissenschaftler sollte das Leitbild sein, sondern derjenige, den sein Bedürfnis nach Wissen zu den Kompetenzen hintreibt, die er sich – wie auch immer – selber erwirbt. Nach oben, in Richtung auf weitere Differenzierung und Spezialisierung, bleibt dann immer noch der ganze Raum für die professionelle Wissenschaft offen, doch werten wir das, was unten geschieht, die einfachen, jedermann zugänglichen Schritte zum Wissen, als Grundlage aller Wissenschaft auf.

Das Basislager des Wissens mehr in den Blick zu nehmen als die möglichen, erreichbaren Spitzen hat eine heilende, die gespaltene Wissenschaft wiedervereinigende Funktion, die sowohl Professional als auch Citizen Science zugutekommt und damit der ganzen Gesellschaft.

Alte und neue Wurzeln
von Citizen Science

Charles Darwin hatte Theologie und etwas Medizin studiert, aber sein Herz hing immer an der Naturforschung. Da diese zu seiner Zeit an den englischen Universitäten kaum gelehrt wurde, trat er den »Gesellschaften« bei, wo sich die damaligen Fachkenner trafen und er als akademisch vorgebildeter Gentleman geschätzt wurde. Dank dieser Zirkel und seiner ausgedehnten Selbststudien hat er dann unser Verständnis der Natur so revolutioniert, dass nach ihm alles anders wurde. Er war also ein Profi, aber zugleich auch einer der herausragendsten Citizen Scientists der Geschichte. Heute geht es bei Citizen Science weniger um solche besonderen Leitfiguren, als vielmehr um Wissensfindung als lebensnahe Forschungsaufgabe in der ganzen Tiefe einer Zivilgesellschaft. Auch jetzt treffen in solchen forschenden Gesellschaften immer noch Profis und Laien zu gegenseitigem Nutzen aufeinander, während die Akademiker in ihren Institutionen weitgehend unter sich bleiben.

Citizen Science wird oft und gerne als etwas Neues beschrieben. Tatsächlich aber haben wir gesehen, dass es sich um etwas handelt, das alt und neu zugleich ist. Neben der allgemeinen, von Anfang an existierenden

Wissbegierde des Menschen gibt es zwei historische Perioden, in denen die Wissenschaft der Bürger konkrete Wurzeln schlagen konnte: zu Zeiten der Aufklärung im 18. Jahrhundert und heute, im Internetzeitalter. Im Kern ist Citizen Science damit nichts Neues, sondern etwas, das tief im Wissensbedürfnis der Menschen verwurzelt ist.[18] Neu ist sicherlich der Begriff. Er verführt scheinbar dazu, auch die Sache für ganz neu zu halten. Dabei war in früheren Zeiten das, was gemeint ist, selbstverständlich und vertraut, weil es die professionelle Wissenschaft der Universitäten und Forschungsinstitute noch nicht in dieser Form und Dominanz gab. Wissenschaft bedeutete früher viel eher die Leidenschaft Einzelner und war zugleich Betätigungsfeld in Klöstern und Schulen, in denen Lehrer und Gelehrte ihrer Passion und Begabung nachgehen konnten. Dass sich manche Menschen dafür interessierten, zu bestimmten Gebieten ein möglichst großes Wissen anzuhäufen, war eine geläufige Tatsache: der Lehrer, der Arzt, der Pfarrer des Dorfes, sie galten in früheren Zeiten als lokal allgemein akzeptierte Wissenschaftler. Und wenn es nicht um besonders herausragende Kenner ganz spezieller Sachgebiete ging, sondern einfach um wissensdurstige Personen, die alles Neue in sich aufsogen, dann fand man sie fast überall. Auch heute findet man sie noch. Dennoch unterscheiden sich die zeitlichen Umstände von damals und jetzt erheblich: Die Welt der wissenschaftlichen Institutionen war früher kaum vorhanden; heute beherrscht sie die Szene. Und es gab damals kein Internet.

Lange bevor überhaupt Institutionen im heutigen Sinne entstanden, gab es die Wissbegier und Wege, sie zu befriedigen. Das Verlangen nach Wissen ist eine natürliche Eigenschaft des Menschen, die er bereits von seinen Vorgängern geerbt hat; auch viele Tiere sind sehr lernfähige Lebewesen. Als die Sprachfähigkeit hinzukam, wurde unsere Wissensfähigkeit im Prinzip zur Wissenschaftsfähigkeit: Wissenschaft im Sinne einer Anhäufung von Wissen, das sprachlich formuliert werden muss und so an andere weitergegeben werden kann. Institutionen wie Schulen brauchte es dafür zunächst nicht, weil sie diese natürlichen Fähigkeiten zwar erheblich fördern, aber nicht zuallererst begründen. Und auch, als es sie dann gab, blieben diese natürlichen Grundlagen des Wissenserwerbs und der Wissensweitergabe weiterhin als Basis allen Wissens und aller Wissenschaft wirksam, und sie sind es bis heute.

Im Laufe der kulturellen Entwicklung des Menschen sind dann die Bildungsinstitutionen entstanden, und sie dienten und dienen dazu, die natürlichen Anlagen und Bedürfnisse des Menschen weiterzuentwickeln

Manchmal versuche ich mir vorzustellen, wie Wissenschaft wohl früher ausgesehen hat, als es noch nicht diese ganze Spezialisierung und die vielen Universitäten mit den vielen Studenten gab. Und ich denke, was wir heute im Verein machen, das ist vielleicht eine solche frühere Form von Wissenschaft. Aber dann frage ich mich doch wieder, ob das sein kann, denn wir leben ja in der heutigen Zeit und sehen überall die Spuren der Technik und der Wirtschaft. Doch wir setzen uns auch damit auseinander. Ist also unsere Form von Wissenschaft nicht doch – selbstverständlich – heutige Wissenschaft?

Eine Hauptschullehrerin

und zu perfektionieren. Doch es waren zunächst nur einfachste Schulen, ähnlich denen, die wir heute noch bei sogenannten Naturvölkern finden oder die es bis vor Kurzem auch bei uns auf dem Land noch gab. Dennoch wurde und wird dort schon Wissenschaft im Sinne eines Kanons von Wissen gelehrt, das lebenstauglich macht und bestimmte wichtige Fertigkeiten vermittelt – zum Beispiel die Nahrungsbeschaffung oder die Verteidigung. Anspruchsvollere Schulen, Hochschulen gar, sind erst viel später entstanden. Es ist gut, sich dieser Tatsachen zu erinnern, wenn es um Citizen Science geht, denn noch heute beweisen uns die gelegentlichen Naturbegabungen von Menschen, die ohne großartige Ausbildung ein eindrucksvolles Wissen erlangen konnten, die Lebendigkeit des ursprünglichen Wissenschaftsverständnisses. Die höheren Institutionen der Wissenschaft, die diese dann noch zusätzlich fördern und spezialisieren – Hochschulen, Akademien, Wissenschaftlervereinigungen, Förder- und Steuerungsorganisationen, Einrichtungen der Wissenschaftsverwaltung – sind dann erst allmählich hinzugekommen, die ältesten schon vor, die jüngeren und meisten erst mit und nach der Aufklärung. Heute zählen wir sie zu den wichtigsten Strukturfaktoren der Wissenschaft, doch für die Sache selbst sind es nur Ergänzungen, Organisations- und Perfektionierungshilfen. Was von ihrer heutigen Dominanz verdeckt wird, eröffnet der Blick auf Citizen Science: die Bedeutung des elementaren Wissenwollens für die Entstehung aller Wissenschaft.

Es gibt einige herausragende Figuren, die fast wie Leitfiguren der heutigen Citizen Science-Bewegung wirken, weil sie weniger durch Universitäts-, als durch Selbststudien zu dem wurden, was sie waren oder sind. Auch die Theoretiker unter ihnen, beispielsweise Charles Darwin oder Gregor Mendel, haben ihre Theorien im Lichte von eigenen Beobachtungen oder Experimenten entwickelt. Diejenigen, die eher praktische Lösungen suchten, wie Benjamin Franklin oder Robert Bosch, haben – konvers dazu – das, was sie entwickelt haben, natürlich auch zu verstehen versucht. Ihre Praxisnähe freilich ist bestimmend geworden für Citizen Science. Lichtgestalten wie diese können uns entmutigen, weil sie große Vorbilder abgeben, aber sie können uns vor allem ermutigen, auch selbst unsere Sinne und unseren eigenen Verstand zu gebrauchen. Zu ihren Lebzeiten gab es den Begriff Citizen Science noch nicht und die Wissenschaft war noch nicht gespalten in die der Profis und die der Laien. Doch insgesamt gesehen war sie dem, was wir Citizen Science nennen, näher als dem heutigen Profitum.

Dass das altbekannte Phänomen heute angesichts der allgemeinen Verfügbarkeit von Wissen und wissenschaftlichen Erkenntnissen neue Facetten gewinnt, ist zu erheblichen Teilen eine Folge des Medienwandels. Die aktuellste heutige Gestalt von Citizen Science finden wir im Internet. Noch immer unterschätzen wir die Bedeutung von Projekten wie Wikipedia. Die erste Enzyklopädie, an der buchstäblich jeder mitarbeiten kann, der sich einen Beitrag zutraut, ist eines der allgemeinsten, ambitioniertesten und fortgeschrittensten Citizen Science-Projekte des Computerzeitalters und zugleich ein Beleg dafür, dass es dort nicht nur um Biologie und Umwelt geht, sondern um Wissen zu allen möglichen Bereichen. Bei Wikipedia ist etwas verwirklicht, das ganz typisch für Citizen Science ist: der Wegfall der konventionellen Barrieren zwischen Experten und Laien.

Nur das Resultat zählt, nicht Stand, Ausbildung, Titel, Profession. Profis und Laien bilden im Wikipedia-Prozess eine Einheit, bei der niemand von vorneherein begünstigt oder benachteiligt wird.[19] Nicht die Stelle, die jemand in einer wissenschaftlichen Institution besetzt oder nicht, nicht ein Doktorgrad oder ein anderer akademischer Abschluss sind hier von Bedeutung, sondern das, was man beizutragen hat zu einem gemeinsamen Wissensbauwerk. Erst das neue Medium des Internets hat dieses neue Wissensprojekt möglich gemacht. In der Sache gab es die Gemeinsamkeit der Wissenden schon immer.

Wissenswettstreite und -demonstrationen gab und gibt es schon bei den sogenannten Naturvölkern – geförderte Wissenswettbewerbe und »Wissensolympiaden« bei allen sogenannten Kulturvölkern. Die Einbeziehung möglichst vieler Menschen in gemeinschaftliches Forschen ist klassisch und modern zugleich. Jünger sind meist nur die Organisationsformen, nicht die Sache selbst. In Deutschland zum Beispiel ist ein seit

Langem bekanntes und bei der Bevölkerung beliebtes Programm wie »Jugend forscht« ein Musterbeispiel für erfolgreiche Citizen Science. Es versucht, die Wissens- und Experimentierlust von Schülerinnen und Schülern zu nutzen, um diese zur Durchführung selbstgestellter oder mithilfe von Lehrern formulierter Forschungsaufgaben zu motivieren.

Heute entwickelt sich Citizen Science jedenfalls zu einer immer stärker werdenden gesellschaftlichen Bewegung, die sehr viele Themen von A bis Z mit Leben füllt. Derzeit »erlebt die durch Amateure betriebene Wissenschaft von Astronomie bis Zoologie (…) einen weltweiten Aufschwung«, urteilt Richard Friebe.[20] Hierin sind sich die meisten Beobachter einig. Wenn dem so ist, erlebt die Aufklärung im Medienzeitalter einen neuen Aufschwung.[21] Dabei spielen neue Entwicklungen eine wichtige Rolle; Akiko Busch nennt drei: die größer gewordene Dringlichkeit der Probleme (insbesondere im Bereich von Umweltschäden und Biodiversitätsverlusten), hilfreiche neue Methoden (insbesondere durch das Internet) und das sogenannte »Crowdsourcing«, also der virtuelle Zusammenschluss vieler Einzelner zu einer Art Supergehirn.[22] Zwar verbergen sich unter dem Etikett Citizen Science verschiedene Varianten (s. u.), doch ist nicht zu übersehen, dass die Lust vieler Menschen daran wächst, sich an gezielter Wissenssuche und ihrer praktischen Verwendung für ökologische, soziale oder politische Zwecke zu beteiligen. Doch ist diese Entwicklung kein Selbstläufer, dem Wissenschaft und Politik nur mit Zustimmung oder Bedenken zusehen können. Sie muss von allen, die sie begrüßen, aktiv und kritisch unterstützt werden, damit sie zum Nutzen von Wissenschaft und Gesellschaft gedeihen kann.

Zwei Philosophen als Wegbereiter

Der Rentner Jürgen Pfleiderer gehört zu den »Wutbürgern«, die in Stuttgart lange Zeit gegen das monströse Projekt eines Bahnhofsneubaus demonstrierten. Auf die Frage nach seinen Motiven antwortete er in einer Rundfunksendung: »Ich möchte zeigen, dass ein Architekt, die Leitung der Bahn und die Repräsentanten von Land und Stadt heute nicht mehr so mit uns betroffenen Bürgern umgehen können. Niemand von denen hat sich jemals dafür interessiert, was wir wissen, wollen oder befürchten. Alle haben immer nur auf sogenannte »Experten« gehört; die Bürger vor Ort wurden für zu dumm gehalten, um in ihren Meinungen und Kenntnissen berücksichtigt zu werden. Deshalb bringe ich diese jetzt zusammen mit vielen anderen zum Ausdruck. Wir machen von unserer demokratischen Freiheit Gebrauch, unseren Ärger über diesen Skandal zu artikulieren. Es ist die Missachtung unserer Staatsbürgervernunft, die uns antreibt.«

Fast alle wissenschaftlichen Bemühungen haben einen philosophischen Vorlauf. Manchmal kann dieser sehr weit zurückreichen, sogar bis in unsere Naturgeschichte hinein, die noch vor unserer Kulturgeschichte liegt. Das ist auch hier der Fall, denn das Wissenwollen und Wissenmüssen gehört als natürliches Grundbedürfnis zu unserer genetischen Ausstattung.

Das vorliegende Buch wurde nicht geschrieben, um die komplette Vorgeschichte von Citizen Science zu erzählen. Es geht um etwas Aktuelles und deshalb werden nur wenige ihrer philosophischen Wurzeln hier angeführt. Sie zu betonen ist aber wichtig, denn manche Darstellung erweckt den falschen Eindruck, dass es sich um eine neue Entwicklung des Internetzeitalters handle und Europa (wie schon oft in der Wissenschaftswelt) hinter den amerikanischen Vorreitern hinterherhinke. So ist es jedoch nicht.

Zweifellos haben uns England und vor allem die USA die schon recht breite Nutzung und vor allem die Popularität professionell gesteuerter Bürgerbeteiligung an wissenschaftlicher Forschung voraus. Aber es war die sich zunächst europäisch und dann international auswirkende Aufklärung, die den Geist der Menschen aus seiner Unmündigkeit befreit und schließlich zu emanzipatorischem Handeln und demokratischem Engagement ermutigt hat. Damals wurde der entscheidende Schritt getan, der heute zur Citizen Science führt. Zwei Philosophen, die zwar Citizen Science nicht begründet haben und die verschiedener nicht sein könnten, spielen in diesem Zusammenhang eine wichtige Rolle: Immanuel Kant und Paul Feyerabend.

Kant, Vordenker der Aufklärung

Warum war Kant ein Vorläufer dessen, was heute zur Citizen Science-Bewegung geführt hat? Weil er der Vordenker der Aufklärung war und in dieser Rolle zum »Ausgang des Menschen aus seiner selbstverschuldeten Unmündigkeit« aufrief.[23] Hier ist also weniger seine in strenger, klarer Fachsprache geschriebene Transzendentalphilosophie gemeint, mit der er die erkenntnistheoretischen Prinzipien der entstehenden empirischen Wissenschaft aufzudecken suchte, als vielmehr seine entschiedene Befür-

Wir hatten uns monatelang auf dieses Gespräch im AKW Brokdorf vorbereitet. Ich habe Hunderte von Seiten Informationen über Kernkraftnutzung verschlungen. Das Ganze sollte ein »Dialog« werden, aber es wurde keiner: Es wurde eine Fragestunde. Wir durften Fragen stellen, die Experten antworteten.

Es war sehr wichtig, dass wir uns viel Wissen angeeignet hatten. Wir traten nicht nur mit Sorgen auf, sondern auch mit Fakten. Bei zwei Fakten sahen die Experten ganz schlecht aus. Das eine war ihre Rede vom »Restrisiko«, das natürlich bliebe (»der menschliche Faktor«). Dieser angeblich vernachlässigbare Rest enthielt ausgerechnet den möglichen GAU. Und das zweite war ihre Aussage, für das fehlende Endlager müsse die Politik sorgen. Gorleben stand schon im Raum. Heute, nach der Wiedervereinigung, liegt es mitten in unserem Land. Wir wollen nicht, dass die Fragen und das Faktenwissen der Menschen bei solchen existenziellen Entscheidungen ungehört bleiben.

Eine Ärztin

wortung der Freiheit jedes einzelnen Menschen: Er kann seine Vernunft gebrauchen, um sich von überlieferten Mythen und Glaubensdogmen auf etwas hin fortzuentwickeln, was es verdient, »Wissen« genannt zu werden. Die gleiche Grundeinstellung veranlasst heute Menschen dazu, sich ungeachtet ihrer individuellen Bildungsbiografie an Citizen Science zu beteiligen. Tatsächlich ist sie es, auf die dasjenige hinführt, was mit der Aufklärung begann.

Kants »Sapere aude!«, das er selbst übersetzt mit »Habe Mut, dich deines eigenen Verstandes zu bedienen!«, war ein Weckruf zu einer Zeit, die dies nötig hatte, aber auch möglich machte. Der Rufer selbst war ein Kind dieser Zeit. Zwar haben auch andere Aufklärer damals gewirkt, viele zu ihrer Zeit erheblich breitenwirksamer als Kant. Aber er hat wohl die überzeugendsten, am stärksten nachwirkenden Worte gefunden, um die Idee der Aufklärung dauerhaft in den Köpfen der Menschen zu verankern: »Habe Mut, dich deines eigenen Verstandes zu bedienen!« Dabei war die wesentliche Botschaft sein Hinweis auf eine Fähigkeit, die allen Menschen zu Gebote steht, da sie zu ihrer natürlichen Ausstattung gehört: Durch Erziehung und Ausbildung wird sie zwar gefördert und verfeinert, aber nicht erst begründet. Kant hat mit seinem Aufruf gerade jene in die Gemeinschaft der Vernunftbenutzer eingeschlossen, die diesen Weg nicht schon seit Generationen kannten – einem günstigen Schicksal sei Dank. Er erinnerte daran, dass man selbst etwas an seinem Zustand ändern kann. Natürlich kann man auch durch Fremdverschulden, durch widrige äußere Umstände mit seinen Bemühungen steckenbleiben. Doch wenn der Zustand selbstverschuldet ist, muss und kann man auch selbst etwas dagegen tun.

Und noch ein anderer kantischer Gedanke ist in diesem Zusammenhang wichtig: die Tatsache, dass Erkenntnis und Wissen nicht erst dann ernst zu nehmen sind und eindrucksvoll werden, wenn sie komplex, abstrakt oder mit viel Vorwissen unterfüttert sind. Sie sind es schon in ihren elementaren, einfachen Erscheinungsformen. Man könnte sagen, dass es die gleiche Vernunft und der gleiche Gebrauch der Sinne sind, die unseren Alltag beherrschen und zugleich die komplizierten Gedankengebäude der Philosophen – wie eben Kant oder Wissenschaftler wie Isaac Newton oder Sigmund Freud oder Gregory Bateson – ermöglichen. Alles, was in den elementaren Erkenntnisformen vonnöten und erreichbar ist, ist auch in den höheren Formen der Erkenntnis vorhanden, und wenn dort noch zusätzliche Ebenen der Komplexität erschlossen werden, dann geschieht dies im Prinzip mit den gleichen Mitteln, die bereits dem Alltagswissen zu Gebote stehen. Manchmal ist dieses Alltagswissen sogar rationaler als das Expertenwissen.

Wenn heute bereits wenig gebildete Menschen zum ständig zu hörenden Lob wirtschaftlichen Wachstums den Kopf schütteln, weil sie unmittelbar begreifen, dass es so auf Dauer nicht weitergehen kann, ist dies ein modernes Beispiel für die elementare Rationalität, die Kant erklären wollte.

Ihm war es wichtig, das Zusammenspiel unserer Sinne und unserer Vernunft im alltäglichen Wahrnehmungs- und Erkenntnisprozess in aller möglichen Klarheit zu beschreiben. Seine Erkenntnistheorie war noch nicht zur Wissenschaftstheorie verengt, sondern hob die allen Menschen gemeinsame Wirklichkeitserfahrung hervor. Auch die Erfahrung, die ganz speziellen Erkenntnisinteressen folgt, macht hiervon Gebrauch.

Citizen Science geht heute gewissermaßen den umgekehrten Weg. Sie entdeckt die wissenschaftlichen Potenziale in den Erkenntnisbemühungen jedes Menschen: in der Nutzung unserer Sinnesorgane und unserer Vernunft zur Gewinnung von Wissen, ob im alltäglichen Leben oder in der wissenschaftlichen Forschung. Deshalb ist Kants Weckruf, das Zeitalter der Unmündigkeit zu verlassen und sich dem eigenen Verstand anzuvertrauen, auch ein Startschuss für das neue Zeitalter der Wissenschaft gewesen. Und heute kann er erneut etwas in Gang setzen: das Zutrauen zu den eigenen Fähigkeiten, an Wissenschaft nicht nur passiv-rezipierend, gewissermaßen als Konsument, teilzunehmen, sondern auch aktiv, als Mitproduzent, in den wissenschaftlichen Prozess einzugreifen.[24]

Auch wenn Kant hier nicht zum Gründungsphilosophen von Citizen Science stilisiert werden soll, in seiner einflussreichsten Rolle als führender Aufklärer war er einer der Gründungsphilosophen des modernen Wissensverständnisses und damit auch eines Verständnisses von Wissenschaft, das für unsere eigene bedrohte Zukunft von großer Bedeutung sein kann. Deshalb spielt er auch eine maßgebliche Rolle in der Vorgeschichte von Citizen Science. Man kann sich immer auf ihn berufen, wenn man die Verankerung jegliche Form von Wissenschaft in den uns allen angeborenen Fähigkeiten zum Wissen als gegeben ansieht.

Feyerabend, Vorkämpfer einer freien Gesellschaft

Der bekannteste und anspruchsvollste, zugleich auch der umstrittenste Wissenschaftsphilosoph, der in unserer Zeit, nur versteckt und in einer ironischen Gedankenflut, das Lob von Citizen Science formulierte, obwohl es diesen Begriff noch gar nicht gab, war der bereits erwähnte Paul Feyerabend.[25] 1978 erschien sein Buch »Science in a Free Society« (deutscher Titel »Erkenntnis für freie Menschen«) zum ersten Mal.[26] Damals war die studentische Revolution der 68er gerade mal zehn Jahre her. Sie hatte ihn in seiner kritischen Grundeinstellung zu allen Autoritäten – für

> Es ist schade, dass Feyerabend sich durch seine Lust an der Übertreibung selbst um seine Wirkung bringt. Denn er hat Recht.
> Wir haben leider sehr oft eine Wissenschaft für starre Rechthaber und brave, wenig flexible Nachschwätzer, aber wir bräuchten eine für offene Neugierige ohne Scheuklappen, nicht Gefolgsleute, sondern unabhängige Denkpioniere, kurz: eine Wissenschaft für freie Menschen. Genau dies hat auch Feyerabend gewollt. Doch dann bricht seine Lust an der Provokation wieder durch und er sagt: Es sind alles nur Rituale wie die der Medizinmänner eines fernen Stamms. Dies finde ich nicht. Ich denke schon, dass wir ihnen gegenüber etwas hinzugelernt haben, nur wir müssen eben noch einiges mehr hinzulernen.
> *Eine junge Wissenschaftlerin*

ihn verkörpert durch einen seiner ersten Förderer, Karl Popper – sehr angesprochen und zu von vielen Studierenden besuchten Vorlesungen in Berkeley, West-Berlin und anderswo inspiriert. Ebenso wenig wie Kant der philosophische Begründer von Citizen Science war, aber dennoch derjenige Philosoph, welcher ihre Grundlagen frühzeitig und besonders klar artikuliert hat, ist Feyerabend, der stets beißend kritische Kommentator unserer Rationalität, ihr moderner Gründungsphilosoph; für Citizen Science gibt es einen solchen nicht.[27] Feyerabend greift allerdings an der Schwelle der Zeit, in der ihr Begriff auftaucht, das kantische Emanzipationsideal wieder auf und kleidet es in neue Worte. Beide Philosophen rüsten die Menschen für eine neue Stufe des Ausgangs aus der selbstverschuldeten Unmündigkeit aus: mit Argumenten, die Freiheit und Vernunft, die den Menschen möglich sind, auch als ihr Recht erscheinen lassen. Die Definitionsmacht der herrschenden Institutionen – bei Kant der Kirche, bei Feyerabend der etablierten Wissenschaft – ist dann nur ein Hindernis auf dem Weg der Selbstverwirklichung des Menschen. Leider kam Feyerabend bei seiner Argumentation hierbei das Augenmaß abhanden.[28]

Paul Feyerabend hat mit seiner bis ins Alter lebendig gebliebenen Lust an Widerspruch und Aufsässigkeit, die überall in seinen Schriften den »Wiener Schmäh« seiner Jugendzeit durchscheinen lassen, viele Kollegen zeitlebens bis aufs Blut gereizt, allen voran seinen ehemaligen Lehrer Karl Popper oder den braven deutschen Wissenschaftstheoriepapst Wolfgang Stegmüller. Für diesen war ein Slogan wie »Bürgerinitiativen statt Erkenntnistheorie!« nichts als eine Provokation. Und doch nahm der Provokateur damit hellsichtig nur vorweg, dass sich große Teile von Citizen Science tatsächlich an bürgerschaftlichem Engagement entzünden.

Manche Mängel der etablierten akademischen Wissenschaft dürfen wir freilich nicht verschweigen, nämlich jene, die daraus erwachsen, dass es Menschen mit Mängeln sind, die die Wissenschaft tragen und betreiben. Das gilt auch für den unbestreitbaren Imperialismus unserer westlichen Kultur, der sich vor allem in einer unbestreitbaren Tatsache zeigt: Im Zuge der sogenannten Globalisierung werden die Organisationsideen westlicher Kultur, insbesondere die der Wirtschaft, mit durchschlagendem »Erfolg« in alle Welt exportiert. Weit weniger Ideen anderer Kulturen gelangen auf dem umgekehrten Weg zu uns. Dieser »Erfolg« ist zweischneidig, aber die Wissenschaft hat ihn entscheidend mitgeprägt. Er exportiert nicht nur Wahrheit, sondern insbesondere Macht, und er verringert die kulturelle und die natürliche Vielfalt, die zu schaffen auch

Errungenschaft einer langen Evolution war. Feyerabend hat deshalb auch zu Recht – nicht nur im erwähnten Buch, aber insbesondere dort – die bisher radikalste, philosophisch und kulturanthropologisch begründete Kritik an den im westlichen Kulturkreis entstandenen und danach global exportierten Wissenschaftsformen artikuliert.

Allerdings: Die Mängel der faktischen Wissenschaft sind nicht Mängel der Rationalität selbst, wie Feyerabend sie dargestellt hat.[29] Wir müssen und können vielmehr solche Schwächen mit den Mitteln unserer Rationalität kritisieren und abstellen. Die Wissenschaft mag viele Fehler machen, aber sie ist die einzige Errungenschaft unserer natürlichen und kulturellen Geschichte, in die wir die Hoffnung setzen können, diese Fehler auch wieder zu reparieren. Die Rationalität ist nicht, wie Feyerabend zu erkennen glaubte, ein Spezialprodukt der westlichen Zivilisation und eine Tradition unter vielen, sondern eine allen Menschen gemeinsame natürliche Fähigkeit. Ihre kulturell verschiedenen Ausprägungen und Errungenschaften darf man nicht mit ihr selbst verwechseln.

Die Schwelle zu ungerechtfertigter Übertreibung hat Feyerabend also dort überschritten, wo er die Vernunft insgesamt relativierte und keinen Unterschied mehr sah zwischen der Wissenschaft und Praktiken von Gurus und Medizinmännern. Tatsächlich kann sich Rationalität an Rituale gewöhnen und wird dann kritisierbar. Aber sie ist nicht selbst ein bloßes Ritual. Feyerabend hat mit unserer Rationalität zu viel zur Disposition gestellt und ihr Produkt, die Wissenschaft, zu wenig verteidigt – nämlich dort, wo sie selbst Opfer einseitiger, einengender oder machtorientierter Umgangsformen geworden ist. Dies ist der entscheidende Fehler, sowohl der heutigen Wissenschaft, als auch des Ansatzes von Feyerabend. Deshalb ist es aus Gründen der Klarheit sinnvoll, nicht allgemein von Wissenschaft, sondern von professioneller Wissenschaft zu reden, wenn diese gemeint ist. Sie hat gegenwärtig eine gesellschaftliche Position, die sie zur leichten Beute von Bürokratie und Ökonomie macht. Es ist ihr Pech, dass diese sie mit ihren Wert- und Zielvorstellungen durchdringen, und Wissenschaftler dies zulassen, statt sich dagegen zu wehren. Diese Konstellation bringt sie zu Recht ins Gerede.

Zweifellos hätte Feyerabend den heutigen Begriff von Citizen Science genauso abgelehnt wie den von Science überhaupt. Und doch ist es wahrscheinlich nicht falsch zu vermuten, dass Teile dessen, was wir heute Citizen Science nennen, dem nahekommt, was Feyerabend sich als Basisstufen der »Erkenntnis für freie Menschen« gewünscht hat. Heute gibt es Bestrebungen, sie wieder niedriger zu hängen und zu einer bloßen Methode der gewöhnlichen Berufswissenschaft zu verkleinern. Doch je mehr sie sich von dieser abhängig macht, desto mehr hätte Feyerabend an ihr zu kritisieren gehabt. Auch wenn er dies so nie gesagt hätte: Erkenntnis für freie Menschen ist kein Ding der Unmöglichkeit, sondern eine moderne Konsequenz aus Kants alter Ermunterung, sich den Mut zur Aufklärung zuzutrauen.

Citizen Science ist also auch diesbezüglich nichts völlig Neues, sondern im Kern etwas Altvertrautes. Was neu ist, sind vor allem ihre Bezeichnung und der erhebliche Schub, den die Partizipation an Information und Wissen durch das Internet erfahren hat. Professionelle Wissenschaftler, zuvorderst in England und den USA, entdecken mit einem Male die Laien als interessante Mitarbeiter an der Forschung. Im deutschsprachigen Raum dagegen sind es erst sehr wenige Profis, die diese sich bietende Chance schon ergriffen haben. Daraus entsteht tatsächlich mehr als nur ein neues Kleid für den alter Kaiser: Es bilden sich kombinierte Profi-Laien-Forscherteams, wie es sie in der herkömmlichen Professional Science nicht gibt. Dort sind die Profis vollständig unter sich. Es bleibt abzuwarten, was aus dieser Veränderung noch folgt. Sie besitzt viele positive, aber auch einige negative Aspekte.[30]

Citizen Science:
Der Begriff und seine Pole

Heinz Lienenbecker ist Hauptschullehrer und ein umfassend gebildeter Biologe. Aber vor allem ist er ein Feldbotaniker, dem nur wenige andere das Wasser reichen können. Jahrzehntelang hat er naturwissenschaftliche Basisarbeit geleistet: Tausenden Schülern die Liebe zur Natur vermittelt, ihnen elementare Artenkenntnisse auf verschiedenen Gebieten beigebracht, sie zu eigenem Entdecken angehalten. Doch ebenso lange hat er erwachsene Menschen anderer Professionen in Arbeitsgemeinschaften, Kursen und Exkursionen in botanischer Theorie und Praxis geschult, bis sie selber gut genug waren, bei Bestandsaufnahmen und Kartierungen mitzumachen. Er hat sich in einer führenden Rolle an allen Landesprojekten beteiligt, um die Kenntnisse der dahinschwindenden Wildpflanzenvielfalt zu aktualisieren und letztere zu erhalten; eine Aufgabe von Ämtern und Behörden, mit der sie aber hoffnungslos überfordert wären, wenn ihnen Citizen Scientists nicht maßgeblich dabei helfen würden. Glücklicherweise gibt es sie mancherorts, diese Lehrer-Forscher-Wissenschaftler an der Basis dessen, was

*wir heute wissen müssen und doch vernachlässigen, weil es sich eben »nur«
um Basiswissen handelt. Hier müssen wir unsere Wertvorstellungen verändern.*

Die englischsprachige Bezeichnung »Citizen Science« scheint darauf hin-
zudeuten, dass die angelsächsischen Länder auf diesem Gebiet einen Vorsprung haben. Hier muss man differenzieren. In der Sache selbst gibt
es keine großen nationalen und kulturellen Unterschiede, überall beteiligen sich viele Menschen, gerade auch Nichtakademiker, an gemein-
schaftlichem Wissenserwerb und an Formen der Wissensweitergabe. In
vielen Ländern sind befähigte und interessierte Personen schon seit langer Zeit faktisch als Wissenschaftler tätig, ohne dass es eine Rolle gespielt
hätte, wie sie ihre Kenntnisse erwarben, oder gar, ob sie eine Stelle an
einer Universität oder Forschungsinstitution hatten. Noch weit mehr
Menschen beteiligten sich in irgendeiner Form an Wissenschaftsprozessen oder versuchten selbst, bestimmte Wissensinhalte gezielt zu erschließen, ohne dass sie diese Tätigkeit mit wissenschaftlichen Ansprüchen
verbunden hätten. Dies gilt so auch für die neuere Zeit. Allerdings wurde
die Dominanz der Wissenschaftler, die einen professionellen Bildungs-
weg beschritten hatten, im Laufe der Zeit und insbesondere im 20. Jahrhundert zunehmend offensichtlich, je komplexer die Fragestellungen und
Wissensbestände wurden und je mehr Voraussetzungen hierfür nötig
waren. Heute wird der Ausdruck »Wissenschaftler« überwiegend als
Berufsbezeichnung verwendet. Dennoch sehen wir, dass keineswegs alle
Wissenschaftler dies auch von Beruf sind.

> Ich bin Wissenschaftler. Aber am wohlsten fühle ich mich nicht
> im Labor in meiner Firma, sondern abends, wenn ich mit ganz
> normalen Leuten zusammen bin und über moderne Chemie
> und anderes diskutiere. Meine Freunde dort sind keine Wissen-
> schaftler, sondern Grundschullehrer, Hausfrauen, auch ein
> paar Studenten, und Rentner, Kaufleute, Verwaltungsbeamte.
> Bei diesen Gesprächen habe ich nicht den Eindruck, dass Wissen-
> schaftler rationaler denken als andere Leute. Hier suchen wir alle
> noch nach einem Sinn. Das haben die Profis in ihren Fakultäten
> längst aufgegeben. Dort sucht jeder nur seinen Erfolg und bastelt
> an seiner Karriere.
>
> *Ein Chemiker*

Dem Beruf des Wissenschaftlers kann man heute meist nur auf einem entsprechenden – befristeten oder unbefristeten – Arbeitsplatz nachgehen. Stellen für Wissenschaftler sind teuer und knapp. Schon deshalb gibt es Wissenschaftler, die keine Berufswissenschaftler sind. Alle ausgebildeten Wissenschaftler ohne entsprechende Anstellung in einer wissenschaftlichen Institution, die auch nicht zeitweise in einem institutionell geförderten Projekt arbeiten oder sich als selbstständige Wissenschaftler mit einem eigenen Büro oder Labor etabliert haben, sind Wissenschaftler, obwohl sie oft nicht als solche wahrgenommen werden. Doch es gibt außerdem noch Personen, die weder den Beruf des Wissenschaftlers angestrebt, noch jemals eine Ausbildung durchlaufen haben, die darauf hätte hinführen können, und die dennoch der Sache, ihrer Passion und Kompetenz nach Wissenschaftler sind. Meist sind sie es nicht in Vollzeit, sondern nebenbei, aus eigenem Antrieb, aus ihrer Lust am Wissen und Forschen heraus, und sie tun oft viel dafür, auf diesem Terrain immer besser zu werden und auf dem Laufenden zu bleiben. Vielfach beschränkt sich ihre wissenschaftliche Betätigung auf ein schmales Wissensfeld, aber häufig ist es auch breiter geöffnet und nicht in der gleichen Weise auf eine Sache eingeschränkt, wie dies bei heutigen Berufswissenschaftlern fast zwangsläufig der Fall ist – angesichts der Gliederung der akademischen Wissenschaften in Fakultäten, Disziplinen und Institute. Unter den Freischaffenden wird jedoch keine Venia Legendi (Lehrberechtigung) vergeben und auch Lehrstuhldenominationen gibt es nicht, denn es gibt keine Lehrstühle oder Aufsichtsgremien – ein Grund für das Misstrauen der Profis. Und doch sind es letztlich nie Berufe, Titel, Karriereschritte und Kontrollstrukturen, die Menschen zu engagierten Wissenschaftlern machen, sondern immer ihre ureigenen Interessen, tatsächlichen Fähigkeiten und Handlungen. Solche Menschen, ob akademisch dekoriert oder nicht, erfüllen Citizen Science mit Leben.

Im deutschen Sprachraum verstehen viele nicht, warum man heute von »Citizen Science« spricht und nicht ein Wort der eigenen Sprache benutzt.[31] Die naheliegendste deutsche Übersetzung lautet »Bürgerwissenschaft«. Es ist die beste aller Eindeutschungen, und doch: Was soll das sein? Ein Bürgertum als Stand gibt es nicht mehr und auch Bürgerlichkeit ist kein Merkmal dieser Wissenschaft. Optimal ist dieser Begriff also nicht, auch wenn er gelegentlich schon verwendet wird. »Laienwissenschaft« bleibt ohne nähere Erklärung ebenfalls problematisch, denn unter den Laien findet man immer wieder auch Profis. Dasselbe gilt auch für »Amateurwissenschaft«. Diese Begriffe haben noch einen anderen Nachteil, dass sie mit negativen Konnotationen belegt sind: Laien und Amateure sind eben »nur« Laien und »nur« Amateure; ein vermeintlich leichtes Anzeichen für die Zweit- oder Drittklassigkeit der damit verknüpften Forschung.[32] Der Begriff des »Dilettanten« hat es vorgemacht: Aus der ursprünglich ehrenvollen Bezeichnung eines Menschen, der einer Sache mit Vergnügen nachgeht, wurde ein Stümper. Auch der Begriff des Autodidakten hilft nicht wirklich weiter, denn nicht alle Citizen Scientists haben sich ihr Wissen selbst beigebracht. All diese Übersetzungsversuche haben einen wahren Kern, können aber leicht zu Falschdeutungen verleiten.

Dennoch ist der Begriff des Laien ein Schlüsselbegriff, der uns weiterhilft. Was ist eigentlich ein Laie? Es bedarf einiger Überlegungen, um ein verbreitetes Vorurteil auszuräumen: dass Laien dumme Menschen seien. Sie sind es nicht, viele bemühen sich vielmehr ernsthaft um rationales Verhalten. Laien sind wir alle, insofern wir unsere Existenz außerhalb jenes schmalen Kompetenzbereiches betrachten, in dem wir eine Ausbildung genossen und den wir dann in der Regel zu unserem Beruf gemacht haben. Deshalb können wir dort als professionell geschulte Experten gelten. Doch unsere Rationalität lässt sich nicht darauf beschränken. Vielmehr verläuft unser Expertentum in engen Kanälen, einer schmaler als der andere, außerhalb derer wir uns ziemlich gleichen: nämlich darin, nicht alle Experten des Gleichen zu sein. Doch bemühen wir uns gerade auch dort, wo wir uns nicht spezialisieren konnten, unsere Rationalität zur Geltung zu bringen. Nur so haben wir eine Chance, die vielen, sehr unterschiedlichen Anforderungen des Lebens zu bewältigen. Unser Alltag zeigt, dass unsere allgemeine Rationalität uns sehr wohl gestattet, immer wieder neues Wissen zu erwerben, und in den meisten Fällen bemühen wir uns erfolgreich darum, die Probleme, die sich uns stellen, mit ihrer Hilfe zu bewältigen. Es ist diese Laienrationalität, die den Zugang zu Citizen Science öffnet. Es wird Zeit, dass wir sie nicht länger unterschätzen, denn sie wird in der komplexer werdenden Welt der Zukunft immer mehr gebraucht werden.

Laie ist man nie in jeglicher Hinsicht, sondern immer nur in Bezug auf bestimmte Sachgebiete oder eine in Rede stehende Profession. Wenn es um Wissenschaft geht, sind alle Personen Laien, die keine Berufswissenschaftler oder auf einem Gebiet forschen und tätig sind, das sie nicht studiert haben. Laien können von dem, was sie gelernt haben, auch auf anderen Gebieten profitieren, und sie können durchaus zu Experten auf bestimmten, ihrer Ausbildung fernen Wissensfeldern werden, aber womöglich auf unkonventionellen Wegen. Auch dann bleiben sie Laien, wenn und insofern sie ihre Wissenschaft nicht zum Beruf machen. Es ist die verbreitete und gleichzeitig problematische Gleichsetzung von Wissenschaft mit der Vorstellung eines an Universitätsstudien und Karrierewege gebundenen Wissenschaftlers, die einen zwanglosen Zugang zu jener Laienrationalität verbaut.

Das Problem entsteht nicht erst bei der Übersetzung, auch der englische Originalbegriff kann missverstanden werden. »Citizen« bezeichnet den modernen Staatsbürger, doch klingt dies viel zu systemerhaltend, zu sehr nach Status quo, um genau genug zu treffen. Es ist eher das bürgerschaftliche Engagement, das hier gemeint ist. Die Wurzeln von Citizen Science liegen oft in einer sehr kritischen Auseinandersetzung mit den bestehenden Zuständen. Selbst die Vogelbeobachter der erwähnten Birdwatching-Projekte haben trotz aller Begeisterung für ihre Tätigkeit Anlass zur Kritik: Tagtäglich erleben sie Artenrückgang und die Zerstörung von Lebensräumen. Citizenship bedeutet deshalb heutzutage: sich als Bürger für eine Sache zu engagieren, die für unser aller Zukunft wichtig ist.

Und auch die Verengung des Wissenschaftsbegriffs auf den Berufswissenschaftler nimmt Citizen Science aufs Korn. Verengung bedeutet: Der Berufswissenschaftler kann sehr wohl auch dazugehören, aber seine Existenz darf den Laienwissenschaftler nicht zum Nichtwissenschaftler abwerten. Zwar schreibt Irwin, den Anspruch auf die Erfindung dieses Begriffes andeutend: »›Citizen Science‹ evokes a science which assists the needs and concerns of citizens«, doch er fährt fort, dass der Begriff auch etwas anderes leistet: Er impliziert eine Form von Wissenschaft, die von den Bürgern selbst entwickelt und umgesetzt wird (»developed and enacted by citizens«)[33].

Dies ist der entscheidende Punkt. Es geht nicht um einen Gegensatz zwischen Wissenschaftlern und Bürgern. Auch die professionellen Wissenschaftler sind natürlich Citizens. Es geht beim Wissenschaftlertum auch nicht um eine Frage der Ausbildung oder gar eine Berufswahl, sondern es stellt sich die Frage des Kontextes, in dem man Wissensarbeit verrichtet. Citizen Science ist Wissenschaft im Alltags- und Lebenskontext, sie entsteht in der Mitte der Gesellschaft. Ihre Fragen sind Fragen, welche die Bürger umtreiben. Sie docken häufig an professionelle Wissensdisziplinen an, liegen aber auch oft genug quer zu ihnen. Oft mischen sich Wissensprofis unter die Autodidakten, bisweilen fällt dies gar nicht auf. Ein Citizen Scientist ist ein Mensch, der ein spontanes, starkes Interesse an bestimmten Wissensinhalten hat und diesem Interesse nachgeht, weil er es möchte, nicht, weil ihn ein Fachumfeld oder seine Karriere dazu drängen. Es geht auch nicht um die Frage, ob ihm die Fähigkeiten durch Ausbildung oder Beruf zugewachsen sind; dies kann bisweilen natürlich der Fall sein. Und es geht nicht um Fragen von gut oder schlecht; es gibt genug Profiwissenschaftler, die keine großen Geister sind. Jeder kann ein Citizen Scientist sein oder werden, auch ein Profiwissenschaftler. Aber die meisten sind keine Profis, sondern Laien.

Überhaupt schillert der Begriff zwischen vager und Mehrfachbedeutung,[34] wobei es, wie auch bei vielen anderen wissenschaftlichen Begriffen, Eindeutigkeit nicht gibt. Eine Gefahr besteht darin, dass manche begeisterten Aktivisten dies nicht wahrhaben wollen und nur »ihre« Deutung für richtig halten. Doch je nach Denkschule, Kontext und Interesse sind neue wissenschaftliche Begriffe in vielen Fällen umkämpft und werden ein bisschen oder stark unterschiedlich gebraucht. Die Letztinstanz, die über »richtig« oder »falsch« richten könnte, gibt es zum Glück nicht. Jede wissenschaftliche Auffassung muss sich dem freien Spiel der Argumente stellen und es ist oft ganz normal, dass ein endgültiges Ergebnis lange Zeit scheinbar oder tatsächlich ausbleibt. Oft kommt es aber auch dahingehend zu einer Entscheidung, dass sich eine gerade vorherrschende Denkschule durchsetzt; wirklich dauerhaft ist dies meistens nicht.

Dasselbe gilt auch für die verschiedenen Ansichten darüber, was Citizen Science eigentlich bedeutet. Um die volle Bandbreite des Begriffsstreits deutlicher zu machen, sollen zwei vereinfachte Extrempositionen die Pole verdeutlichen, zwischen denen die vielen existierenden Übergangsformen aufgespannt sind. Zwischen den beiden Polen spielt sich ab, was Citizen Science genannt wird. Ich nenne sie »Citizen Science light« und »Citizen Science proper«.

Für die meisten amerikanischen Citizen Science-Protagonisten und viele ihrer Gefolgsleute handelt es sich bei Citizen Science um wissenschaftliche Vorhaben, die dazu geeignet sind, eine breite Öffentlichkeit in akademische Forschungsprojekte mit einzubeziehen (»projects to involve the public in academic research«).[35] Forschung bleibt dabei überwiegend oder zur Gänze eine Domäne der akademischen Profis; es geht lediglich darum, wie und wo eine möglichst breite Öffentlichkeit gewissermaßen als Hilfspersonal einbezogen werden kann.[36] Hier spielt auch der ökonomische Aspekt eine nicht zu übersehende Rolle: Citizen Scientists arbeiten in der Regel freiwillig und sachdienlich, aber stellen-, versicherungs- und kostenlos.[37] Hier fangen dann auch die kritischen Fragen an. Diese Extremposition nenne ich »Citizen Science light«; sie ist in dieser Bedeutung vor allem in den USA, aber heute auch in Europa weit verbreitet: Dies zeigt wieder, wie stark der Einfluss der professionellen Wissenschaft auf das allgemeine Wissenschaftsverständnis ist.[38]

Ich unterscheide hiervon eine andere Auffassung, die es insbesondere in der europäischen Tradition sehr prononciert gab und gibt und die ich als zweiten Begriffspol »Citizen Science proper« nenne. Demzufolge gibt es neben der formalisierten, akademischen Wissenschaft, die vor allem in Hochschulen und in der Industrie betrieben wird, auch eine nicht weniger ernst zu nehmende Form von Wissenschaft, die nicht an Ausbildungsgänge, Berufe und Institutionen gebunden ist. Sie kann von jedem betrieben werden, der sich infolge seiner Interessen und seiner persönlichen Begabung oder Bildung hierzu gedrängt sieht. Sie ist in Anspruch und Reichweite meist deutlich bescheidener als die Berufswissenschaft, zumeist beschränkt auf deren elementare Bereiche, aber selbstorganisiert und sie geschieht überwiegend ehrenamtlich. Dennoch trägt sie alle wesentlichen Züge richtiger Wissenschaft. Nichtprofis, Laien oder Amateure können im Laufe der Zeit durch autodidaktisches Lernen, aber auch – wenn sich die Gelegenheit ergibt – durch Nachhilfe von Profis eines Fachs zu richtig guten Wissenschaftlern werden, und ob sie aus ihren Fähigkeiten einen Beruf machen ist vollkommen nebensächlich.

Diese Begriffstradition darf angesichts des neu erwachenden Interesses der Profis an Bürgermitarbeit nicht unter den Tisch fallen, sondern sollte unverändert ernst genommen und sogar zum Kern des Verständnisses von Citizen Science gezählt werden. Denn vor allem in ihr liegen die Potenziale, welche bislang nicht genügend gewürdigt worden sind. Das zu übersehen, ist ein weiterer Fehler der gegenwärtigen, oft einseitigen Diskussion.

Entsprechend kann man zwei Grundbedeutungen des Begriffs unterscheiden: eine, die Citizen Science als eine nichtselbständige Form von Wissenschaft auffasst, bei der die Beiträge der Laien letztlich einer Auswertung und Kontrolle durch die Experten bedürfen (meist auch bereits einer Planung durch diese), und eine andere, die sie als eine selbständige, solcher Kontrolle nicht bedürftige Form, breit in der Gesellschaft verankerter Wissensbeschaffung versteht. Die erste, »Citizen Science light« und die zweite »Citizen Science proper«, bestimmen die zeitgenössische Debatte. Das, was in dieser Debatte gesagt wird, lässt sich mal mehr der ersten und mal mehr der zweiten Polposition zuordnen.[39]

Beide Begriffsbedeutungen – hier bewusst als Gegensatzpaar einander gegenübergestellt und vereinfachend als eher »amerikanische« und eher »europäische« Auffassung ausgelegt –, sind nicht so scharf voneinander zu trennen wie ihre begriffliche Separierung vortäuscht.[40] Vom schlichtesten Kennenlernen der Welt durch die Kinder, bis hin zur anspruchsvollsten Erfüllung von Forschungsaufgaben durch Autodidakten, die faktisch gleichrangig mit hochspezialisierten und bestausgebildeten Profis operieren können, gibt es alle Übergänge. Nichts davon ist »falsch« oder »richtig«.

Auch die einfacheren Formen der Erforschung der Welt verdienen es, ernst genommen zu werden, denn sie stecken auch in der höchstentwickelten professionellen Wissenschaft. Zweifellos sind die anspruchsvolleren Formen interessanter und weitreichender, auch wenn sie womöglich hinsichtlich ihres räumlichen Forschungsradius' und ihres theoretischen Anspruchs bescheidener bleiben. Denn sie können zeigen, wie weit Citizen Science der akademischen Wissenschaft das Wasser reichen kann. In Einzelfällen kann beides ununterscheidbar werden. Nur eines ist sicherlich falsch: den Citizen Science-Begriff auf eine einzig »richtige« Kooperationsform aus diesem Spektrum zwischen Profis und Laien verengen zu wollen. Denn der Begriff bezeichnet das gesamte Spektrum und jede seiner Varianten kann im konkreten Fall nützlich und sinnvoll sein.

Die Spielarten des Profi-Laien-Verhältnisses in der Wissenschaft gehen im wirklichen Leben oft und vielfach ineinander über. Eine besonders charakteristische Form ist allerdings das Auftauchen von Profis mitten unter den Laien, wo sie sich bewusst auf das Abenteuer Citizen Science einlassen. Dort finden sie eine dankbare, aufnahmebereite Umgebung und können der Gesellschaft dabei helfen, in bestimmten Wissensbereichen voranzukommen. Dennoch bleibt jener Unterschied bestehen, dass das eine tendenziell mehr im englischsprachigen, vor allem amerikanischen, das andere tendenziell mehr im europäischen, besonders im deutschsprachigen Wissenschaftsraum favorisiert und gepflegt wird. In jedem Fall sollte die Bandbreite dessen, was mit dem Begriff Citizen Science gemeint sein kann, erkannt und berücksichtigt werden.

Im Folgenden werden beide Bedeutungspole des Zentralbegriffs und alles, was zwischen ihnen liegt, gleichermaßen ernst genommen, obwohl die europäische Tradition als die weiterreichende Form von Citizen Science betont werden wird. Aber es soll nicht das eine gegen das andere ausgespielt werden. Wir haben kein Recht, eigene normative Vorstellungen zum Schiedsrichter zu machen, wo eine lebendige Entwicklung im

Gange ist. Denn diese Entwicklung gefährdet nichts, sondern sie ermöglicht etwas: Sie kann die Chancen der Laien vergrößern und ihren Stimmen unter denen der Experten Gehör verschaffen.

Kritisch zu sehen sind solche Darstellungen, die einen der beiden Pole völlig ausblenden. Beide Extremformen von Citizen Science haben ihre Berechtigung, ihre Vor- und Nachteile. Freilich ist es besonders bemerkenswert, dass es die autonome »europäische« Form überhaupt geben kann. Sie ernst zu nehmen ist nicht nur eine regionale Tradition oder wissenschaftstheoretischer Übermut, sondern notwendig, weil sie die weitaus anspruchsvollere und folgenreichere Begriffsbedeutung ist, deren Realisierbarkeit durch viele Beispiele belegt werden kann. Es ist Citizen Science proper, die die Herausforderung für Wissenschaftstheorie und Wissenschaftspolitik darstellt. Die Kurzvorstellungen einiger herausragender, wenn auch meist unbekannter Citizen Scientists stehen im Mittelpunkt dieses Buches, denn sie verbinden Citizen Science besonders augenfällig mit Professional Science – wobei sich beides annähert, aber keineswegs einfach identisch wird. Es existiert weiterhin ein bedeutungsvolles und produktives Spannungsfeld zwischen beiden Lagern. Das folgende Argument spielt hier eine entscheidende Rolle: die Überzeugung, dass Wissenschaft für die Zukunft des Lebens auf der Erde und im Weltall so überaus wichtig ist, dass man sie nicht den jeweiligen Experten allein überlassen darf. Dieses Argument erscheint auf den ersten Blick widersprüchlich, denn es sind die Experten der verschiedenen Wissenschaften, die uns die Welt erklären.

Doch den gleichen Experten kann nicht nur Vertrauen, sondern ihnen muss auch Misstrauen entgegengebracht werden. Wer, wenn nicht die Gesellschaft der Laien – freilich möglichst wissbegierige, kenntnisreiche und vor allem an allgemein relevanten Problemen interessierte Laien – sollte die Experten kontrollieren? Die Kontrolle der Experten durch andere Experten würde in eine Endlosschleife und nicht zu einer Lösung führen. Es bleiben nur die Laien, wir alle, für diese gesellschaftlich höchst wichtige Aufgabe übrig. Die Rationalität der Laien auch diesbezüglich nicht ernst genug zu nehmen, ist ein verbreiteter Fehler gerade auch vieler Wissenschaftler.

Gleichwohl ist auch die andere Extremform, Citizen Science light eine konsequente und zukunftsreiche Perspektive: die heteronome Einbindung von Laien in von der professionellen Wissenschaft gesteuerte Forschungskontexte, und ihre Verzahnung mit dieser. Insbesondere dann, wenn bislang nur wenige Personen jenen Status von selbständigen Citizen

Scientists erreichen, ist es wichtig, dass sich professionelle Wissenschaftler um die Menschen kümmern, die Lust haben, sich an gemeinsamer Wissenserschließung zu beteiligen, ohne dass sie den gesamten wissenschaftlichen Prozess von seiner Planung bis zu seiner Auswertung und sogar Publikation selbst erledigen können. Dies gilt vermehrt auch dann, wenn die betreffenden Forschungen auf andere Weise überhaupt nicht möglich wären.

Zunehmend werden anspruchsvolle Projekte bekannt, die vor der Einbeziehung vieler Datengeber undurchführbar waren. Viele Laien in die Forschung einzubeziehen ist sogar ein großes Verdienst. Das ist besonders dann leicht zu erkennen, wenn man damit Wissenschaftler kontrastiert, die lieber in bequemer Abgeschiedenheit in Fachsprache und Elfenbeinturm ihren Problemen nachgehen. Viele von ihnen kommen nie auf den Gedanken, dass es auch zu ihrer Aufgabe gehören könnte, die Öffentlichkeit, die sie finanziert und die womöglich vor ihnen Angst hat, in irgendeiner Form in ihre Arbeit einzubinden.

Zudem gilt, dass das Bewusstsein und die Bereitschaft der wissenschaftlichen Profis zu dieser Art Verzahnung von Professional Science und Citizen Science im angelsächsischen, besonders im US-amerikanischen Wissenschaftsbereich deutlich größer und weiter entwickelt sind als in Europa, insbesondere in Deutschland. Hierzulande pflegen nicht wenige Wissenschaftler die beiläufige oder sogar bewusste Abgrenzung, wo Öffnung und Kooperation möglich und vielfach auch hilfreich wären. Allerdings fehlen hier bislang auch die entsprechenden Hilfestellungen und Förderprogramme von Wissenschaftspolitik und Wissenschaftsverwaltung. Nicht zuletzt aufgrund dieses Nachholbedarfs ist es wiederum angemessen, die ganze Bandbreite von Citizen Science ernst zu nehmen und den Begriff bewusst als mehrdeutig zu behandeln. Sicherlich wäre es für die Wissenschaft am besten, wenn alle Aspekte künftig wettbewerblich nebeneinander existieren könnten und womöglich aufeinander zuwachsen würden.

Leider gibt es aber zur Zeit unter dem Eindruck der vielen Internetmöglichkeiten eine gegenläufige Tendenz, nämlich das Verständnis von Citizen Science auf einen einzigen Aspekt hin zu verengen: die Einbeziehung möglichst vieler Menschen in wissenschaftliche Forschung. So sehr dies auch ein förderungswürdiges Ziel sein kann: Es ist nicht der Kern von Citizen Science. Dieser besteht ja darin, die Profigrenze, die das verbreitete Wissenschaftsverständnis umgibt, zu überschreiten und Wissenschaft auch für Nichtprofis zu öffnen. Nicht eine große Zahl von

Beteiligten ist das Ziel, sondern der Nachweis, dass man den Ausdruck »Wissenschaftler« nicht ausschließlich als Berufsbezeichnung verwenden darf. Die Rehabilitierung der Laienrationalität ist die vornehmste Leistung der Citizen Science-Bewegung und ihre Hauptchance, denn sie befreit letztlich die Laien – und damit uns alle – aus der Vormundschaft der Experten.

Die Schlussfolgerung aus diesen Überlegungen ist ebenso einfach, wie wissenschaftstheoretisch und wissenschaftspolitisch hochbrisant. *Wir müssen Citizen Science stärken, wo immer es möglich ist. Dies gilt für Citizen Science proper, aber auch für Citizen Science light.* Citizen Science legt die Grundlagen für jede weiterreichende Form von Wissenschaft und ist das Eingangstor zur Wissensgesellschaft. Eine Gesellschaft, die sich nur an der Profiwissenschaft orientiert, verliert das Bewusstsein für die Bedeutung des Wissens aller Bürger. Und eine Wissenschaftspolitik, die nur auf die Förderung der Eliten und Forschungsspitzen setzt, verfehlt ihre Aufgabe, die Bildung einer Wissensgesellschaft zu fördern und nicht zu behindern. Es ist an der Zeit, die fahrlässige Unterschätzung des Wissens der Laien zu beenden.

Das Korsett der Profis:
Institutionalisierung und Ökonomisierung

Martin Büchner war über 80, als ihm endlich das Bundesverdienstkreuz verliehen wurde. Als Geologe und Mineraloge war er zeitlebens durch und durch Naturwissenschaftler gewesen. Auch als Leiter eines regionalen Naturkundemuseums blieb er vor allem Forscher und ließ kein Jahr verstreichen, ohne dass er mehrere wissenschaftliche Publikationen fertiggestellt hätte. Und doch bedeutet der Naturwissenschaftliche Verein, den er jahrzehntelang nebenbei führte, alles für ihn: Dessen Mitglieder waren es, die das Museum in vielen Arbeitsgemeinschaften mit Leben erfüllten, statt es zu einer bloßen Ausstellungsinstitution verkümmern zu lassen. Dort wurde gelehrt, gelernt und geforscht, dort konnte man ein Museum erleben, das eben kein musealer Raum blieb, und Wissenschaft, die diesen Namen genauso verdiente wie dasjenige, was in der nahen Universität stattfand. In Martin Büchners Arbeitsgemeinschaft für Erdwissenschaften wurde die gesamte Region geologisch und mineralogisch so genau und so flächendeckend untersucht wie nie zuvor. Niemand hätte es sonst getan.

Obwohl Citizen Science und die etablierte Berufswissenschaft nicht das Gleiche sind, sind sie dennoch nicht scharf voneinander zu trennen. Deshalb muss an vielen Stellen auch über Professional Science gesprochen werden, zumindest als Hintergrund, auf dem Citizen Science erst verständlich wird. Dass dies nicht oder zu selten geschieht, ist einer der Hauptmängel der meisten zu Citizen Science erschienenen Literatur.

Die Profiwissenschaft ist das Maß vieler Dinge, aber nicht aller. Sie ist eine Errungenschaft unserer Zivilisation, sie ist unverzichtbar und erbringt großartige Leistungen. Aber sie bedarf auch der Kritik.[41] Nicht ihre gesamte Gestalt, in der sie sich heute präsentiert, ist notwendig und alternativlos. Manches ist von Zwängen und Versuchungen gekennzeichnet, die von außen an die Wissenschaft herangetragen werden und sie mehr als wünschenswert mitformen. Citizen Science ist auch eine Reaktion hierauf, eine Art Ausgleichsmaßnahme, die in elementaren Bereichen auszubügeln versucht, was bei den Profis fragwürdig geraten kann. Sie ist mithin einer von den zwei Teilen des verbundenen Systems Wissenschaft. Deshalb sollen mit Blick auf Citizen Science in diesem Kapitel einige typische Strukturkennzeichen der Profiwissenschaft zusammenfassend benannt werden, bei denen sich kritische Fragestellungen nicht vermeiden lassen, ja notwendig sind.

Die Diskussion wird an dieser Stelle freilich bewusst eingeschränkt, anders als es beispielsweise Schneidewind und Singer-Brodowski in ihrem konkret argumentierenden Buch »Transformative Wissenschaft« tun, wo in gründlicher Form die Schwachstellen der heutigen institutionalisierten Wissenschaft abgehandelt und Handlungsempfehlungen für Gegenstrategien gegeben werden.[42] Leider fehlt bei ihnen die Reflexion auf Citizen Science völlig; das Stichwort existiert im ausführlichen Register nicht.

Die Autoren scheinen nicht wahrzunehmen, dass es schon seit Langem eine wissenschaftliche Ebene jenseits der reinen Profiwelt in den Institutionen gibt. Deren kritische Diskussion ist notwendig, aber ohne die Welt von Citizen Science fehlt ihr ein Bezugsrahmen; sie scheint dann leicht die einzig mögliche Form von Wissenschaft zu sein. Auch die aktuellen Versuche, die freie Citizen Science »einzufangen« und komplett als eine Art bürgernahes Anhängsel in die offizielle Wissenschaft zu integrieren, müssen kritisch gesehen werden. Doch diese Notwendigkeit gerät nur bei einer kritischen Betrachtung der professionellen Wissenschaft in den Blick. Eher das Umgekehrte erscheint also sinnvoll: Citizen Science als ein Modell zu nehmen, an dem deutlich werden kann, welche kritikwürdigen Eigenschaften dasjenige entwickelt hat, was üblicherweise als Wissenschaft schlechthin gilt.

Vor allem drei gesellschaftliche Handlungsfelder nehmen massiv Einfluss auf die professionelle Wissenschaft: die Politik, die Verwaltung und die Wirtschaft. Obwohl Wissenschaft der Idee nach unabhängig und nur der Suche nach der Wahrheit verpflichtet sein sollte, greifen die drei genannten Bereiche mehr oder weniger ungeniert in sie ein und die Wissenschaft nimmt es weitgehend hin. Die Politik maßt sich eine Art Rahmensteuerungs- und Aufsichtsfunktion an, die oft bis zur Entscheidung über die Besetzung von Lehrstühlen geht.[43] Handelt es sich bei den wissenschaftlichen Einrichtungen um staatlich kontrollierte Institutionen, sichert sie sich meistens über die Mittelvergabe einen entscheidenden Einfluss auf den Lauf der Dinge. Mit wissenschaftlicher Freiheit hat dies alles wenig zu tun. Die Politik bedient sich zu diesem Zweck der Verwaltung, die zwar eine eigenständige Ordnungsmacht mit stark normierender Wirkung in allen gesellschaftlichen Bereichen geworden ist, aber in ihrer heutigen Omnipräsenz auch als verlängerter Arm der Politik wirkt. Bürokratische Ordnungsstrukturen prägen jedenfalls heute die professionelle Wissenschaft in einem schwer erträglichen Ausmaß und können sie vielfach lähmen.

Das dritte Handlungsfeld, die Wirtschaft, übt einen besonders ambivalent zu bewertenden Einfluss auf die Wissenschaft aus: Einerseits leitet sie privates Geld in Forschung und Lehre und entlastet damit die staatlichen Kassen. Andererseits steuert sie hierüber auch die Gewichtung von Disziplinen und Interessen. Die ökonomisch relevanten Fächer bekommen einen Raum und einen Einfluss, die ihnen aus rein wissenschaftlicher Sicht nicht unbedingt zukommen, und Disziplinen ohne erkennbaren ökonomischen Nutzen fallen weit hinter diesen Rang zurück. So bereichernd die Gründung privater Hochschulen sein kann, vor allem weil sie die oft übertriebene Bindung der Universitäten an den Staat lockern, so fragwürdig ist deren Ausstattung und Definition infolge einseitiger, wirtschaftsbezogener Interessen und Schwerpunkte.

Der hier kurz zusammengefasste zu starke Einfluss dieser drei Handlungsfelder auf die professionelle Wissenschaft ist keine Selbstverständlichkeit, sondern ein Trend. Er ist zwar typisch für die Entwicklung unserer modernen Gesellschaften, aber keineswegs so alternativlos, wie er oft hingenommen wird. Er hat zu zwei Entwicklungen geführt, die die heutige professionelle Wissenschaft so massiv prägen, dass ihr beeinflussender, verändernder und beeinträchtigender Charakter häufig gar nicht

> Ich habe Volkswirtschaft studiert und bin Statistiker in einer
> Stadtverwaltung geworden. Aber am meisten hat mich immer
> Geschichte interessiert. Deshalb habe ich zwischendurch immer
> mal etwas Historisches erforscht und publiziert. Jetzt beschäftige
> ich mich gerade mit den Nazis in meiner Stadt.
> Die hauptamtlichen Historiker tun mir fast leid. Sie können meis-
> tens nicht tun und lassen, wozu sie Lust haben, sondern müssen
> sich den Strukturbedingungen ihrer Institution und Disziplin
> unterordnen. Und wenn sie dann auch nicht den Methoden der
> gerade aktuellen Historikerschule folgen, wird ihre Arbeit auch
> noch von der Zunft als »überholt« gebrandmarkt.
> Ich habe den Eindruck, an der Universität geht es oft nicht um
> Wissenschaft und Wissenschaftler, sondern darum, wie man sich
> profilieren kann, den Vorgaben eines Ministeriums folgt oder
> brav den Lehrplan erfüllt.
>
> *Ein Statistiker*

mehr wahrgenommen wird: die Institutionalisierung und die Ökonomisierung der Wissenschaft.

Die auffälligste bereichsübergreifende Entwicklung, welche zu kritischen Anmerkungen Anlass gibt, ist die starke Institutionalisierung, vielfach wird sie begrifflich gar nicht mehr von der Wissenschaft getrennt, wie etwa in dem erwähnten Buch von Schneidewind und Singer-Brodowski. Professional Science kommt uns heute überall in massiv institutionalisierter Form entgegen; man könnte sie auch als Institutionalized Science bezeichnen. Sie ist nicht mehr als Privataktivität einzelner Individuen durchführbar, sondern muss in stark bürokratisierten Institutionen organisiert werden. Diese Institutionen (Universitäten, staatliche und private Forschungsstationen, Spezialinstitute, Labors, forschungsintensive Unternehmen etc.) sind komplex und teuer geworden und benötigen allesamt mehr oder weniger umfangreiche Verwaltungsabteilungen. In vielen Ländern – etwa in Deutschland – ist es an Universitäten üblich geworden, dass das wissenschaftliche Personal einen Teil der Verwaltungsaufgaben in »Selbstverwaltung« übernimmt. Ein anderer Teil wird von Verwaltungsmitarbeitern erledigt, die keine anderen als Organisations- und Verwaltungsaufgaben haben.

Ein folgenreicher Aspekt der hochgradigen Institutionalisierung ist das Ausmaß, in dem Wissenserwerb und Wissensweitergabe durch mannigfache Vorgaben und Rahmenbedingungen vorstrukturiert sind; Lehre und Forschung sollen zwar nach wie vor »frei« sein, doch sind sie es schon lange nicht mehr. Für die Studierenden wird dies durch detaillierte Studienpläne erfahrbar, die – bis auf eine gelegentliche Leerstelle als Alibi – kaum noch Unterschiede zur Schule zulassen. Für die Wissenschaftler wirkt sich die bürokratisch agierende Institutionenfülle vor allem in der Forschung aus. Sie ermöglicht zwar schwierige und aufwendige Forschung, behindert aber auch die einfache und spontane. Es macht sich die Vorstellung breit, Letztere gäbe es gar nicht mehr, nur ist das falsch. Sie wird nur von den institutionellen Begleiterscheinungen verdeckt, sodass sie kaum noch auffällt und auch tatsächlich schwindet. Und sie wird fraglos durch die allenthalben geltenden Rahmenbedingungen erschwert. Die reine Wissenschaft ist dies freilich alles nicht, sondern nur eine Art und Weise, wie diese heute organisiert wird.

Eine weitere Entwicklung, die zu bedenklichen Erscheinungen in der professionellen Wissenschaft führt und die ebenfalls begrifflich von ihr getrennt werden muss, ist ihre unübersehbare Ökonomisierung. Die zunehmende Spezialisierung und Komplizierung von Forschung macht diese immer teurer. Bildungs- und Forschungsökonomie sind deshalb notwendig, denn öffentliche Gelder sind knapp und auch private werden gern für andere Zwecke ausgegeben. Entsprechend knapp sind Stellen und Mittel.

Die Suche nach der Wahrheit fragt aber nicht danach, ob Geld für sie zur Verfügung steht, sondern sie hat ihre eigene Prioritätenlage. Manchmal wäre es eigentlich notwendig, unklare Voraussetzungen eines Problems zu klären, bevor man an ihm weiterarbeiten kann, doch dann treten unter Umständen Konflikte mit den ökonomischen Rahmenbedingungen auf. Und die Erfahrung besagt, dass sich bei solchen Konflikten zunehmend der ökonomische Aspekt durchsetzt, weil es gar nicht mehr anders möglich ist. Dabei geht es keinesfalls nur um direkte Einflussnahme auf die Forschung; diese ist eher die Ausnahme. Die Ökonomisierung übt fast überall indirekt Einfluss aus, sodass ganze Disziplinenfelder beziehungsweise Themencluster gefördert oder nicht gefördert, und manche Zusammenhänge schon aus Kostengründen ausgeblendet werden.[44] Auch dort, wo der ökonomische Druck nicht offen erkennbar ist, existiert er heute als mitbestimmendes Merkmal der professionellen Wissenschaft. Doch wie im Falle der Institutionen ist er ein von den äußeren Verhältnissen bestimmtes Merkmal heutiger Wissenschaft; mit ihrem Selbstverständnis hat auch dies nichts zu tun.

Die beiden kritischen Punkte sind sehr ernst zu nehmen, denn sie haben sich bis zu einem gewissen Grad als unvermeidlich erwiesen und sind dafür mitverantwortlich, dass sich Professional Science in ein gefährliches Fahrwasser begeben hat. Dies gilt sowohl für die Ökonomisierung als auch für die Institutionalisierung. Sie erzeugen eine Fülle administrativer und marktwirtschaftlicher Geflechte, die anderen Leitideen folgen als denen der Wissenschaft. Ich nenne sie »das Korsett« der Profiwissenschaft.

Innerhalb der engen Verbindung zwischen den verschiedenen Orientierungsmaßstäben in der heutigen professionellen Wissenschaft macht man sich nicht immer klar, was dieses Korsett bedeutet. Die Verwaltung muss große, unübersichtliche Institutionen übersichtlich machen und ordnen. Sie führt zu diesem Zweck Disziplinen, Lehrstühle, Fachbereiche, Fakultäten, Studienordnungen und Forschungsmuster ein und produziert damit ungewollt Abgrenzungen, die die Probleme, um die es geht, nicht berücksichtigen, die selbst aber von den Wissenschaftlern berücksichtigt werden müssen.[45]

Die Ökonomie macht Kosten-Nutzen-Rechnungen auf, fragt nach Machbarkeit und Effizienz, der Verhältnismäßigkeit von Mitteleinsatz und Zielerreichung, und fügt damit ebenfalls eine neue Problemebene ein, die sich aus der alleinigen Orientierung der Wissenschaft im Wahr-Falsch-Raum nicht ergibt. Beide Orientierungssysteme sind daher zu begrenzenden, beschwerenden und behindernden Faktoren von professioneller Wissenschaft geworden und kennzeichnen deshalb auch eine Grenze zwischen Citizen Science und Professional Science. Denn Citizen Science ist von alledem und von den damit verbundenen modernen Gefahrenpotenzialen weitgehend frei.

Es ist eine These dieses Buches, dass die meisten ernsten Probleme, die uns die professionelle Wissenschaft nicht uneingeschränkt positiv, als verkörperte Rationalität, sehen lassen, sich aus dieser engen Verwobenheit mit den sie mitsteuernden Rahmensystemen ergeben. Weniger die Wissenschaft selbst ist kritik- und fragwürdig, als ihre Verfasstheit in Institutionen, die eine kontingente organisatorisch-bürokratische Ebene besitzen; und außerdem ihre zunehmende Abhängigkeit von ökonomischen Rahmenbedingungen, die viele der eigentlich notwendigen Lehr- und Forschungsaufgaben durch wissenschaftsfremde, zusätzliche Begleitumstände belasten und oft genug verwässern.

Vor kurzen hat mir ein Industriemanager gesagt (und es klang fast etwas drohend): »Die deutsche Wissenschaft arbeitet immer noch viel zu ineffizient. Wir gründen demnächst eine neue Hochschule. Da werden wir mal zeigen, was man durch konsequente Beachtung des Prinzips der Effizienz erreichen kann.«

Da frage ich mich doch, so wichtig Effizienz auch sein mag: Ist sie ein wissenschaftlicher Begriff oder einer aus der Wirtschaft? So gut es ist, wenn wir Geld und Zeit sparen können: Muss die Suche nach der Wahrheit immer darauf Rücksicht nehmen? Gibt es nicht Wichtigeres? Kreativität zum Beispiel? Das Unbekannte richtet sich nicht nach Engpässen, die es auf dem Weg dorthin geben mag. Wie viel Forschungsökonomie ist nötig und wie viel müssen wir lediglich aufgrund der Macht der Wirtschaft ertragen?

Eine Lehrerin

Gibt es schon für die wissenschaftlichen Strukturen selbst oft verschiedene legitime Sichtweisen, muss es als eine starke Einschränkung empfunden werden, wenn eine ganz bestimmte administrative Organisationsform der zuständigen Institution verlangt, alle Bildungs- und Forschungsaktivitäten in diese Rahmenvorgaben einzufügen.[46] Der wissenschaftlichen Kreativität werden hierdurch sehr enge Grenzen gezogen, studentischer Kreativität wird kaum noch Raum gelassen. Auch hier ist es das Korsett aus Machbarkeit und Effizienz, das enger geschnürt statt gelockert worden ist.

Wer Wissenschaft wirklich fördern will, muss sie so weit wie möglich aus diesem starren Korsett befreien. Hierin dürfte der langfristige und vornehmste Sinn der Citizen Science-Bewegung liegen.

Hier kommt ein Begriff ins Spiel, der zunehmend das verbreitete heutige Wissenschaftsverständnis prägt: Big Science. Wissenschaft ist mit ihren Institutionen und ökonomischen Verflechtungen immer größer und teurer geworden, gewissermaßen ein einziger Mammutkonzern der Wissensindustrie, und die größten Teile davon prägen das moderne Bild von ihr. Man kann sich kaum vorstellen, dass das Gegenteil – »Small Science« – noch zeitgemäß oder als ernstzunehmende Wissenschaft konkurrenzfähig sein kann. Und doch ist es so, nur müssen wir das Bewusstsein dafür erst wieder schaffen. Fast die ganze Citizen Science ist Small

Science[47]: Hier entscheidet oft noch der Einzelne, hier sind lokale und regionale Themen wichtig, der Einfluss von Institutionen und Wirtschaft ist gering. Erinnern wir uns daran, dass es Gründe gab zu sagen: »Small is beautiful.«[48] Dies gilt auch für die Wissenschaft.

Die Wissenschaft der Bürger ist Small Science, auch wenn viele Publikationen einen anderen Eindruck erwecken.[49] Tatsächlich geht es um das Gegenteil von Big Science, denn hier sind keine Stellen zu besetzen; deshalb fehlen sie auch nicht. Citizen Science unterhält keine Institutionen, sondern ist allenfalls in ehrenamtliche Strukturen eingebunden. Vielfach ist sie nicht (beziehungsweise erheblich weniger) mittelabhängig und darum auch weit weniger auf allgemeine Forschungs- und Drittmittel angewiesen. Dies könnte sich noch ändern, aber im Grundsatz bleibt es richtig. Citizen Science ist nie Großforschung, auch wenn gelegentlich sehr viele Datengeber mitwirken. Institutionalisierung und Ökonomisierung fallen als beeinflussende und begrenzende Rahmenbedingungen der Wissenschaft weitgehend weg. Dies sind erhebliche Unterschiede. Der Fokus auf Citizen Science führt deshalb häufig zu einer befreienden Perspektive, wie er umgekehrt dazu nötigt, die Profiwissenschaft kritisch von ihren aufgezwungenen Begleiterscheinungen abzuheben. Wir sollten uns aber klar machen, wen diese Kritik wirklich trifft: diejenigen, die meinen, dass Institutionalisierung und Ökonomisierung jene erwähnten Formen annehmen müssen.

Deshalb wäre es umso kritischer zu sehen, wenn professionelle Organisationen und Repräsentanten der Wirtschaft versuchten, den Trend zu Citizen Science zu nutzen und diese in ihre Strukturen einzubinden. Als habe man gemerkt, dass man lange etwas Wichtiges zu Unrecht zu wenig beachtet hat, das nun ein Eigenleben führt, gibt es die Versuchung, institutionelle Plattformen für Citizen Science zu entwickeln und bereitzustellen. Diese Versuche haben einen positiven und einen negativen Aspekt. Der positive besteht darin, dass das in den englischsprachigen Ländern bereits weiter entwickelte Bewusstsein der Profis für die Bedeutung von Citizen Science auch anderswo geschärft und gefördert wird. So können neue Schnittstellen entstehen, die auch professionell geplante und kontrollierte Citizen Science-Projekte befördern, so wie wir das aus Großbritannien und den USA kennen. Allerdings werden die selbständigen und unabhängigen Citizen Scientists hierbei kaum erfasst und letztlich in ihrer Wirkung geschwächt. Der gefährliche und negative Aspekt liegt in der drohenden Infizierung der ganzen Citizen Science mit den Viren, die schon Professional Science belasten.

Besonders problematisch ist der Versuch, ökonomisch auf Citizen Science zuzugreifen, denn hierdurch gerät eines ihrer wichtigsten Markenzeichen, ihre Unabhängigkeit, auch von dieser Seite aus in Gefahr. Beide Trends laufen darauf hinaus, Citizen Science der normalen Wissenschaft anzunähern, wohingegen eher das Umgekehrte sinnvoll wäre: den institutionellen und den ökonomischen Druck auf die Profiwissenschaft zu reduzieren. Zwar sind ihre Freiheit und Unorganisiertheit ein Markenzeichen von Citizen Science, doch stellen sie zugleich eine Konkurrenzschwäche dar. Jene kann nur über ihre langfristige Arbeit wirken, nicht kurzfristig über Institutionen. Hier lauert unübersehbar die Gefahr, der bereits die professionelle Wissenschaft erliegt: dass sich Marktmacht auch in Citizen Science gegen Wissenschaftsfreiheit durchsetzt, und dass etwas, das ein Korrektiv für die wissenschaftsüberformende Institutionalisierung und Ökonomisierung sein könnte, sich an die von ihnen geprägte Normalwissenschaft anzugleichen bemüht.

Die Akteure von Citizen Science wären gut beraten, sich dieser Risiken bewusst zu sein, ihnen zu widerstehen und sich kritisch zu fragen, wie sich ihr Selbstverständnis hierdurch ändern würde. Ihre Freiheit von institutionellen und ökonomischen Prägekräften ist das höchste Gut, das sie bewahren müssen, aber es steht vielleicht auf dem Spiel. Es ist deshalb so wertvoll, weil in ihm der Keim für Reformen des allgemeinen Wissenschaftsverständnisses liegt.

Doch wir müssen uns auch vor Illusionen hüten: Professionelle Wissenschaft wird nie gänzlich institutionenfrei und wirtschaftsfern realisierbar sein. Es geht auch nicht darum, dies als einen Idealzustand anzustreben, sondern ausschließlich darum, die Uniformität und Enge der wissenschaftlichen Institutionen aufzubrechen und wieder mehr Freiräume zuzulassen, wo die Regulierungswut gezügelt ist. Nicht Strukturierung, Administration und Organisation sind von Übel, sondern deren Ausmaß: die überall vorzufindende Starre, Verbindlichkeit und Einheitlichkeit, welche die Freiheit behindern, die Wissenschaft für kreative Forschung und Lehre benötigt wie die Luft zum Atmen. Und nicht die Nachbarschaft ökonomischer Denkweisen per se birgt Gefahr, sondern die Dominanz der Werte einer angeblich freien Marktökonomie, die starke Macht- und Konkurrenzaspekte in einen Werteraum einbringt, in dem es eigentlich nur um Wahrheitsstreben gehen sollte.[50]

Das Wissenschaftsverständnis wieder von den Insignien der Macht solcher übergreifender Interessen zu befreien und in den alleinigen Raum der Wahrheitssuche zurückzuführen, ist der tiefere Sinn von Citizen

Science. Sie hat das Korsett der Profis nicht nötig und kann dem Trend zu immer größeren und teureren Strukturen, dem Trend zur Big Science, ein kritisches Potenzial entgegenstellen: Small Science. Small Science ist zwar wesentlich bescheidener als Big Science, aber keine Billigwissenschaft, sondern alltags- und gesellschaftsdienliche Forschung. Prestige ist dabei eher hinderlich, es fördert wissenschaftliche Qualität nur teilweise. Vielmehr ist die Orientierung an den Anfangsgründen und Fundamenten aller Wissenschaft angesagt. Indem sich Small Science von institutionellen und ökonomischen Einengungen fernhält, bietet sie auch ihrer großen Partnerin eine befreiende Vision für mögliche Reformschritte: nicht die Lösung all ihrer Probleme, sondern eher Argumente dafür, wieder mehr Widerstand gegen die Korsettfabrikanten walten zu lassen, als bislang spürbar ist.

Ein großer Apfelbaum voller Früchte ist ein altbekanntes Bild für die Verlockungen des Wissens. Die Äpfel stehen jeweils für die Einzelkenntnisse, die wir ernten können. Dabei kann uns eine Leiter helfen. Sie symbolisiert mit ihren vielen Sprossen den Zusammenhang und die verschieden hohen Erkenntnis- und Verfahrensstufen der Wissenschaft.

Aber es fällt auf, dass wir auch schon ohne sie, auf dem Boden stehend oder von ihren unteren Stufen aus, Äpfel der Erkenntnis ernten können. Je höher sie hängen, desto mehr hilft natürlich die Leiter, aber unentbehrlich wird sie erst bei den wirklich hoch hängenden Äpfeln. Grundsätzlich sind die unteren Äpfel nicht weniger schön als die oberen; auch unten bringt der Baum voll entwickelte, reife Früchte hervor.

Dies bedeutet: Auch die bodennahe, lebensverbundene Wissenschaft ist nicht schlechter als die hohe, abstrakte; Citizen Science braucht sich und ihr Wissenschaftsverständnis nicht hinter Professional Science zu verstecken. Sie ist keine Wissenschaft zweiter Wahl, sondern nur elementarer als die professionelle, verzichtet auf deren komplexeste Themen und Prozeduren. Sie hat aber den Vorteil, allen, die die Methodenleiter nicht weit hochsteigen können, dennoch eine Teilnahme an der Wissensernte zu ermöglichen. Wer Wissenschaft kennenlernen will, kann sich ihr gut über Citizen Science nähern. Die oberen Stufen der Leiter fügen nur weitere Erkenntnismöglichkeiten hinzu. Der Beginn, die Basis der Wissenschaft, die das Wesentliche schon enthält, liegt jedenfalls unten.

TEIL II

Der Apfelbaum,
oder:
Lebensnähe als Prinzip

Im zweiten Teil des Buches geht es darum, die Besonderheiten von Citizen Science als Basisbereich der Wissenschaft genauer kennenzulernen. Die Metapher eines Apfelbaums mit einer Leiter kann die Zusammenhänge erhellen: Die Leiter ermöglicht es uns, viele hoch hängende Wissensfrüchte zu ernten, aber für viele, ebenfalls schöne und reife Früchte ist sie gar nicht nötig oder allenfalls ihre unteren Sprossen.

Wir erfahren immer neue Varianten und zusätzliche Spezialitäten über Wissenschaft, wenn wir uns die hohe, professionelle Wissenschaft ansehen. Citizen Science spielt sich jedenfalls im Wesentlichen weiter unten ab, auf dem Erdboden oder in geringer Fallhöhe.

Grundsätzlich bedeutet das, im anschaulichen, erfahrungsnahen Raum zu bleiben und das, was man nicht erreichen kann, auch nicht unbedingt anzustreben. Wer mehr will, was natürlich legitim ist, muss hinzulernen. Den Profis bleibt aller Raum, den sie nach oben benötigen; die Leiter steht bereit und ist nach oben offen. Der Verzicht auf das Erklimmen ihrer hohen Sprossen wird aber durch einen Gewinn an Lebensnähe und Bodenhaftung kompensiert. Um Konkurrenz oder Prestige geht es nicht.

Was sind also die Besonderheiten, Methoden und Aufgaben, Stärken und Schwächen sowie die Risiken von Citizen Science?

Veränderte Perspektiven:
Auch Wissen geht vom Volk aus

Inzwischen ist Helmut Mensendiek seit langem pensioniert. Zuvor war er Verwaltungsangestellter im Katasteramt einer Großstadt. Er hat nie studiert und war doch lange Zeit der führende Kopf bei der Kartierung der ökologisch wertvollen Biotope in der Region. Als Leiter einer von ihm gegründeten Arbeitsgemeinschaft zog er mit seinem Programm und seinem intuitivem Verständnis von Ökologie viele mitarbeitswillige Menschen an, darunter Studenten und Universitätsprofessoren. Sie bekamen hier die Möglichkeit, ihre Fähigkeiten in den Dienst einer Sache zu stellen, die eines Anschubs ehrenamtlicher Sachkenner bedurfte, weil die Trägheit und Hilflosigkeit der damals zuständigen Verwaltungsabteilungen unübersehbar war. Helmut Mensendiek, der kein Wissenschaftler war und doch als solcher verantwortlich und erfolgreich handelte, ist eine der bescheidenen Leitfiguren einer Bewegung, die sich aufgemacht hat, die Wissenschaftswelt zu verändern.

Das am meisten verbreitete Bild von Wissenschaft ist sehr stark von der professionellen Wissenschaft geprägt. Ihre Absonderung in eigenständigen Institutionen (»Universitätscampus«), durch schwer vermittelbare Fachsprachen (»Soziologenchinesisch«) und seltene, prestigeträchtige Markenzeichen (»Nobelpreis«) hat dazu beigetragen, das alte Bild vom Elfenbeinturm trotz aller Neubauten in Beton bis heute lebendig zu erhalten. Zwar hat dieses Bild eine lange Tradition und ist deshalb von Dauer, doch leben wir in einer durch und durch von Medienrücksichten geprägten Zeit. Diese braucht »Public Science«, Formen der öffentlichen Vermittlung von Wissenschaft, die für ein schlecht informiertes allgemeines Publikum geeignet sind. Insbesondere das Fernsehen hat deshalb ein neues, populäres Sendeformat für die Darstellung von Wissenschaft ins Leben gerufen: die Wissenschaftsshow. Bestimmte Disziplinen eignen sich für das Format eher als andere, einige hingegen kommen nie vor. Auch außerhalb des Massenmediums ist diese Form der Selbstdarstellung von Wissenschaft inzwischen zu einer äußerst beliebten Präsentationsoption geworden, die vielen Menschen vermittelt, was Wissenschaft ist und leisten kann. »Science Events« und »Fame Labs« haben Konjunktur. Zwischen den Extremen Elfenbeinturm und Show changiert ein Wissenschaftsbild in der heutigen Gesellschaft, welches das wahre Geschehen weitgehend ausschließt. Zwei verzerrte Extrembilder bestimmen die Vorstellungen eines Großteils der Bevölkerung: die oft abstrakte, eher unansehnliche Realität kommt faktisch kaum vor, die Welt um Citizen Science schon gar nicht. Die Helden einer mediengerechten Wissenschaft sind Stars ganz eigener Art, die aus der normalen Reihe der Zeitgenossen herausfallen.

Die Wissenschaftsforschung orientiert sich natürlich nicht an solchen Zerrbildern, aber auch für sie ist das Musterbild von Wissenschaft nicht Citizen Science.

Die empirische Wissenschaftsforschung identifiziert Wissenschaft weitgehend mit den Institutionen, in denen sie betrieben wird, mit den Personen, die dort vertreten sind, und ihren Berufen, und mit den Methoden und Regeln, denen sie dabei folgen. Universitäten und Forschungsinstitute, Professoren und Studenten, Paradigmen, Denkschulen und argumentativer Meinungsstreit sind die Kennzeichen dieser Wissenschaft. Aber auch die tatsächliche Lage der Rahmenbedingungen, unter denen professionelle Wissenschaft stattfindet, wird beschrieben, günstige und ungünstige Verhältnisse, hilfreiche Unterstützungsmechanismen und Störfaktoren des Betriebs.

Die theoretische Wissenschaftsforschung hingegen konzentriert sich eher auf die erkenntnisphilosophischen Strukturen, die vorliegen müssen, damit man von Wissenschaft sprechen kann. Sie beschreibt die Logik der Forschung, ihre Erklärungsmuster, die Form ihrer Theorien und Methoden, die Sprache der Forschung sowie ihre Bemühungen um Erkenntnisfortschritte.[51] Aber auch sie sieht ihr Objekt fast ausschließlich in der akademischen Wissenschaft. Eines ihrer zentralen Probleme, die Frage nach der Struktur wissenschaftlicher Theorien und Erklärungen, ist immer mehr zum Demonstrationsfeld der idealen und maximalen Möglichkeiten von Wissenschaft geworden. Es wird kaum mehr betont, was Wissenschaft und Alltag miteinander verbindet: Es sind die ersten, die einfachen Schritte, die zeigen, dass Wissenschaft im normalen Leben der Bürger beginnt, mit dem Wissen der Laien.

Der theoretische und der empirische Zugang zum Thema Wissenschaft sind seit einigen Jahrzehnten immer mehr aufeinander zugewachsen. Heute bilden die Wissenssoziologie und die Wissenschaftstheorie schon manchmal eine Melange aus empirischen und theoretischen Teilen einer mehr oder weniger homogenen Wissenschaftsforschung. Homogen auch darin, dass sie eine gemeinsame Schwerpunktsetzung vornehmen: Die professionelle Wissenschaft ist das Maß aller Dinge, aber ihre Verbindung zum gewöhnlichen Leben gerät aus dem Blick.

Diese verbreitete Sichtweise von Wissenschaft enthält jedoch einen Fehler: Angesichts des beeindruckenden Methodenarsenals der Profis unterbewertet sie die Rolle, welche auch Laien in Wissen und Wissenschaft spielen können. Denn nicht die Insignien der Profiwissenschaft, sondern Wissen ist der wichtigste Rohstoff und Baustein jeglicher Wissenschaft. Und das ist jedermann zugänglich. Das einfache, grundlegende Wissen ist nicht weniger wert als das komplexe, raffinierte. Im Gegenteil: Es ist fundamental. Auch Wissen geht vom Volk aus.

Hier soll nicht der Begriff des Wissens definiert werden; daran sind schon viele Philosophen gescheitert. Wissen sei »wahre Meinung«, lässt Platon zum Beispiel den Theätet sagen, aber wenn es so wäre, dürfte sich nicht immer wieder herausstellen, dass etwas, das lange für wahr gehalten wurde, doch nicht wahr ist. »Für wahr gehaltene Meinung« käme der Sache schon näher, aber auch das müsste man im Detail erläutern. Darum geht es hier nicht.[52] Wir müssen nur darin übereinstimmen, dass Menschen wissensfähige und wissenschaftsfähige Wesen sind, und dass auch das sogenannte Alltagswissen (»kaltes, ziemlich weiches Wasser«) kein anderes, besseres oder schlechteres Wissen ist als das bisweilen komplizierte und abstrakte Spezialwissen (»H_2O + Mineralspuren, Temperatur 7,2 °C, pH-Wert 6,8, Härte KH 2,1 und GH 8,5, Leitfähigkeit 105 Mikrosiemens/cm«).

Wie auch immer eine philosophische Wissensdefinition aussehen könnte, sie muss beides umfassen: nicht nur die Betonung der notwendigen Fähigkeiten und Methoden, sondern auch die Rehabilitierung des normalen Alltagswissens. Die Erkenntnis, dass die Rolle des Letzteren bedeutend ist, wird durch die mangelnde Unterscheidung zwischen Tatsachenwissen und Handlungswissen erschwert. In gewisser Weise sucht Professional Science vor allem nach Tatsachenwissen, Citizen Science aber nach Handlungswissen. Handlungswissen jedoch ist Tatsachenwissen, das wir für unser tagtägliches Handeln brauchen. Unser Alltagswissen besteht also zum größten Teil daraus: Wissen, das genau und konkret genug ist, um uns bei unseren Alltagsentscheidungen anzuleiten. Abstraktheit ist hier wenig hilfreich, übergroße Genauigkeit ebenfalls. Nicht fachspezifisches Faktenwissen, das oft ein Bücherwissen bleibt, wird hier gebraucht, sondern lebensnahes Handlungswissen, das wir alle als Laien suchen, vervollkommnen und nutzen möchten.

»Alle Staatsgewalt geht vom Volke aus« lautet Satz 2 des § 20 im Grundgesetz der Bundesrepublik Deutschland. Ähnlich steht es in den Verfassungen anderer demokratischer Staaten. Der Volkssouverän ist aber auch ein Wissenssouverän; er ist Quell- und Anwendungsort des Alltagswissens, das wir als Bürger zum Leben benötigen. In ihm mischen sich individuelle und soziale Erfahrungen zu einem umfangreichen Wissenskorpus, zu dem der Einzelne sowie die Institutionen der Gemeinschaft auf unterschiedliche Weise beitragen und Zugang haben. Diesen Zugang möglichst einfach und für alle gleich zu gestalten ist eine staatliche Aufgabe in einer Demokratie. Sie nimmt diese Aufgabe ernst, wenn sie ihre Bürger und deren Wissen ernst nimmt. Wir können sie deshalb »Wissensbürger« nennen. Dies ist die epistemische und zugleich demokratische Basis von Citizen Science.[53]

Wenn aber Wissen etwas ist, das Alltag und Wissenschaft miteinander verbindet, was unterscheidet dann das Wissen des Wissenschaftsprofis von dem des Laien? In erster Linie ist dies der Kontext, der Entstehungs- und Anwendungsraum des Wissens. Das Wissen der Laien erwächst aus den unterschiedlichen Themen des Alltags, während das der Profis aus den Traditionen der verschiedenen Fächer stammt, die immer Spezial-

> Vor jeder Konkurrenz um Wahrheit geht es in unseren Universitäten um die Konkurrenz um Stellen. Das muss man einmal so deutlich aussprechen. Selbst in den Teams arbeiten die einzelnen Mitglieder nicht nur kooperativ, sondern auch gegeneinander. Man hat das gemeinsame Ziel, aber auch die eigene Karriere im Blick. Das ist nun leider so. Ob wir es jemals ändern können, weiß ich nicht. Der Ort einer Veröffentlichung ist auch so eine Prestigefrage. Aber wir haben noch unseren privaten literarischen Arbeitskreis: Da ist es schon jetzt anders; um Stellen geht es hier nicht, weil es sie nicht gibt. Prestigefragen sind unbekannt. Wir arbeiten nur miteinander. Ich genieße das.
>
> *Ein Professor für Literaturwissenschaft*

perspektiven folgen; Alltagserfahrungen spielen dafür selten eine entscheidende Rolle. Profiwissen kann deshalb hochabstrakt werden, während Laienwissen immer vom Leben geprägt ist und auf dem Boden der Tatsachen bleibt. In zweiter Linie herrschen unterschiedliche Wertvorstellungen darüber, was Wissen leisten soll.

Eine betrifft die angestrebte Genauigkeit. Der Laie sucht hinreichend genaues Wissen auf allen für ihn lebenswichtigen Gebieten, und diese sind nicht scharf abzugrenzen. Bei entsprechendem, wechselndem Bedarf kann alles infrage kommen. Es gibt sicherlich Gebiete, die mit Vorrang behandelt werden, aber es muss auch die Fähigkeit bewahrt werden, sich schnell auf etwas Neues einzustellen, »lernen« zu können. Dies hat zur Folge, dass großes Genauigkeitsstreben für Laien meist nicht vordringlich ist. Es wird so weit vorangetrieben, wie es praktisch erforderlich ist und weiter nicht. Für den Profi dagegen ist Alltagsrelevanz zumeist kein Wissenskriterium; für ihn zählen nur die Spezialgebiete seines Faches und diese sind relativ stabil. Oft wird die angestrebte Genauigkeit durch vorhandene Geräte und Mittel begrenzt, sonst würde man noch weiter gehen.

Im Endeffekt ergibt die Vielzahl der Profis in vielen verschiedenen Wissenschaften eine höchst diversifizierte Spezialistenlandschaft, denn das Wissen der professionellen Wissenschaft ist heute in erster Linie Fachwissen. Die neueste Forschung des jeweiligen Fachs definiert, womit ein Wissenschaftler sich befassen muss. Um ernst genommen zu werden, muss er sich mit anderem, zuvor publiziertem Fachwissen zu seinem Problem auseinandersetzen. Wissenschaft ist keine Veranstaltung in

»Einsamkeit und Freiheit«, als die Wilhelm von Humboldt sie charakterisiert hat; sie findet im realen und virtuellen Raum einer Gemeinschaft statt, der »Scientific Community«: denjenigen Personen, die sich mit annähernd den gleichen Problemen befassen und dort annähernd den gleichen Wissensstand haben, in annähernd der gleichen Fachsprache miteinander kommunizieren, und dies schließt auch Konkurrenz ein. Das bedeutet in der professionellen Wissenschaft in erster Linie Konkurrenz um die gesuchte Wahrheit, aber auch fast immer Konkurrenz um die stets zu wenigen Stellen.

Citizen Science setzt grundsätzlich andere Akzente. Alle genannten Aspekte sind von geringerer Bedeutung: Die Scientific Community gibt es, aber mehr virtuell als bei den Professionals. Deshalb verläuft auch die Forschung hier weniger koordiniert: Der Citizen Scientist ist darin freier als der Profi, sich selbst seine Themen zu suchen und diese abzuhandeln. Entsprechend geringer ist auch die wissenschaftliche Kooperation, es sei denn Freundschaften oder Gegebenheiten vor Ort wirken sich günstig aus. Teambildungen kommen zwar häufig vor, aber fast gänzlich ohne wettbewerbliche Aspekte.

Der wissenschaftliche Austausch findet auch hier statt, ist aber weniger mit Zwängen verbunden, da es keine organisatorischen Rahmensetzungen (Fachbereiche, Fakultäten, Fachorganisationen) für die Scientific Community gibt. So verschwimmt sie und wird als maßgebende Instanz fast unwichtig. Der Citizen Scientist ist zwar auch vom allgemeinen Stand eines Fachs abhängig, aber er bleibt doch – wesentlich mehr als der Profi – der auf sich selbst gestellte Einzelwissenschaftler, allenfalls ist er Teil einer meist kleinen Gruppe von Gleichgesinnten. Und schließlich ist die Konkurrenzlage viel entspannter als bei den Profis, denn es geht nicht um Stellen oder um Mittel, sondern tatsächlich vor allem um die Sache. Sogar die für jede Art von Wissenschaft typische Konkurrenz um die Wahrheit ist eine reduzierte Größe: Viele Citizen Science-Projekte stehen schon aus regionalen Gründen allein auf weiter Flur und bleiben deshalb oft für lange Zeit oder sogar auf Dauer wettbewerbsfrei. Wer darin einen Mangel sehen will, kann dies tun. Aber er sollte auch bedenken, dass jede Einzelforschung, besonders solange sie ohne Kritik bleibt, uns weiter bringt, als wenn wir nichts hätten außer Fragen. Solange eine begründete Meinung nicht mit guten Argumenten infrage gestellt werden kann, gehört sie zu unserem Wissensbestand.

Statt des die Profiwissenschaft völlig dominierenden Fachbezugs gibt es in Citizen Science den Lebensbezug, der zwar bei den Profis nicht völlig fehlt, aber doch meist weniger sichtbar und naheliegend ist. Dieser Lebensbezug, um den die professionelle Wissenschaft nicht selten vergeblich ringt, den sie aber auch oft als für sie irrelevant außer Acht lässt, ist in Citizen Science fast ein Selbstläufer. Bei den Laien gibt es also keinen Zwang, bestimmte abstrakte Themenfelder bearbeiten zu müssen, nur weil eine vorgegebene Wissenschaftssystematik oder die aktuelle Konkurrenzsituation dies erfordern. Man befasst sich mit dem, was aus praktischen, in der Lebenssituation der Citizen Scientists angesiedelten Gründen naheliegt.[54] Dies kann durchaus auch keinen unmittelbaren Nutzenkontext besitzen, ergibt sich aber doch oft aus lokalen, regionalen oder Praxiszusammenhängen. Sie stellen den Bezugsrahmen für die Fragen dar, die jeweils untersucht werden, und schaffen zugleich einen Anwendungsraum für die Ergebnisse. So wird jener Lebensbezug gesichert, den die professionelle Wissenschaft wegen ihrer grundsätzlichen Neigung zu Generalisierung und Abstraktion oft nicht einmal sucht.

Citizen Science ist Wissenschaft am Fuß des Apfelbaums – eben in der Lebenswelt der Menschen; Professional Science dagegen versucht – oft bewusst, entschieden und auf der Wissensleiter in luftiger Höhe – hiervon zu abstrahieren.[55]

In grundsätzlicher Hinsicht verfolgt Citizen Science die gleichen Ziele und Aufgaben wie Professional Science, nämlich die ganz normalen Zielsetzungen jeder wissenschaftlichen Tätigkeit: Beschreibung, Erklärung, Nutzanwendung. Die Beschreibung steht immer am Anfang: Sie wirft nach der Beobachtung eines Phänomens Fragen auf. Ohne Fragen geht es nicht, ohne sprachliche Formulierung wird Wissen nicht zur Wissenschaft. Aber sie bereiten nur vor, was dann noch kommt. Die Erklärung ist anschließend die zentrale Aufgabe; hier geht es um die Beantwortung der Fragen. Und die Nutzanwendung ist schließlich ein oft sehr gesuchtes zusätzliches Desiderat; häufig genug fehlt hierfür jedoch eine unmittelbare Perspektive. Diese drei Funktionen von Forschung finden wir in jeglicher Form von Wissenschaft.

Citizen Science zeichnet aus, dass sie besonders gut in der lebensnahen Beschreibung von Fakten ist, meist einfache und situationsabhängige Erklärungen liefert, und sehr oft auch ein Motiv oder eine Perspektive für eine praktische Nutzanwendung. Doch ebenfalls charakteristisch für Citizen Science in ihrer eigenständigen Rolle gegenüber der etablierten Wissenschaft ist noch etwas Anderes: Sie kann wichtige emanzipatorische, befreiende Funktionen im Rahmen der Zivilgesellschaft erfüllen. Die anspruchsvollsten Errungenschaften die für Citizen Science erreichbar sind, ihr aber auch zugleich eine wichtige eigenständige Rolle gegenüber der professionellen Wissenschaft zumessen, können mit dem Begriffspaar *Zusammenhangswissen und Expertenkontrolle* auf den Punkt gebracht werden. Das Einfache steht nämlich nur im Gegensatz zum Komplexen, nicht zum Anspruchsvollen. Auch basisnahe, grundlegende Wissenschaft kann wichtige Erkenntnisse betreffen und hochrelevant sein. Die folgenden vier Themenfelder (Nähe, Grenzen, Zusammenhänge und Kreativität) können verdeutlichen, wie unterschiedlich Erkenntnisinteressen gelagert sein können und wie sich typische Spannungsfelder zur Professional Science öffnen.

Nähe: Der Bodenkontakt der Wissenschaft

Kinder sind die anspruchsvollsten Wissenssucher. Sie stellen ununterbrochen Fragen und entwickeln ein ungeheures Verlangen nach Hinweisen und Antworten. Fast alle dieser Fragen entstehen in ihrem unmittelbaren Umfeld. Im Nahbereich ihrer Erfahrungen entwickelt sich ihre Wissenslust. So hat die erst vierjährige Barbara die Gegenstände entdeckt, die sie später ein Leben lang neben ihrem Beruf als Lehrerin interessieren sollten: den Apfelbaum und die Rosen im Garten, den seltenen Pirol auf dem Baum, die freie Landschaft beim Blick aus dem Fenster. Und Helmut war sechs, als ihm die Not der Menschen in seiner Nachbarschaft auffiel; heute ist er ein leitender Angestellter in einem großen Unternehmen, engagiert sich aber ehrenamtlich in sozialen Bürgerinitiativen. Viele Forscher haben beklagt, dass sie die Erlebnis- und Begeisterungsfähigkeit ihrer Kindheit für die nahen und einfachen Dinge verloren haben. Doch in der Professional Science besitzt das Nahe keinen besonderen Wert mehr. Mancher wird deshalb schon im Laufe seiner Kindheit zum späteren Citizen Scientist und bewahrt sich den Sinn für die Nähe.

Die Rückgewinnung der Nähe ist eine Erklärung für den Erfolg von Citizen Science. Die meisten Profis halten sich damit nicht lange auf. Meist legen sie unabhängig von ihrem eigenen Lebenshorizont fest, was die Ziele und Rahmenbedingungen ihres Wissensstrebens sind. Dabei sind sie alles andere als frei: Die verschiedenen wissenschaftlichen Disziplinen definieren die Rahmenbedingungen durch die Vorgabe und Orientierung an aktueller Literatur. Direkte Erfahrungsnähe, vielleicht sogar lokale oder regionale Aspekte, sind fast nie ein ernsthaftes Kriterium. Nur der Wissensstand des Faches, um das es geht, darf als Maßstab gelten, und sei dieser noch so abstrakt. Lieber werden fachfremde Aspekte ausgeblendet, als dass etwas, das nah aber komplex ist, zum Thema wird. Die etablierte Wissenschaft handelt damit eigentlich gegen eine bekannte Einsicht, nämlich dass wir offen bleiben müssen für das, was um uns herum geschieht. Egal ob einfach oder komplex: Die Wirklichkeit, auch die Wirklichkeit unserer Erfahrung, ist nicht durch Disziplinen und ihre Abgrenzungen strukturiert, sondern ein einziger großer Gesamtzusammenhang. Diese Offenheit für nicht vorselektierte Erfahrungsnähe finden wir bei Citizen Science viel eher als in der professionellen Wissenschaft, obwohl sie heute gerade auch dort gebraucht würde.

Herausragende Wissenschaftler sind daher keine lebenden Beispiele für die normale Wissenschaft, sondern für Spitzenforschung. Wer verkörpert auf der anderen Seite am besten die Wissenslust der bodenständigen Wissenschaft? Ganz zweifellos die Kinder. Ihre ständige Lust zu fragen und ihr Wissenshunger sind Wissenschaft pur, freilich in ihrer elementarsten, noch mündlichen Form. Angefangen von der Wahrnehmung eines Phänomens, über die Frage, ob uns etwas daran auffällt, bis hin zur sprachlichen Formulierung beginnt alles Wissen mit vergleichsweise elementaren kognitiven Vorgängen. Wissen ist, bevor es ein Zustand wird, ein Prozess, und dieser kann sehr komplex werden. Er beginnt mit einfachen Handlungen und setzt sich fast beliebig in komplexere Dimensionen fort. Beschreibungen sind zum Beispiel schon komplexer als einfache Beobachtungen, aber selbst noch vergleichsweise einfach, wenn man sie mit Interpretationen und Erklärungen vergleicht. Zwar gehen in fast jede Beobachtung bereits theoretische Muster ein, doch kommt nach und nach immer mehr Komplexität hinzu. Diese kann eine fast endlos hohe Abstraktionsstufe erreichen, auf der Verallgemeinerungen in mehreren aufeinander geschichteten metatheoretischen Niveaus vorkommen können.

Zweifellos ist Citizen Science zunehmend überfordert, je komplexer der Wissensprozess wird, und die professionelle Wissenschaft ist nunmehr fast alleine am Zug. In vielen Darstellungen wird dies nicht scharf genug dargestellt. Die große Bedeutung des Internets für die Wissenschaft wird betont, dabei wird jedoch übersehen, dass es die Forschungsprofis sind, die sich die dadurch möglichen, oft raffinierten Projekte ausdenken. Aber auch diese löschen die Bedeutung der Nähe nur in manchen Fällen aus – zugunsten der neu hinzugewonnenen Dimension der Internationalisierung, die für Professional Science zweifellos von großer Bedeutung ist.

Wir haben einen Arbeitskreis »Alt und Jung«, der wirklich viel arbeitet. Wir lesen viel, diskutieren, entwerfen Modelle, sprechen mit anderen. Neulich war ich auf einer Tagung von Soziologen, Psychologen und Pädagogen zu unserem Thema. Ich hatte den Eindruck, dass alles, was ich dort hörte, aus einem ganz fernen Land kam. Alles klang ungeheuer klug, aber auch ungeheuer abstrakt und abgehoben. Ich war froh, als ich wieder in unserem Kreis war. Auch dort sind Psychologen und Ärzte dabei, die es mit Altersproblemen zu tun haben. Aber etwas ist entscheidend anders als bei jener Tagung: Unsere Probleme stehen uns unmittelbar vor Augen. In der Wohnanlage nebenan versuchen wir zu sehen, worum es eigentlich geht, und umzusetzen, was uns dazu einfällt. Einer unserer Psychologen meint, das sei praktische Wissenschaft. Mir ist das wichtig und unwichtig zugleich.

Eine pensionierte Lehrerin

Doch auch die meisten internetbasierten Citizen Science-Projekte nutzen auch weiterhin das Bedürfnis der Menschen, ihnen nahe Probleme zu lösen; die Projektkataloge sprechen eine eindeutige Sprache.[56] Komplexer geworden sind vor allem die Methoden der Profis, weniger die Interessen der Laien. Es ist eine häufige falsche Schlussfolgerung dieser wachsenden Komplexität, »die Wissenschaft« nur noch mit ihren vergleichsweise höheren Formen zu identifizieren. Komplexität wächst allmählich und schon die elementarsten Zonen des Wissenserwerbs sind komplex; wir bemerken es freilich als Erwachsene nicht mehr. Die absolute Simplizität, eine vollkommen wissenschaftsfreie Zone, gibt es nicht. Auch Alltagswissen ist nicht simpel. Da wir alle auf den meisten Gebieten Laien sind, ist unser Wissen vielfach auf für den Lebensalltag nötiges Basiswissen beschränkt, immer wieder durchsetzt von Teilbereichen, in denen es komplexer wird und die sich dem jeweiligen wissenschaftlichen Wissen annähern.

Wo also fängt Wissenschaft an? Im verbreiteten Wissenschaftsverständnis dort, wo explizite Theorien und Methoden ins Spiel kommen und in der Regel eine spezielle Ausbildung und oft auch eine komplexere Arbeitsumgebung vonnöten sind. Dabei wird aber übersehen, dass ohne die einfachen, niederen Operationen, die weit weniger spektakulär und auffällig, dafür aber grundlegender sind, auch die komplexen, höheren Prozesse nicht funktionieren würden. Es ist ein Irrtum zu glauben, dass hier noch keine Theorien im Spiel wären; sie sind es, nur bleiben sie meist implizit, sind nicht als solche ausformuliert und oft schwerer erkennbar. Nicht erst das, was in speziellen Disziplinen und Denkschulen daraus wird, begründet Wissenschaft: Es sind die elementaren, jedem zugänglichen Schritte zum Kennenlernen des Alltäglichen, welche auch schon erste Schritte der Wissenschaft sind. Sie haben mit den uns unmittelbar berührenden Beobachtungen und Erfahrungen zu tun. Jede Wissenschaft beginnt mit ihnen und fängt daher in der Nähe an. Dort motiviert sie die Menschen am meisten.

Wer nur komplexere Teile oder gar die Spitze des Wissensprozesses zur Wissenschaft erklärt, aber die Basis davon ausnimmt, kehrt die tatsächlichen Stellenwerte um. Die professionelle Wissenschaft ist nicht die einzige Aktivität, die die Bezeichnung Wissenschaft verdient. Sie ist nur die zweifellos wichtige, nach oben offene und alle Spezialisierungen ermöglichende Fortsetzung der Wissenschaft, die stets ganz unten beginnt, »auf dem Boden der Tatsachen«. Umgekehrt ist Citizen Science nicht die kleine, noch unreife, vielleicht sogar illegitime, irgendwie unwissenschaftliche arme Schwester der Wissenschaft – etwas, das gelegentlich und zu Unrecht dieses Prädikat in Anspruch nimmt –, und erst recht ist sie nicht eine Art Parallelwissenschaft ohne volle Brillanz. Vielmehr ist sie mit den ersten, grundlegenden Schritten jeder Wissenschaft gleichzusetzen. Die beiden Erscheinungsformen sind durch eine unscharfe, »amphibische« Übergangszone oder eine lange Leiter mit vielen Sprossen miteinander verbunden. Viele Citizen Scientists bleiben ihr Leben lang in der Bodenzone, doch einige vermögen auch weit in Regionen aufzusteigen, in denen normalerweise die Profis unter sich sind.[57]

Wissenschaft zu betreiben ist wie Äpfel zu ernten – mit oder ohne Leiter. Am Bodenkontakt wird besonders deutlich, dass auch Wissen vom Volk ausgehen kann und dass das Wissen der Laien nichts ist, was wissenschaftlich wertlos wäre. Auch die ersten Stufen der Leiter können noch von vielen Bürgern bestiegen und genutzt werden; die einfachsten Schritte lernt ohnehin jeder im Zuge seiner Sozialisierung. Wie hoch er jedoch steigt, hängt von seinen Interessen und seiner Bildung ab, die ihn instand setzen können, sich selbst das zusätzlich Nötige anzueignen. Für die hohe, akademische, professionelle Wissenschaft braucht man fraglos hohe Leitern. Doch nicht nur diese, sondern vor allem die ersten, niedrigen Sprossen sollten unseren Begriff von Wissenschaft prägen, denn dort beginnt sie bereits.

Wenn in diesem Buch von Abrüstung gesprochen wird, so ist genau das gemeint. Nähe ist nicht weniger wert als Ferne, und die zeitgenössische Wissenschaft gibt es nicht nur abstrakt oder hochspeziell. Wir sollten unser Bild von der Wissenschaft daraufhin differenzieren, welchen Stellenwert wir den grundlegenden und einfacheren, und welchen wir den weiterentwickelten und komplexeren Teilen des Wissensprozesses zumessen. Allerdings können sowohl die Laien auf der Leiter hinaufsteigen, als auch die Profis von oben herab. Es gibt ein breites Übergangsfeld zwischen Citizen und Professional Science, wo die Bedeutung des Konkreten und Regionalen ab- und die des Abstrakten und Internationalen zunimmt.

Das vorliegende Buch ist ein Plädoyer für eine Umwertung: die verbreitete Bewertung von Wissenschaft darf nicht im Glanz des Höheren und Komplexen die entscheidende Rolle des Einfachen und Nahen übersehen. Eine Orientierung an Citizen Science statt an der professionellen Wissenschaft ist angeraten: So wird gewissermaßen auch die Wissenschaftstheorie vom Kopf auf die Füße gestellt.

Grenzen: Was wir von den Fröschen lernen können

Für viele Wissenschaftler war Gregory Bateson geradezu die Verkörperung des Verschwimmens von Wissensgrenzen. Die Standardfrage, in welcher Disziplin ein Wissenschaftler eigentlich arbeitet, funktionierte bei ihm nicht. Er war – um es mit herkömmlichen disziplinären Begriffen zu sagen – zeitweise Pionier unter den Kybernetikern, einer der ersten Erforscher der Kommunikation von Walen und Delfinen, empirischer Kulturanthropologe, angewandter Psychologe, theoretischer Ökologe und anderes mehr, und dies alles mit vollem Einsatz und mit qualitativ höchsten Ergebnissen. Aber er war eben nicht erst das eine, dann das andere: Er war alles zugleich. Er war Profi und Laie gleichermaßen. Er versammelte viele Schüler um sich, die die verschiedensten Disziplinen mitbrachten, alle ließen die Grenzen ihrer Fächer außer Acht und kamen dadurch weiter als jemals zuvor. Eine Mischung aus ungerichteter Naivität und gezielter Überlegung trieb sie an, und Bateson sicherte dies durch seine Unerschrockenheit nach außen hin ab. In großen Zusammenhängen zu denken, wie er es tat, war für alle plötzlich attraktiver und verheißungsvoller, als dort weiterzumachen, wo man herkam.

Manche Probleme der Wissenschaft sind Pseudoprobleme. Sie entstehen durch hartnäckig falsches Denken und sind verschwunden, wenn die Ursache gefunden und ausgeräumt ist.

Nicht wenige Wissenschaftler scheinen zu glauben, dass ein Begriff nur dann wissenschaftlich brauchbar sei, wenn er sich scharf abgrenzen lässt. Das verbreitete Streben nach einer möglichst hohen Genauigkeit verschlimmert dieses Vorurteil noch. Es lautet: Wenn sich die Bedeutung eines Begriffs nicht scharf gegen die eines Nachbarbegriffs abgrenzen lässt, ist er wissenschaftlich unbrauchbar. Dies ist jedoch falsch. Richtig ist die Forderung, dass ein Begriff abgrenzbar sein muss, nicht aber, dass er scharf abgrenzbar sein muss. Was ist der Unterschied?

Der Unterschied liegt in der Logik, die wir anwenden. Üblicherweise verwenden wir eine zweiwertige Logik, nach der alles entweder wahr oder falsch ist; »ein Drittes gibt es nicht«.[58] Nach diesem Muster werden etwa juristische Grenzen definiert, beispielsweise Staatsgrenzen, Gemeinde-grenzen, Grundstücksgrenzen. Doch schon ein Blick ins Land zeigt, dass es sich hierbei um Papierfiktionen handelt. In Wirklichkeit sind diese Linien nur dort zu finden, wo man sie bewusst auch als solche markiert (»Zäune«). Die »in der Mitte des Flusses« verlaufende Staatsgrenze ist eine Definition, keine Realität in der Landschaft. Das einzige wirklich-keitsnahe Grenzkonzept ist das einer Übergangszone, mal schmaler, mal breiter, wie es bei natürlichen Biotopübergängen der Fall ist: Ufer-zonen, Waldsäume, Küstenlandschaften. Wir würden uns viele Pseudo-probleme ersparen, wenn wir eine solche Übergangslogik – die Abkehr vom Schwarz-Weiß-Denken der digitalen Wahr-Falsch-Logik und die Hinwendung zu einer Logik des amphibischen Übergangs – grundsätz-lich in unserem Denken praktizieren würden. Die Digitalisierung mag technische Vorteile haben; als Wirklichkeitsmodell ist sie ein schwerer Fehler. Ebenso, wie das Trockene und das Nasse normalerweise nicht scharf voneinander getrennt, sondern durch eine Zone ab- beziehungs-

Ich erinnere mich noch, dass ich als Kind immer, wenn meine Mutter beispielsweise sagte: »Oh, schon halb zehn!« erwiderte: »Nein, es ist 9 Uhr sechsunddreißig!«
Manchmal muss ich heute daran denken, wenn ich sehe, welche Genauigkeitsjagden ausgetragen werden, obwohl es häufig darum gar nicht geht.

Eine Verkäuferin

weise zunehmender Feuchte miteinander verbunden sind (dem Lebensraum der Amphibien), sind auch das Wahre und das Falsche nur Endpunkte eines Kontinuums der dazwischen liegenden Wirklichkeit.

Ein Begriff muss nicht scharf definiert werden, um wissenschaftlich brauchbar zu sein. Er muss definiert sein, das ist alles. Genauigkeit in der Wissenschaft ist keine Frage einer Entweder-oder-Logik, sondern nur des jeweils nötigen Maßes an Genauigkeit. Dies kann in manchen Fällen eine Ja-Nein-Genauigkeit sein, in vielen Fällen ist dies aber weder möglich noch nötig. Der am Profiwissenschaftler gemessene Citizen Scientist erscheint oft als ungenau und »unwissenschaftlich«, wo er tatsächlich eine den Umständen angemessene Genauigkeit anstrebt, weil er nicht auf die zweiwertige Logik des »wahr oder falsch, ein Drittes gibt es nicht« festgelegt ist. Unsere Alltagsrationalität, die uns hilft, nicht vor den wichtigen Zusammenhangsproblemen davonzulaufen wie viele Experten der jeweiligen Spezialgebiete, sondern uns, so gut es geht, ein Urteil über die gegebene Lebenssituation zu bilden, ist nicht schlechter oder gar irrationaler als die wissenschaftliche Rationalität, nur weil sie notgedrungen teilweise ungenau bleiben muss; oft ist es sogar umgekehrt. In einer gegebenen Situation genau genug zu sein, ist vernünftig.

Auch der Wissenschaftsbegriff selbst erfordert keine digitale Schärfe. Viele Pseudoprobleme fallen bei einer amphibischen Grenzlogik in sich zusammen. Ob ein Birdwatcher, ein Hobbyastronom, ein Beobachter des Landschaftswandels, ein Urban Gardener, ein politischer Demonstrant, ein an sozialen Veränderungen Mitarbeitender, jemand, der Alltagsgeschichte aufschreibt oder einen Dialekt erhalten möchte, schon oder noch ein Citizen Scientist ist, ist keine Ja-Nein-Frage, sondern die Frage eines graduellen Übergangs. Er kann es in unterschiedlichem Maße sein, ebenso, wie Professional Science und Citizen Science miteinander durch die Sprossen der Leiter verbunden und nicht strikt voneinander zu trennen sind. Wenn ich auf die Frage nach der Uhrzeit im Alltag antworte, dass es zehn nach drei ist, ist dies womöglich völlig angemessen und ausreichend genau. Aber für den Mitarbeiter an der Startrampe einer Weltraumrakete wäre die Antwort sicherlich unangemessen, weil zu ungenau. Ebenso hilft ein zu restriktiv definierter Wissenschaftsbegriff nur den Profis, sich abzugrenzen. Aber er erschwert es, die Leistung der Laien angemessen einzuschätzen.[59]

Citizen Science erwächst amphibisch aus dem Alltagswissen wie ein Baum, der erst ein kleiner Keimling ist und später größer wird – und Professional Science erwächst gleichermaßen amphibisch aus Citizen Science.

Die professionelle Wissenschaft ist nicht gut in der Nutzung des gesamten amphibischen Grenzraums zwischen dem Wahren und dem Falschen, denn sie sucht zu oft eine maximale Genauigkeit; Citizen Science pflegt da einen realistischeren Umgang mit der Ungenauigkeit. Man darf ihr dies nicht als Mangel vorwerfen: Es ist eine Stärke, die sie freier sein lässt, als die Disziplinen es den Profis erlauben. Auch wo die Basis des Wissens – die Stärke von Citizen Science – aufhört und die Spitzen des Wissens – die Stärke der professionellen Wissenschaft – beginnen, ist keine Frage einer imaginären Grenzlinie, sondern eine mehr oder weniger ausgedehnte Grenzzone vielfacher Übergänge. Wo das Tal endet und der Berg beginnt, interessiert allenfalls Kartografen; an Ort und Stelle kommt niemand auf die Idee, dies liniengenau festzulegen.

Wir können mithin etwas von den Fröschen lernen. Nicht das laute Quaken und die großen Sprünge; beides praktizieren wir zu Genüge. Nein: Wir können lernen, dass das Wahre und das Falsche wie das Trockene und das Nasse nicht durch eine scharfe Linie getrennt sind, sondern durch eine Zone. Die Grenze ist eine Übergangszone, keine Linie. Und so gibt es ebenso wenig eine scharfe Grenze zwischen Nichtwissenschaft und Wissenschaft, wie es eine scharfe Grenze zwischen Alltag und Wissenschaft gibt. Außer in der Mathematik und der Juristerei, wo auch scharfe Grenzen definitionsgemäß existieren – gibt es überhaupt keine scharfen Grenzen. Citizen Science ist eine jener spannenden, kreativen, amphibischen Zonen zwischen Alltag und Profitum.

Zusammenhänge: Wider die Fraktionierung der Welt

Christiane Busch-Lüty war die erste Frau, die an der Münchner Universität der Bundeswehr den Lehrstuhl für politische Ökonomie innehatte. Man hat sie die »Mutter Courage der deutschen ökologischen Ökonomik« genannt. Aber sie war zeitlebens auch eine Citizen Science-Frau, die Netzwerke aller Art über alle Wissenschaftsgrenzen hinweg knüpfte. Sie hat Transdisziplinarität gelebt. Gern erzählte sie die folgende Anekdote: Ein bekannter deutscher Wissenschaftsphilosoph habe ihr nach einer Rede, in der sie die Lebensferne der Denkweisen vieler führender Ökonomen beklagt hatte, mit freundlich erhobenem Zeigefinger gesagt: »Leben, verehrte Kollegin, ist keine wissenschaftliche Kategorie«. Darüber konnte sie sich immer wieder amüsieren (und viele, denen sie es erzählte, mit ihr).

Dass die Wissenschaft heute in viele Wissenschaftssparten zerfällt und das Wissen der Wissenschaft sich über alle Disziplinen beziehungsweise Einzelwissenschaften verteilt, ist unvermeidlich. Die Zeit, in der eine einzelne Person Universalgelehrter sein und alles überblicken konnte, ist lange vorbei. Die meisten Disziplinen sind heute so umfangreich geworden, dass sogar für sie allein gilt: Niemand überblickt heute noch die ganze Physik oder die ganze Linguistik. Man hat seine Spezialgebiete, in denen man sich gut auskennt; für alles andere sind die Kollegen mit anderen Spezialisierungen zuständig. Die Antwort des Kollegen aus dem eigenen Fach: »Davon verstehe ich nichts.«, ist fast eine Standardaussage geworden, sobald die Frage etwas spezifischer wird; und sie ist in der Scientific Community kein Makel mehr, sondern es zeichnet jemanden positiv aus, dies offen zuzugeben. Dass Forschung heute zunächst disziplinäre Forschung ist, ist geradezu eine Selbstverständlichkeit.

Die Kehrseite dieser Zerfallserscheinungen unseres Wissens ist, dass es kein umfassendes wissenschaftliches Weltbild mehr gibt. Die Welt ist ein Flickenteppich von Expertenkompetenzen geworden und kaum jemand traut sich noch zu, selbst benachbarte Kompetenzen mit zu überblicken. Dies führt zwangsläufig zu berechtigten Zweifeln, ob eine wissenschaftliche Expertise von heute zumindest noch in hinreichendem Maße die gegebenen Rahmenbedingungen berücksichtigt; »alle« zu berücksichtigen wäre zu viel verlangt.

Und doch stellt das Leben uns im Alltag genau diese Aufgabe. Wir müssen uns bei aller Nichtexpertise, die uns gemeinsam auszeichnet, so gut wie möglich ein Urteil über sehr vieles bilden, von dem wir die Details nicht verstehen oder kennen. Für die Kritiker der sogenannten »friedlichen Nutzung der Kernenergie«, der Gasförderung aus dem Erdinnern durch das sogenannte Fracking oder der Patentvergabe für biotechnologische Verfahren der Manipulation am Erbgut, die sich mit den Expertisen der wissenschaftlichen Berater der Konzerne und Anlagenbetreiber konfrontiert sehen, gehört der Mut, sich dennoch zu Zweifeln zu bekennen, zur Alltagserfahrung. Viele Wissenschaftler machen es sich heute zu leicht, ihre eingeschränkte Sicht der Dinge mit der methodischen Notwendigkeit, »Komplexität zu reduzieren«, zu entschuldigen. Die dabei entstehenden Verluste werden in der Regel totgeschwiegen. Außerdem ist es falsch zu glauben, dass der Gesamtkanon aller faktischen Disziplinen die Welt vollständig abbilden würde; im Gegenteil: Schon einfache Tests zeigen, dass dies nicht der Fall ist. Wir wissen zwar immer mehr, aber dennoch scheinen die Fehlstellen in unserem Wissen nicht abzunehmen. Die immer weiter fortschreitende Fraktionierung der Perspektiven sichert keineswegs ihre insgesamte Lückenlosigkeit, sondern begünstigt den Fortbestand von schwarzen Löchern des Nichtwissens an den Rändern der Fächer.

Durch die Partitionierung der Wissenschaft in einzelne Disziplinen entstanden und entstehen Schäden, die fast unvermeidbar sind. Die professionelle Wissenschaft hat zur Minderung dieser Schäden die sogenannte Interdisziplinäre Forschung erfunden. Diese ist im 20. Jahrhundert zu einem wichtigen Instrument geworden, das erheblich dazu beigetragen hat, die Vertrauenserosion angesichts der Fehler und wachsenden Risiken der Wissenschaft zu stoppen. Interdisziplinäre Forschung ist also ein Reparaturmechanismus der professionellen disziplinären Forschung. Er soll sicherstellen, dass zumindest bestimmte Fachcluster dann, wenn es unbestreitbar notwendig ist und die Voraussetzungen dafür günstig sind, fehlende Verbindungen aufarbeiten und gemeinsam herzustellen versuchen. Oft handelt es sich dabei um ohnehin einander nahestehende Disziplinen, bisweilen solche, die zwar organisatorisch in verschiedene Fachbereiche getrennt, aber der Sache nach eng miteinander verbunden sind.[60] Eher selten sind interdisziplinäre Forschungsprojekte, die einander fernstehende Disziplinen ausdrücklich aufeinander beziehen wollen,[61] und ganz selten sind Vorhaben, die beispielsweise Natur- und Kulturwissenschaftler, die echte Verständigungsprobleme miteinander haben können, zusammenbringen.[62]

Zweifellos wachsen die Verständigungsschwierigkeiten von Wissenschaftlern untereinander mit dem Grad der Entfernung ihrer Disziplinen von einem gemeinsamen Wissenschaftsverständnis, und oft ist ein erheblicher Zeitaufwand nötig, um auf interdisziplinären Konferenzen erst einmal eine gemeinsam verständliche Sprache zu finden. Umso wichtiger und notwendiger sind diese Bemühungen. Und doch reichen sie nicht aus.

Bei Citizen Science haben wir eine andere Sachlage. Ihre Bezugsgrößen sind weniger die Disziplinen als vielmehr Wissensfelder. Deshalb findet sich hier ein Gegenstück zur Interdisziplinären Forschung: die Transdisziplinäre Forschung. Die beiden werden häufig in einen Topf geworfen, obwohl sie gänzlich verschieden sind. Was ist der Unterschied?[63]

Transdisziplinäre Forschung hat – stärker als die interdisziplinäre – größere Zusammenhänge im Blick, weil der Zwang, sich auf die eigene und benachbarte Disziplinen zu konzentrieren, wegfällt. Diese größeren Zusammenhänge sind vereinfachte Ausschnitte aus einer zunächst unstrukturierten Problemlandschaft, bei denen wir Komplexität bewusst reduzieren. Zwar sind auch bei Citizen Science die existierenden Disziplinen mit ihren Beschränkungen Realitäten, die man nicht leugnen kann; dennoch ist man hier freier als der Spezialist. Man kann die nichtbeschränkte Wirklichkeit zusammengehöriger Wissensfelder wahr- und ernstnehmen. Der Zugang der Laien zu konkreten Problemen ist gekennzeichnet von ihrem nicht auf Nachbardisziplinen beschränkten Umfeldwissen.[64] Diese größere Freiheit resultiert nicht zuletzt auch aus der Tatsache, dass Citizen Scientists sich von den vielen Details der aktuellen Situation einzelner Disziplinen nicht ablenken lassen, schon deshalb, weil sie sie oft nicht erschöpfend kennen.[65] Natürlich liegt hierin auch eine Gefahr, aber es wäre einseitig, nicht auch die Chancen zu betonen, die mit einer beschränkten Spezial- und Tiefenkenntnis verbunden sein können: die Chancen auf besseren Überblick. Es hieße, die professionelle Wissenschaft zu idealisieren, wollte man unterstellen, dass nicht auch dort inzwischen häufig, vielleicht sogar im Normalfall beschränkte Kenntnisse vorzufinden sind. Diese Tatsache führt zu Konflikten, aber man muss darauf hinweisen, dass sie üblicherweise einseitig als Nach- und nicht als Vorteil dargestellt werden. Der reale Vorteil kann aber sein: den vielen möglichen Zusammenhängen unserer Probleme offener und vorurteilsfreier gegenüberzustehen, anstatt sie durch bewusste Vereinfachung gezielt auszublenden. Nur durch solch offenere Rationalität haben wir eine Chance, den Gefahren zu entgehen, die mit der Fraktionierung unserer Weltbilder durch die Profiwissenschaften und ihre Experten einhergehen.

Diese hochkomplexe Ebene, das Leben, ist wegen der Vielzahl der Einflüsse, die dort eine Rolle spielen, nur schwer fassbar. Und dennoch ist

Für mich gibt es kein Fach, das ich beachten müsste, und deshalb auch keine Fachgrenzen. Ich lerne, wozu ich Lust habe. Am meisten interessiert mich das, was sich nicht gut einordnen lässt. Das sind die Bereiche, die uns wirklich herausfordern. Für viele Freundinnen ist dies ein Horror, weil sie da unsicher sind. Für mich ist es eine intellektuelle Herausforderung. Ich brauche dazu kein Diplom oder einen Doktortitel. Deshalb gefällt mir auch die Wikipedia-Idee so gut: Niemand fragt hier, was du studiert oder ob du einen Lehrstuhl hast. Ich habe schon zweimal Texte dort verbessert. Noch steht da, was ich geschrieben habe.
Ein Volkshochschulbesucher

das Leben für die qualitative Bewertung der Lösungen, die wir uns für unsere Probleme ausdenken, von größter Bedeutung. Der Hinweis auf Tiefe und Komplexität dieser Bezugsgröße ist eher ein Eingeständnis der Schwäche der professionellen Wissenschaft, als eine Erkenntnis, die den Laienumgang mit Wissen diskreditiert. Wir können dieser unklaren Fülle und Unübersichtlichkeit nicht entgehen; das Leben zwingt uns dazu, uns ihr immer wieder zu stellen. Zwar blenden wir auch im Alltag viele Zusammenhänge aus, um lebensfähig zu bleiben, aber kaum als bewusste Reduktionsstrategie, wie es Professional Science tut. Weil es vernünftig ist, gegen die Zusammenhangsverluste Widerstand zu leisten, ist Citizen Science auch hier ein wichtiger Ansatz, um das unterschätzte Wissen der Laien zu rehabilitieren.

Deren offenere Haltung möglichen Zusammenhängen gegenüber – trotz manch fehlender Detailkenntnisse – kann nicht weniger rational sein als die bewusst eingegangenen Beschränkungen der disziplinären und interdisziplinären Forschung. Diese Art der Offenheit ist der professionellen Wissenschaft jedoch weitgehend verschlossen.[66] Es ist der Preis der Professionalität, sich strengere Maßstäbe aufzuerlegen, und dafür in Kauf zu nehmen, dass unvoreingenommene, naivere, aber auch weniger vorurteilsbehaftete Perspektiven ausgeblendet werden. Hier ist auch der verbleibende Raum für die Intuition, die in einer rationalen Welteinstellung eine wichtige Rolle spielen kann: Sie schließt Irrtümer nicht kategorisch aus, relativiert aber Erkenntnisbarrieren und lässt Kreativität zu. Citizen Science kann hiervon besonders profitieren.

Intuition steht gegenwärtig in der professionellen Wissenschaft nicht hoch im Kurs. Dies liegt auch daran, dass sie in früheren philosophischen Auslegungen zu selbstverständlich in Anspruch genommen und zu wenig problematisiert wurde.[67] Mit dem Hinweis auf Intuition kann man tatsächlich viele Probleme verdecken. Ein sicherer Erkenntnisweg ist Intuition nicht, stattdessen aber einer, der zu kreativem Denken einlädt. Gerade kreative Forschung muss oft intuitiven Wegen folgen, wenn sie Neues finden soll. Intuition ist keineswegs, wie manche Methodologen suggerieren, etwas Unwissenschaftliches oder gar Irrationales, sondern eine rationale Haltung gegenüber dem Unbekannten. Sie ist methodisch unsicherer, aber ihre Diffamierung schießt über das Ziel hinaus. Für die Laienrationalität besitzt sie einen hohen Wert. In Citizen Science ist sie deshalb weit weniger geächtet als in der professionellen Wissenschaft, sie wird vielmehr als eine dem normalen Leben entlehnte Weise verstanden, sich nicht von Vorgaben und Beschränkungen aller Art ausbremsen zu lassen, sondern für unbekannte Zusammenhänge offen zu bleiben. Bescheidenheit in der Einschränkung auf bewältigbare Probleme und das Zulassen intuitiver Sichtweisen auf einen vermeintlich bekannten Gegenstand gehen dort nicht nur gut zusammen, sondern sind Merkmale von Alltagsvernunft und wissensbezogenem bürgerschaftlichem Engagement, das sich nicht von der angeblichen Wahrheit geltender Paradigmen ins Bockshorn jagen lässt. Diese ist ohnehin oft nur eine Chimäre.

Kreativität: Solidität allein genügt nicht

Der Physiker und Träger des alternativen Nobelpreises Hans-Peter Dürr war Schüler und Mitarbeiter von Werner Heisenberg und sein Nachfolger auf dessen Lehrstuhl. Aber in späteren Jahren wurde er mit dem Herzen zunehmend Partner der Citizen Science-Bewegung. Seine mitreißende Fähigkeit, komplizierte und abstrakte Sachverhalte in einfache, plastische Bildsprache zu übersetzen, ist unübertroffen. Niemand fordert so unermüdlich wie er, in eine neue Ära des Zusammenhangwissens einzutreten und dafür der Relevanz der Inhalte den Vorrang vor der Genauigkeit von Ausschnitten zu geben. Wem es wichtig ist, die soundsovielte Stelle hinter dem Komma anzugeben, der muss sie zweifellos kennen. Aber oft ist dies nur für wenige Experten wichtig; alle anderen wollen nur wissen, was die Größenordnung konkret bedeutet, wie ihr Leben davon betroffen ist. Ein Profi, der das Verlangen der Laien nach Zusammenhang mehr versteht als das Genauigkeitsbedürfnis der Experten, stärkt die Ideen von Citizen Science und überbrückt zugleich eine Trennung, die keine sein sollte, die inzwischen jedoch sehr real geworden ist.

Durch das Streben nach Genauigkeit wird in der professionellen Wissenschaft viel Kraft gebunden. Eine Standardhaltung ist, dass wir zwar viel wissen, aber dass dieses Wissen noch nicht genau genug ist. Das Bemühen um eine Steigerung der Genauigkeit ist grundsätzlich nichts Schlechtes, im Gegenteil: Es ist eine Basis des wissenschaftlichen Erfolgs. In den verschiedenen Wissenschaftstheorien schlägt sich dies deutlich nieder: Wissenschaft wird fast überall als ein Hort der methodisch kontrollierten Solidität unserer rationalen Fähigkeiten gepriesen. Die Genauigkeit ist eines der wichtigsten Maße dieser Solidität. Quantifizierung, Formalisierung und Mathematisierung von Wissen sind – in dieser Reihenfolge – Standardstationen des wissenschaftlichen Fortschritts.[68] Einige Wissenschaftler scheinen sogar stets die größtmögliche Genauigkeit anzustreben, in der Annahme, dass dann auch die solideste Wissensbasis gefunden sei.[69] Aber notwendig ist diese Absolutheit nicht. Notwendig ist nur, die jeweils für die Lösung eines Problems nötige Genauigkeit zu erreichen; alles, was darüber hinausgeht, ist bestenfalls löblich, schlimmstenfalls Geldverschwendung. Es bleibt festzuhalten, dass solches Genauigkeitsstreben vor allem für die hohe Wissenschaft wichtig ist. Mehr aber auch nicht.

Denn eine unvoreingenommene Betrachtung der wissenschaftlichen Leistung muss zu dem Schluss kommen, dass etwas anderes unter einem überzogenen Streben nach Wissenssolidität leidet: die Kreativität. Die Wissenschaftstheorie hat sich bezeichnenderweise so stark auf die immer neu formulierten Bedingungen für solide Wissenschaft konzentriert, dass sie die Kreativität als Problemfeld fast völlig aus dem Blick verloren hat. Es gibt keine ambitionierte Wissenschaftstheorie, die die Kreativität der Wissenschaft ins Zentrum rückt.[70]

Dem entspricht, dass – empirisch gesehen – wahrscheinlich über 95 Prozent der faktischen Wissenschaft fast völlig unkreativ sind: Sie wenden bereits vorhandene Verfahren auf immer weitere Inhalte an und suchen keineswegs neuartige Lösungen für neuartige Probleme, die allen auf den Nägeln brennen. So kommt es, dass die eigentlich für die Erklärung der wissenschaftlichen Kreativität zuständige empirische und vor allem die theoretische Wissenschaftsforschung zu diesem Tatbestand weitgehend schweigen und seine Problematisierung auf einzelne Disziplinen abwälzen. Diese sollen die Zusammenhänge aus ihrer jeweiligen Perspektive untersuchen (wie z. B. die Psychologie oder die Ökologie) – aber eine Lösung des verdrängten Problems der Notwendigkeit von mehr wissenschaftlicher Kreativität ist dies nicht. Das Problem ist nämlich grundsätzlicher Art und zu komplex, als dass es auf der Ebene solcher

> Ich glaube, dass die vergleichsweise einfachen Problemstellungen und Arbeitsformen, die wir in unserer sozial orientierten Regionalforschung benutzen, nicht schlechter sind als die raffinierten Frageweisen und sehr abstrakten Methoden der Universitätssoziologen. Und deshalb hoffe ich auf etwas: dass sie auf jene zurückwirken könnten und dazu beitragen können, die Gesellschaftswissenschaft wieder etwas lebensnäher zu machen. Dies wäre ein kreativer Beitrag zur Veränderung der Universität.
>
> *Eine Lehrerin, Mitglied eines sozialen Netzwerks*

Spezialperspektiven gelöst werden könnte. Die Komplexität ergibt sich aus den vielfältigen Zusammenhängen wissenschaftlicher Probleme, die jedoch, durch methodische Reduktion auf ein bewältigbares Maß – zumeist gezielt –, ausgeblendet werden. Hier siegt das Genauigkeitsstreben über die Relevanz, und das Zusammenhangwissen, das eigentlich heutzutage besonders wichtig ist und gefördert werden müsste, bleibt in der Regel auf der Strecke, weil es mit den verbreiteten Genauigkeitsvorstellungen oft nicht mithalten kann.

Genauigkeitsstreben kann beliebig viele Mittel binden, doch stellt sich die Frage, was es uns bringt. Bei vielen Problemen ist eine mindere Genauigkeit ausreichend, ja weiterführend, wenn man gelernt hat, zwischen wichtig und weniger wichtig zu unterscheiden. Dies zu tun ist vorrangig, es kann uns dazu verhelfen, die jeweils hinreichende Genauigkeit anzustreben. Die Gestaltwahrnehmung ist so ein Fall, in dem hinreichende Genauigkeit hervorragend funktioniert, wenn im rechten Moment eingesetzt: Schlechte Vogelkenner müssen einen »Piepmatz« genau vor sich sehen, um ihn bestimmen zu können; gute benötigen dafür oft nur den »Jizz«, also die Weise wie er fliegt, sich bewegt, seine ungefähren Proportionen und wenige Strukturmerkmale. Sie erkennen ihn oft in Sekundenbruchteilen.[71] Wie man hier wunderbar sieht, ist Genauigkeit ein Mittel, kein Selbstzweck, und nicht alles sollte ihr untergeordnet werden.

Wir brauchen mehr kreative Forschung und diese muss notgedrungen offener sein für die Mitwirkung fachfremder Personen mit unvoreingenommenem Blick. Die Wissenschaft muss in stärkerem Maße bereit sein, mit weniger Detailgenauigkeit auszukommen und stattdessen mehr Ganzheits- und Gestaltwahrnehmung von komplexen Problemen zulassen, um unbekannte Zusammenhänge gerade nicht methodisch auszublenden. Mangelnde Relevanzorientierung und schließlich mangelnde Wertschätzung der Kreativität sind die Kehrseite übertriebener Genauigkeit. Wir benötigen dringend ein Wissenschaftsbild der kreativen Forschung und nicht nur eines der soliden Forschung. Letzteres haben wir im Übermaß. Grundsolide, aber langweilig und unkreativ: So sieht heute ein Großteil der professionellen Wissenschaft aus.

Nicht zuletzt deshalb ist Citizen Science ein ernstzunehmender Öffnungsversuch der Wissenschaft: hin zur Gesellschaft, aber auch zur Abkehr von einem ausschließlich an Fragen der methodischen Solidität orientierten

Wissenschaftsverständnis. Nicht dass Exaktheit unwichtig wäre oder hier gar ein Aufruf zur Unsolidität gerechtfertigt werden soll; aber eine unbeschränkte Rationalität erfordert, ein Maß zu finden zwischen Wissensrelevanz und Wissensgenauigkeit. Die Profiwissenschaft leidet an einem isolierten, absoluten Genauigkeitsstreben, das in der Konsequenz zu einem Relevanzdefizit und entsprechend zur Kreativitätsvermeidung führt. Bei Citizen Science ist es genau umgekehrt.

Das Wissen der Laien hat, bei allen bekannten Problemen, eine größere Chance sie zu bewältigen, mit seiner Bindung an Anschaulichkeit und Lebensnähe, einem angemessenen Verständnis von Grenzen, einer offenen Einstellung zu den unbekannten Zusammenhängen und einer ausgewogenen Balance im Verhältnis von Kreativität, Relevanz und Genauigkeit, während die Profiwissenschaft sich immer mehr als in einseitigen Prinzipien gefangen erweist.

Die lebensnahe Wissenschaft ist nicht überholt

Vladimir Nabokov und Ernst Jünger waren nicht nur berühmte Schriftsteller, sondern auch anerkannte und passionierte Insektenkundler: Nabokov war Lepidopterologe (Schmetterlingskundler) und Jünger war Coleopterologe (Käferkundler). Die Entomologie (Insektenkunde) hat viele Citizen Scientists hervorgebracht. Von den beiden erwähnten Schriftstellern gibt es auch publizierte Arbeiten aus diesen Fachgebieten, die natürlich das breite Publikum nicht erreicht haben, aber unter Spezialisten sehr wohl Anerkennung fanden. Nabokov arbeitete zunächst am American Museum of Natural History als Lepidopterologe, bevor er als Professor für Literatur nach Stanford, Harvard und die Cornell Universität ging. Seit 1985 wird in Baden-Württemberg der Ernst-Jünger-Preis für Entomologie vergeben, und das Citizen Science-Engagement des Schriftstellers hat zudem dazu beigetragen, seine etwas dubiose Rolle als unfreiwilliger geistiger Wegbereiter der nationalsozialistischen Mentalität in den Hintergrund treten zu lassen.

Wo beginnt Wissenschaft? Wir haben gesehen, dass diese Frage für viele Profis der Wissenschaft ein großes Problem darstellt und zu Unterscheidungen führt, die nicht alle hilfreich sind: in Wissenschaftler und Nichtwissenschaftler, in gute und schlechte Wissenschaftler, in Anfänger und Fortgeschrittene, in Angehörige der einen oder der anderen Schule und vieles mehr. Natürlich ist es bisweilen nützlich, solche Unterscheidungen vornehmen zu können, doch ist es fraglich, ob all dies schon die Frage belasten darf, wo Wissenschaft eigentlich beginnt.

Wissenschaft beginnt immer mit einfachen Dingen, und das heißt: unten und anschaulich. Dort, wo sie kompliziert und abstrakt wird, hat sie ihren Beginn schon weit hinter sich gelassen.

Citizen Science hat hier ihre Stärken: wo man noch unmittelbare Beobachtungen machen kann, im Basisbereich und nicht in den Wipfelregionen ihrer Apfelbäume, zu denen heute tatsächlich meist nur noch gut ausgebildete Spezialisten aufsteigen können. Veraltet ist hier nichts: Die bodennahen Aktivitäten der Wissensernte sind auch heute nicht überholt oder weniger wert als früher – im Gegenteil: Nur sie ermöglichen den Einstieg für alle, der zu noch anspruchsvolleren Wissenstouren für wenige führen kann. Unten dominieren auch noch die Muttersprachen; erst weiter oben nimmt die Bedeutung eines international gebräuchlichen Kommunikationsmediums zu.

Es gibt viele Ansätze, die Wissenschaft zu strukturieren, und keiner dürfte angesichts der Vielfalt der Wissenschaften allgemein akzeptiert werden. So kennen wir auch bereits etliche Versuche, Citizen Science eine Struktur zu geben. Hier sind die Aussichten auf Einvernehmen auch nicht viel besser, da im Prinzip wiederum alle Wissenschaften betroffen sein können. Dennoch besteht die Chance, dass eine sehr allgemeine, auf wissenschaftliche Grundfunktionen gerichtete Einteilung der möglichen Aktivitäten, wie sie dem nun Folgenden zugrunde liegt, als hilfreich empfunden wird, weil sie praxisnah ist.

Die normale Wissenschaft kommt uns in immer mehr spezialisierter Form mit vielen Voraussetzungen entgegen. Sie beginnt zwar auch mit Neugierde und der Lust am Verstehen- und Erklärenwollen, aber sie ist fast immer in einer komplexen Theorienlandschaft unterwegs. Auch ihre unteren Funktionen – das schlichte Beobachten, das Fragen und einfache Beschreiben – sind schon hiervon geprägt. »Alle unsere Beobachtungen sind bereits theoriegeladen«, besagt eine einfache Erfahrung der Wissenschaftstheorie. Ein Wissenschaftler ist umso besser, je mehr ihm dies bewusst ist. Die meisten etablierten Wissenschaftsprozesse beginnen fast nie ganz unten, sondern immer irgendwo weiter oben auf der Leiter, mitten drin in jenem Voraussetzungsnetzwerk. Man versucht dort anzusetzen und fortzufahren, wo andere aufgehört haben.

Weil Citizen Science jedoch immer unten beginnt, bedeutet dies: Wo das ernsthafte Bedürfnis vorhanden ist, einer Sache, die man nicht versteht, auf den Grund zu gehen, ist auch die wichtigste Voraussetzung dafür vorhanden, dass Wissen entstehen kann. Von welchem Status dieses Wissens aus man dann von Wissenschaft redet, ist eigentlich zweitrangig. Hier liegt aber einer der wichtigsten Unterschiede zur Profiwissenschaft: Für die ist es nicht nebensächlich, ob die theoretischen Erklärungsmuster, die jedem Wissen zugrunde liegen, explizit formuliert oder nur implizit vorhanden sind. Die professionelle Wissenschaft muss ihre Theorien explizit formulieren und von ihren Wissenschaftlern verlangen können, dass sie die aktuellsten Versionen davon kennen und mit den oft sehr abstrakten Konzepten umgehen können. Manche Citizen Scientists vermögen dies ebenfalls ziemlich detailliert zu tun, aber den meisten von ihnen sind die theorielastigen Wissensfelder in ihrer aktuellsten Differenzierung eher fremd. Ist deshalb das, was sie beobachten, wertlos? Muss man die hier entstehende Wissenschaft folglich nicht ernst nehmen?

Nein: Sie mag bisweilen nicht perfekt sein, nicht auf dem neuesten Stand, nicht unmittelbar anschließbar an das, was die Profis tun. Aber ebenso oft ist sie dies durchaus, und in jedem Fall ist sie Resultat des gleichen Bemühens, das alle Wissenssuchenden miteinander verbindet. Und auch dort, wo nicht der allerneueste Stand den Hintergrund bildet, ist das gewonnene Wissen nicht wertlos. Die wichtigste Feststellung ist diese: Auch die professionelle Wissenschaft ist nicht durchweg perfekt, weil die Wissenschaftler nicht durchweg perfekt arbeiten, auch nicht alle auf die gleiche Art und immer gemeinsam an der Spitze ihrer Disziplin. Zudem hat nicht jede Disziplin nur eine Spitze; meist entwickeln sich verschiedene Spezialisierungen und verschiedene Wege. Und auch auf diesen zeigen sich alle Unvollkommenheiten, die man in Citizen Science finden kann. Nur sind sie vielleicht weniger auffällig, weil durch den sprichwörtlichen Nimbus geschützt, der der Wissenschaft anhaftet. Dieser ist oft nachvollziehbar und bisweilen sogar verständlich, aber er kann auch von Nachteil sein: Die Normalität wird zu einem Ideal verklärt.

Strukturen:
Die elementaren Schritte zum Wissen

Peter Berthold ist einer der bekanntesten Ornithologen der heutigen Zeit, ein Profi. Aber er vertritt eine Wissenschaft, der es nicht schwer gefallen ist, eine »Scientia amabilis« zu bleiben, weil sie einen leichten Zugang zur Beobachtungs- und Wissenslust der »gewöhnlichen« Menschen findet. Er ist deshalb einer von jenen Wissenschaftlern, die im Herzen Citizen Scien-

tists geblieben sind. Er hat nicht nur immer auch für Laien geschrieben, sondern die Erfahrungen von Laien auch immer ernst genommen. Ein Experte, der sich unter die Laien mischt, wirkt nicht mehr über die Macht eines Experten, sondern über seine Kommunikationsfähigkeit. Nur-Experten verlieren leicht das Ohr der Laien, wenn sie selber keines für sie haben. Der Experte muss selbst auf Laien hören können, wenn er bei ihnen Gehör finden will. Sonst ist er keine Wahrheits-, sondern nur eine Machtinstanz. Peter Berthold war Letzteres immer zuwider.

Viele Früchte eines großen Apfelbaums können wir nicht ohne eine hohe Leiter erreichen. Analog gibt es eine strukturelle Stufenleiter wissenschaftlicher Komplexität. Meistens begegnet uns Wissenschaft im heutigen Sinn auf den mittleren oder hohen Stufen. Oft ist die Situation komplexer. Eine Anzahl von Theorien steht für eine ganze wissenschaftliche Disziplin oder zumindest eine herrschende Denkschule. Da hilft es, sich klarzumachen, dass die Fundamente von Wissenschaft eigentlich viel einfacher sind. Es sind ganz elementare Handlungen, die wir alle im Alltag vollziehen, aus denen sich die komplexe Wissenschaft zusammensetzt. Die Leiter beginnt nicht erst, wenn man oben ist oder auf halber Höhe. Vielleicht sind die niederen Wissenschaftsstufen für sich genommen nicht sehr interessant, aber ohne sie kommt man nicht hinauf. Die Sprossen versinnbildlichen Stufen einer wachsenden strukturellen Komplexität, die uns gestatten, größere Höhen zu erreichen. Allerdings verliert man Weggenossen je höher man steigt. Die aufsteigende Sprossenfolge ist zugleich eine absteigende Stufenleiter der Beteiligung. Wie jede Wissenschaft, auch die professionelle, auf dem Boden und mit den ersten, einfachen Schritten beginnt, soll an einem Beispiel erläutert werden: der Beobachtung eines Vogels.

Stufe 1: Am Anfang steht die Beobachtung: Wir identifizieren etwas als etwas Bestimmtes.
Was sehe ich eigentlich? Kenne ich das oder ist es mir unbekannt? Grundlage ist das vorhandene Wissen, sofern es mir bekannt ist. Jeder, der über Basiskenntnisse des betroffenen Bereichs verfügt, kann sich beteiligen. *Da ist ein kleiner Vogel, es ist eine Mönchsgrasmücke (Sylvia atricapilla).* Allerdings reicht das nicht. Wenn sich weiter keine Frage anschließt, kann von Wissenschaft keine Rede sein; es bleibt eine von tausend folgenlosen Alltagsbeobachtungen. An eine Beobachtung muss sich ein Problem anschließen, wenn die Grenze zur Wissenschaft überschritten wer-

den soll. Im Nachwort zum Sammelband von Dickinson und Bonney fasst Fitzpatrick die Rolle der Citizen Scientists in der amerikanischen Konzeption in einem Satz zusammen: »By encouraging people to record and report some piece of information about a known place at a known time, citizen science projects convert the fundamental unit of individual curiosity – simple observation – into data«.[72] Die Beobachtung allein reicht also nicht aus; es muss sich eine zweite Stufe anschließen, die aus ihr eine erklärungsbedürftige Tatsache macht.

Stufe 2: Elementare Problemwahrnehmung und Formulierung einer Frage: Wissenschaft beginnt damit, dass mir an der Beobachtung etwas auffällt und ich eine Frage formulieren kann: Warum ist es so, wie es ist (oder zu sein scheint)? Auf diese Stufen folgen noch fast alle Menschen, aber so fängt es auch in der professionellen Wissenschaft immer an. *Was stimmt hier nicht? Eigentlich taucht diese Mönchsgrasmücke an diesem Ort zur Unzeit auf, denn sie ist ein Insekten- und Beerenfresser. Es ist aber Winter. Warum ist das so? Hier muss etwas erklärt werden.* Nicht die Beobachtung allein, sondern die Erklärungsbedürftigkeit der Beobachtung steht also am Beginn. Der Anfang der Wissenschaft ist erst damit gemacht, doch wenn es jetzt nicht weitergeht auf der Stufenleiter, wird trotzdem nichts daraus. Es bleibt eine der vielen Fragen, die wir im Alltag haben, und auf die wir nie eine Antwort bekommen. Alle Wissenschaft beginnt mit solchen Fragen, aber wir müssen uns auf die nächsten Stufen einlassen, damit wir ernsthaft in einen Wissensprozess einsteigen können. Wissen besteht schließlich vor allem aus Antworten auf Fragen.

Stufe 3: Erste Systematisierung und Objektivierung: Ich suche also nach ähnlichen oder vergleichbaren Fällen. Auch hier sind noch sehr viele Menschen dabei, denn es kommen Kenntnisse zur Anwendung, die zwar vielleicht nicht mehr zur Allgemeinbildung gehören, die aber bei den an diesem Wissensfeld interessierten Laien weit verbreitet sind. Unser erweitertes Vorwissen kommt ins Spiel. *Winterbeobachtungen von Mönchsgrasmücken sind selten, denn sie sind hauptsächlich Insektenfresser. Es gibt sie aber und sie nehmen sogar zu.* Damit haben wir unsere Beobachtung und die Frage, die sich an sie anschloss, mit einem Kontext von Vorwissen verknüpft, der sie präzisiert und auf einen entscheidenden Punkt zuspitzt: die Notwendigkeit einer Erklärung. Es bleibt aber auf dieser Ebene immer noch bei einer Frage; eine Antwort haben wir noch nicht.

Stufe 4: Erste Interpretation und Erklärungsversuch (Hypothese):
Ich versuche deshalb, das Wahrgenommene zu erklären. Auch diese Stufe wird noch von ziemlich vielen Menschen erreicht, weil man hierfür zwar zusätzliche Kenntnisse benötigt, diese aber meist noch im Wissen der Interessierten vorhanden sind; allerdings sind schon weniger Menschen beteiligt als auf den Stufen davor. Nicht jeder hat eine Idee, wie er die Fragen, die er stellt, auch beantworten kann. *Es gibt vielleicht eine Beziehung zu der Tatsache, dass einige Grasmücken in den vergangenen Jahren ein neues, näher gelegenes Winterquartier entdeckt haben (die britischen Inseln), von dem man auch wieder schneller als aus Afrika oder Spanien nach Hause fliegen kann. Vielleicht ist es also ein besonders früher Rückkehrer.* Damit versuchen wir, eine erste Antwort auf die gestellte Frage zu geben. Wie gut sie ist, wissen wir freilich noch nicht. Wir müssen weitermachen, noch eine Sprosse höher klettern.

Stufe 5: Selbstkritische Überprüfung und weitere Erklärungsversuche, zugleich Abwägung der plausibelsten Positionen und möglicherweise eine Modifikation der Antwort: Versuch der Objektivierung.
Dies ist ein besonders komplexer Schritt, denn er führt über mich hinaus und bezieht andere Sachkenner mit ein. Ich stelle mein Ergebnis zur Diskussion, mündlich oder am besten schriftlich. Ich publiziere es. Es ist ein Schritt, den deutlich weniger Personen tun. Aber viele, die ihn nicht selbst gehen, profitieren davon, indem sie die Resultate zur Kenntnis nehmen: Sie lesen vielleicht in einer Zeitschrift davon und erweitern so ihr Vorwissen. Die mitgeteilte Beobachtung und ihre mögliche Deutung vermehrt die Datenlage erheblich und verstärkt die Diskussion der Interessierten und Informierten zum Thema. Dabei kommt der kritischen Überprüfung eine wichtige Rolle zu, denn Fehler passieren immer. Beobachtungen sind letztlich subjektive Ereignisse, es geht dabei aber um Tatsachen. Womöglich tauchen dadurch weitere Ideen auf, wie das Geschehen noch anders zu deuten ist. Schließlich formuliert man eine Antwort, die aufgrund der gegebenen Gesamtkenntnisse die wahrscheinlichste Erklärung darstellt: *Habe ich vielleicht einen Fehler gemacht bei der Beobachtung oder bei der Frage, die sich mir gestellt hat? Habe ich einen wichtigen Aspekt übersehen? War es vielleicht ein Gefangenschaftsflüchtling? Oder liegt das Auftauchen des Vogels vielleicht am Klimawandel (Erwärmung)?*
Die am meisten Interessierten können hierdurch ihre Sachkenntnis vertiefen und die weitere Diskussion mit besseren Argumenten führen.

Sie wird aber auch deutlich schwieriger, weil die zusätzlich in die Betrachtung einbezogenen Zusammenhänge immer schwerer zu überprüfen sind.

Dies sind fünf einfache, schematisierte Stufen der Entstehung von Wissenschaft. Sie beginnt immer mit einer Beobachtung (Stufe 1), führt zu einer Frage (Stufe 2), verlangt die Datensicherung (Stufe 3) und kommt dann zu einer ersten Antwort, die einer elementaren Theorie entspricht (Stufe 4). Meist stellt diese aber nicht gleich alle zufrieden und deshalb geht die Suche nach alternativen Erklärungen und Begründungen noch weiter, damit man ein möglichst objektives Bild gewinnt (Stufe 5). Oft ist Citizen Science auf die ersten drei oder vier Schritte beschränkt, aber manchmal kann sie auch noch weiter gehen, auch über den fünften Schritt hinaus. Für die Wissenschaft ist hier nämlich noch lange nicht Schluss, viele Profis legen jetzt erst richtig los; es wird speziell. Die Leiter der Wissenschaft hat viele Stufen, nicht nur diese fünf. Vor allem im Bereich der Theoriebildung und der Präzisierung der Ergebnisse geht es noch wesentlich weiter;[73] jetzt ist im Vorteil, wer über gute Spezialkenntnisse und Rahmenbedingungen für aufwendige weitere Forschung verfügt. Der Beginn der Wissenschaftsleiter ist aber überall der Gleiche.

Ein interessanter und wichtiger Unterschied zwischen Professional und Citizen Science muss noch behandelt werden: die Publikation, also eine schriftliche Fassung der Forschungsergebnisse. Obwohl auch manche Profis damit ihre Probleme haben und deshalb nur bescheidene

Neulich sagte mir ein befreundeter Wissenschaftler: Nur wenn eine Theorie im Spiel ist, geht es um Wissenschaft.
Das glaube ich auch. Aber diese Theorie muss wohl kaum in jedem Falle ausformuliert und in Fachzeitschriften als solche publiziert worden sein. Viele haben wir einfach im Kopf und es ist uns vielleicht noch nicht einmal bewusst. Wissenschaftler, die sich dafür interessieren, formulieren sie dann aus und diskutieren darüber. Doch sind all die anderen, die das nicht tun oder nicht wollen oder können, keine Wissenschaftler? Oder keine guten Wissenschaftler? Arbeiten sie nicht einfach nur auf einem anderen Feld, näher bei den Beobachtungen, die sie machen? Ist das schlechter oder mangelhaft?

Ein Taxifahrer

Schriftenverzeichnisse vorlegen können, sind doch Aufsätze in Fachzeitschriften oder auch Monografien ein wichtiger Teil des üblichen Forschungsprozedere. Es gibt geradezu einen »Zwang zur Publikation« in der Scientific Community, da professionelle Forschung einerseits die Fachdiskussion befördern soll, andererseits ist das Publizieren Teil einer individuellen Forscherkarriere. In gewisser Weise wird eine These dort erst mit ihrer Publikation ein Teil der Wissenschaft; vorher kann sie vielleicht in internen Zirkeln diskutiert werden, aber für die Scientific Community existiert sie vor ihrer Publikation nicht.

Die Bedeutung dieser Punkte ist wesentlich geringer in Citizen Science. Obwohl es hier auch viele Publikationen gibt, wird dadurch nicht der Blick darauf verstellt, dass Wissenschaft viel früher beginnt: mit Beobachtungen, mit Fragen, mit Überlegungen, wie mögliche Antworten aussehen könnten. Die sprachliche Formulierung ist auch hier unverzichtbar, aber sie geschieht zunächst einmal mündlich und erst später vielleicht schriftlich. Es gibt keinen Grund, jene Anfangsschritte für weniger wichtig zu erklären als die Schritte zur Publikation, im Gegenteil. Wissenschaft ist ein Prozess, kein Status. Und dieser Prozess beginnt mit einfachen, im Prinzip jedermann zugänglichen Handlungen, die von dem Verlangen, etwas wissen zu wollen, ausgelöst werden. Mit ihnen ist der Prozess noch nicht abgeschlossen, aber ihn erst später beginnen lassen zu wollen, ist falsch.

Wissenschaft beginnt nicht abrupt dort, wo es bereits kompliziert ist, sondern sie beginnt allmählich, und sie beginnt schon mit dem Einfachsten, dem Beobachten und dem Stellen einer Frage, die sich daran knüpft: Mit dem Pflücken der untersten Äpfel, und sie kann sich beliebig weit nach oben fortsetzen. Diese amphibische Anfangsgrenze der Wissenschaft zu unterschätzen oder markanter ziehen zu wollen, ist ein Fehler. Wer hier als einfacher Beobachter mitmacht, kann Daten liefern, die einen Stellenwert im wissenschaftlichen Prozess bekommen. Citizen Science ist nicht weniger wissenschaftlich als die Wissenschaft der Profis, sie ist nur meist auf die elementaren Stufen des gesamten Wissensprozesses beschränkt, kann diesen aber auf ihren breiter gegründeten Fundamenten zu höheren Zielen hinführen. Ob eine Publikation entsteht, ist für einen Citizen Scientist weniger wichtig. Publikationen haben hier zumeist nicht die Bedeutung, die sie für Profis haben. In herausragenden Fällen aber unterscheidet auch dies das Wissen der Bürger kaum von dem der Profis.

Einige besondere Leistungen und Funktionen

Leo Franke hat viel falsch gemacht in seinem Leben. Er hat den falschen Beruf ergriffen, die falsche Frau geheiratet, vergeblich Geld gespart, sein Auto nur einmal jährlich kurz aus der Garage gefahren, um es durch den TÜV zu bringen. Aber er hatte dennoch einen kritischen Geist, und er lenkte ihn auf einige Hobbys im Bereich von Natur und Kultur, sowie die scharfe Analyse der sozialen Verhältnisse. Er liebte es, selbst nachzudenken und behielt sich sein eigenes Urteil vor. Vor Autoritäten und Experten hatte er stets nur eingeschränkten Respekt. Und damit hat er nicht alles falsch gemacht, was man falsch machen kann, denn er ist bei allen Dummheiten, die ihm passiert sind, ein Aufgeklärter geblieben, der sein Wissen am liebsten aus eigener Quelle schöpfte. In dieser Beziehung war er ein Citizen Scientist.

Citizen Scientists versuchen die Welt zu erklären – wie die Profis auch.[74] Das Wissen, das sie sammeln, besteht wie bei jenen zu wesentlichen Teilen aus Beobachtungen, Beschreibungen und Erklärungen, hinzu kommen dann oft noch Anwendungs- und Nutzenabsichten. Diese elementaren Handlungen bilden die Basisfunktionen jeglicher Wissenschaft. Darin unterscheiden sich die verschiedenen Formen der Wissenschaft nicht. In gewisser Weise ist schon mit einer Erklärung das Ziel erreicht. In Citizen Science wie in der nobelpreisverdächtigen Spitzenforschung. Natürlich kann es nun Debatten darüber geben, ob die angebotenen Erklärungen wahr sind, auch Citizen Scientists können daran teilnehmen. Freilich greifen nun, bei allen weiteren möglichen Schritten, die Vorteile der professionellen Wissenschaft, die viele raffinierte Methoden kennt, Wissen zu überprüfen und zu präzisieren. Doch Wissenschaft hat hier schon längst begonnen.

Zusätzlich zu den erwähnten Basisfunktionen Beobachtung, Beschreibung, Erklärung, und Nutzanwendung, die in Citizen Science sogar zur Anfangsmotivation gehören können, gibt es noch andere Funktionen beziehungsweise Chancen, die sie gegenüber der Professional Science auszeichnen:

1. Ergänzungs- oder Kompensationsfunktion:
Citizen Science kann sich auf Gebieten um Wissensgewinnung bemühen, die von der professionellen Wissenschaft vernachlässigt werden. Professionelle Wissenschaft kann dort ergänzt werden, wo sie selbst, aus welchen

Wenn ich durch die Landschaft gehe, erwarte ich bestimmte Vogelarten. Vor einigen Jahren sang noch über fast jedem Acker eine Feld-
lerche. Jetzt kann ich lange laufen, bevor ich eine höre. Im Wald
nebenan gab es immer Trauerschnäpper. Jetzt fehlen sie. Warum?
Für mich ist meine Hobbyornithologie eine vielseitige, angewandte
Ursachenforschung. Die tausend Veränderungen in der Landwirtschaft, im Klima, im Verkehr, in unseren Gewohnheiten:
Alles spielt eine Rolle. Die Vogelkunde heute ist schwierig geworden,
denn viele Zusammenhänge erkennen wir offenbar nicht.

Ein Handwerker

Gründen auch immer, noch nicht ansetzt oder frühere Forschungstätig-
keit inzwischen aufgegeben hat. Meist ist dies also keine Ergänzung an
der Spitze, sondern eher eine an der Basis und in der Breite des Wissens.

Es gibt sehr viele Gründe dafür, dass solche Kompensation möglich
oder sogar nötig ist. Gute Beispiele liefern Hobbys. Sie bringen ausge-
sprochen gelehrte Kenner hervor, die mit ihrer Sachkenntnis zumindest
unter den gleichartig Interessierten oder bei Medienevents großen Eindruck machen können. Citizen Scientists können auch überall dort aktiv
werden, wo Institutionen versagen oder – mangels ausreichender Mittel – traditionelle Engagements auf einem allgemein relevanten Wissensfeld nicht fortgesetzt werden. Zum Beispiel gilt dies für manche klassischen Aufgabenbereiche von Universitäten, die angesichts der internen
Entwicklung der Disziplinen und der externen Streichung von Geldern
aufgegeben wurden und brach liegen gelassen oder der Weiterpflege
durch Citizen Science überlassen werden (in der Biologie beispielsweise
die Vermittlung von Artenkenntnissen, in der Geschichtswissenschaft
die Regionalforschung).

2. Übersetzungsfunktion:
Die Ergebnisse professioneller Wissenschaft sind in der Regel fachsprach-
lich formuliert, sodass sie für Außenstehende nur schwer zu verstehen
sind. Sie auf eine allgemeinverständliche Weise wiederzugeben, ist eine
wichtige und anspruchsvolle Aufgabe, die Citizen Science in vielen Fällen erfüllen kann. Die Übersetzung von Wissensinhalten aus einer Fachsprache in die Allgemeinsprache ist ebenso schwierig wie notwendig. Die
meisten Profis sehen diese Notwendigkeit nicht, da sich ihre Kommunikation ohnehin auf den internen Kreis der Scientific Community be-

schränkt, der sie angehören. Diese Fachkreise sind, verglichen mit ihrem Umfeld, nicht nur elitär, sondern meistens auch abhängig davon, dass die Gesellschaft sie stützt oder aushält. Schon hieraus ergibt sich die Pflicht zur Information, und es ist als eine besondere Leistung zu bezeichnen, wenn sich einige Fachleute veranlasst sehen, selber Übersetzungsversuche zu machen. Hier liegt speziell ein lohnendes Betätigungsfeld für Profis, die sich unter die Citizen Scientists mischen. Sie kennen die Sprechweisen, Eigenheiten und Bedarfslagen beider Seiten meist besonders gut. Gegenüber der erstgenannten Funktion ist diese wesentlich anspruchsvoller, denn sie setzt das Verständnis dessen voraus, was in die Allgemeinsprache übersetzt werden soll. Zum Glück hat die professionelle Wissenschaft die Notwendigkeit einer Übersetzung ihrer Vorgehensweisen und Resultate erkannt und richtet Lehrstühle für »Public Understanding of Science« oder einfach »Public Science« ein. Doch während dort vor allem Prinzipien erklärt werden sollen, steht Citizen Science mitten in der Übersetzungspraxis. Für sie ist dies nicht eine seltene Übung am Rande ihrer Haupttätigkeit, sondern wesentlicher Teil ihres Selbstverständnisses. Citizen Science lebt geradezu von ihrer Einbettung in die Erfahrungswelt der sie umgebenden Gesellschaft. Nicht nur Spitzenvertreter, die zu den Profis aufgeschlossen haben, repräsentieren sie, sondern all diejenigen, die sich neben ihnen betätigen und die verständliche Sprache ihres Umfeldes sprechen.

3. Orientierungs- und Zusammenhangsfunktion:
Wo sonst Spezialisten nur das eine oder andere Detail herausgreifen, gilt eine besonders anspruchsvolle und wichtige Funktion von Citizen Science der Herstellung von Verbindungen, übergreifenden Gesichtspunkten und Querbezügen. Nicht von vorneherein meinen, ein Problem zu kennen, sondern sich ausreichend zu orientieren, in welchem Umfeld es steht, welche mit zu berücksichtigenden realen Kontexte es hat: Das ist wichtig, wenn man künstliche Laborsituationen vermeiden und lebensweltliche Bezüge wahrnehmen will. Insbesondere Citizen Science proper kann die von den Spezialisten verlorenen Zusammenhänge zumindest ansatzweise wieder zurückgewinnen. Diese Funktion ist anspruchsvoll, weil sie in hohem Maße Überblick und Kreativität erfordert. Hierzu gehört auch, die Relativität der Genauigkeit klug zu nutzen.

Wir alle können uns in diesem Bereich ausprobieren, ohne dass uns dies groß auffällt: im Umgang mit den Anforderungen des Alltags. Immer wieder stehen wir vor der Aufgabe uns zu entscheiden, obwohl wir nur über einen geringen Teil der objektiv vorhandenen Informationen verfügen: Welches Produkt kaufe ich, wenn es viele zur Auswahl gibt? Welche der Parteien wähle ich, obwohl ich ihre kompletten Programme nicht kenne? Welches Verkehrsmittel wähle ich angesichts des Wetterberichts? Wie stelle ich mich zu einem internationalen Problem, von dem ich zu wenig weiß, mir aber trotzdem eine Meinung bilden sollte? Überlegungen wie diese trainieren unserer Rationalität, trotz mangelhafter Informationen größere und heterogene Datenkomplexe einschätzen zu lernen. Sie erweitern unseren Horizont über das hinaus, was wir aus der Nähe kennen. Und das ist für den Aufbau von Zusammenhangswissen von größtem Wert. Wer nur das lückenlose Wissen sucht, wird Zusammenhangswissen nie finden. Es ist auffällig, wie abstinent die Profiwissenschaft auf dem Gebiet der Alltagsleistungen unserer Vernunft ist. Citizen Science kann sich diese Abstinenz nicht leisten, weil die Praxisgebundenheit ihrer Probleme sie nicht ertragen würde. Sie erlaubt sich deshalb eher als die professionelle Wissenschaft – die aus Angst davor, einen Fehler zu machen, bei Zusammenhangsfragen oftmals schweigt – eine ungesicherte Hypothese zu formulieren, als nur auf vermeintlich gesichertes Tatsachenwissen zu setzen.

4. Kontrollfunktion:

Die weitreichendste Chance von Citizen Science liegt darin, Argumente zur Relativierung von einseitigen, aber einflussreichen Expertisen zu sammeln. Diese Funktion ist besonders anspruchsvoll und wichtig, weil man die professionelle Wissenschaft nicht den Profis allein überlassen darf. Die zunehmende Spezialisierung ist zwar eine allgemeine Zeiterscheinung, doch ist sie besonders beim sogenannten wissenschaftlichen Fortschritt augenfällig. Dass ein Wissenschaftler den anderen nicht mehr versteht, weil sich die einzelnen Fächer so weit auseinanderentwickelt haben, gilt längst auch in ein und derselben Disziplin.[75]

Wir leben heute in einer unübersichtlich gewordenen Welt, die von Tausenden Experten gedeutet wird, aber die Experten selbst leben in ihren verschiedenen Expertenwelten, die immer weniger Kontakt untereinander und zur Außenwelt haben. Inzwischen geht es aber um mehr als um die fehlenden Zusammenhänge: Es geht um die Kontrolle der wachsenden Macht der Experten. Die Tausende von Tunnels, in denen die Experten verschwinden und wo sie niemanden sonst mehr sehen außer die wenigen Kollegen der genau gleichen Spezialisierung, sind nicht nur sprichwörtlich, sondern tatsächlich gefährlich geworden. Die Frage nach unserer Abhängigkeit von den Experten wird täglich wichtiger: Gibt es noch jemanden, der sie kontrollieren kann und soll? Ihnen zu vertrauen ist unter Umständen riskant. Ihre Kontrolle ist nötig.

Der Gedanke, dass Experten nur durch andere Experten kontrolliert werden können, ist nicht beruhigend.[76] Da jeder Experte Laie auf allen anderen Gebieten ist, sind auch die folgenden Schlussfolgerungen richtig: Wir alle sind Laien (bis auf die schmalen Ausschnitte, wo wir Experten sind). Und: Die Gemeinschaft der Laien, wir alle, müssen die Experten kontrollieren. Außer uns Laien bleibt niemand übrig, der diese Rolle glaubwürdig übernehmen könnte. Laien müssen und können dies tun, denn Laien sind nicht dumm.

Die Kontrolle der Experten ist eine der anspruchsvollsten und am meisten zukunftsgerichteten Leistungen von Citizen Science. Es geht weniger um die Frage, wie gut sie hierfür ausgestattet ist, als um die Tatsache, dass es niemanden sonst gibt, der diese Aufgabe wahrnehmen könnte. Die Zivilgesellschaft muss sie sich selber abverlangen und sich deshalb instand setzen, überall dort, wo es angesichts der Entwicklung von Wissenschaft und Technik angezeigt ist, kritische Wachsamkeit walten zu lassen. Die bestmögliche Allgemeinbildung für möglichst alle Mitglieder der Gesellschaft ist ebenso zwingend notwendig, wie das Wachhalten eines umfassend kritischen Bewusstseins. Moralische und demokratische Verpflichtungen kommen an dem Punkt zusammen, wo wir als Gemeinschaft von Laien angesichts der scheinbaren Macht der Experten unsere Zukunftsfähigkeit durch Zivilcourage sichern können.

Die Stärken von Citizen Science

Klaus Conrads war ein ungewöhnlicher Citizen Scientist. Von klein auf interessierte er sich für Vögel, der Zweite Weltkrieg brachte ihn um das angestrebte Biologiestudium und eine Laufbahn als Forscher. Zeitweise musste er auf der Straße Hüte verkaufen, um zum Unterhalt der Familie, von Eltern und Bruder, beizutragen. Schließlich konnte er doch noch ein Volksschullehrerstudium absolvieren. Er wurde dann schnell durch intensive Selbststudien, ausdauernde autodidaktische Literatur- und Freilandarbeit sowie eine zunehmende Zahl anspruchsvoller Veröffentlichungen als Ornithologe so herausragend, dass er für bestimmte Vogelarten (wie etwa Grauspecht oder Ortolan), sowie in der bioakustischen Dialektforschung schließlich als international führender Experte galt. Die neugegründete Fakultät für Biologie der nahen Universität verlieh ihm ihren ersten Ehrendoktor; damit schien er zum Profi geworden zu sein. Er blieb aber zeitlebens bewusst, bescheiden und entschieden ein Citizen Scientist, wenn auch einer, dessen Abstand zu den Professionals in der Qualität seines Wissens und Schreibens nicht mehr messbar war.

In der verbreiteten Vorstellung ist professionelle Wissenschaft immer stärker als Citizen Science. Das mag sogar meistens der Fall sein, in seiner Pauschalität ist es aber dennoch falsch. Auch die professionelle Wissenschaft ist immer nur im Einzelfall stark; die Wirklichkeit sieht oft anders aus. Wer anspruchsvoll forschen möchte muss heute bereit sein, in eine mühevolle, oft mit Enttäuschungen endende Jagd nach den immer knapperen Forschungsmitteln einzutreten. Da bleibt so manches unerforscht. Aber nicht nur die Quantität leidet, oft ist es auch die Qualität.[77]

Forschung ohne Forschungsmittel ist in der professionellen Wissenschaft eine große Seltenheit geworden.[78] Der Auszug aus dem Dienstantrittspersonalbogen des später weltberühmten Soziologen Niklas Luhmann an der Universität Bielefeld: »Forschungsmittel: keine« wird immer wieder aus heutiger Sicht als Kuriosum zitiert. Für die meisten Formen von Citizen Science aber ist es der Normalfall. Mittel stehen hier fast nie zur Verfügung. Dies kann ein Nachteil sein, ist aber erst einmal ein Vorteil. Ihre Möglichkeiten sind dadurch zwar begrenzt, zuallererst aber eröffnet. Der Wegfall der Jagd nach Mitteln, die von Instanzen der Wissenschaftsverwaltung verteilt werden, ist eine offene Einladung für vielerlei ehrenamtliche Basisforschung und für kreative, auf Eigeninitiative bauende Köpfe.

Allerdings: Hier öffnet sich auch ein weiter, bisher leerer Raum für künftige, sinnvolle Bildungs- und Wissenschaftsförderung, sowohl durch den Staat, wie auch durch private Geldgeber. Citizen Science muss nicht ein für allemal mittellos bleiben. Im Gegenteil: In ihrer künftigen Förderung liegen große Chancen, dass wir doch noch zu einer Wissensgesellschaft werden können.

Hinzu kommt ein weiterer, nicht zu unterschätzender Vorteil. Wilhelm von Humboldts Dictum, dass Wissenschaft in der Einheit von Forschung und Lehre bestünde, ist heute in der Regel nur noch für Citizen Science gültig. Die professionelle Wissenschaft ist längst zu einer Einheit von Forschung, Lehre und Verwaltung geworden, wobei der Anteil an Verwaltungsarbeit für die Wissenschaftler eher zu- als abnimmt. Dies geht so weit, dass manche Forschung schon aus bürokratischen Gründen unterbleibt: Ihre Durchführung würde es erfordern, Anträge zu stellen, die mehrere bürokratische Stationen zu durchlaufen hätten, bevor sie ein erstes Mal wirklich inhaltlich von fachnahen Gutachtern geprüft würden. Natürlich bietet es keine richtige Alternative für Citizen Science, auf solche Forschungsverwaltung schlicht zu verzichten – die Vorteile liegen in der fehlenden Begrenzung für die Forschung. Die Lust am Erklären und Entdecken wird durch diese Begrenzung jedenfalls nicht gefördert.

Allerdings sollte man sich auch klar machen, wie viel andere Verwaltungsarbeit für manche Citizen Scientists anfallen kann, beispielsweise Vorstands- oder Beiratspositionen in Vereinigungen zu übernehmen. Als Vorsitzender oder Schatzmeister eines Vereins hat man ebenfalls viel Arbeit, die nicht unbedingt viel mit dem Interesse zu tun haben muss, das einen dem Verein beitreten ließ. Dennoch bleibt Citizen Science die bürokratische Wissenschaftsverwaltung, die den Zeitaufwand für die heutige Profiwissenschaft enorm in die Höhe treibt, weitestgehend erspart.

Wenn man, wie allgemein üblich, nach den Anteilen bewertet, die theoretische, empirische und anwendungsbezogene Forschung ausmachen, dann liegen die Stärken von Citizen Science ganz eindeutig bei den beiden letztgenannten Formen. Aus den Listen bekannt gewordener Projekte lässt sich die Einschätzung ableiten, dass etwa 95 bis 98 Prozent aller Citizen Science-Forschung entweder empirisch fundiert oder anwendungsbezogen sind. Dies entspricht der Beobachtung, dass sehr komplexe, theoretisch anspruchsvolle und abstrakte Probleme und Wissens-

> Wenn ich in Ruhe lernen oder nachdenken möchte, ziehe ich mich zurück. Es gibt Freunde, die suchen dann andere Freunde auf und reden. Das funktioniert bei mir selten. Es kann sein, dass im Gespräch die Gedanken klarer werden, aber je mehr Leute beteiligt sind, desto mehr Meinungen schwirren durcheinander. Der Gipfel der Unklarheit ist das Internet. Das Gute versteckt sich dort unter sehr viel Müll. Nur selten findet man es.
> Schwärme sind etwas für Tiere mit wenig leistungsfähigen Einzelgehirnen. Menschen gehören nicht dazu. In der Wissenschaft gibt es beides: Dinge, die man allein und solche, die man gemeinsam mit anderen besser erledigen kann. Wissenschaft auf ersteres zu reduzieren, halte ich für falsch.
>
> *Ein Chemielaborant*

bereiche eher selten tangiert werden; sie verbleiben eine Domäne der Forschungsprofis in den entsprechenden Disziplinen und Einrichtungen. Positiv ausgedrückt heißt dies: Citizen Science spielt eine wesentliche Rolle in allen Zusammenhängen, bei denen die Wahrnehmung, Beobachtung und Identifikation natürlicher und/oder kultureller Ereignisse von großer Bedeutung sind, oder wo Schlussfolgerungen gesucht werden, um unmittelbare Nutzanwendungen und praktische Problemlösungen zu ermöglichen. Wahrscheinlich überwiegen die empirischen Leistungen die anwendungsbezogenen deutlich, aber dies ist nur eine Vermutung.

Nach Meinung einiger Aktivisten ist ein wichtiger Vorteil von Citizen Science das, was James Surowiecki als »wisdom of the crowds« bezeichnet hat: die Überlegenheit der Kopplung vieler Gehirne gegenüber dem Einzelgehirn.[79] Manchmal wird Citizen Science sogar mit »crowd science« gleichgesetzt.[80] Hier stand die Zusammenführung von Computern zu einem besonders leistungsfähigen Supercomputer Pate.[81] Allerdings ist diese These fragwürdig. Was bei Marktprozessen als Entscheidungskriterium noch brauchbar sein mag, weil es dort um »crowds« geht und »wisdom« quantitativ und eng als Konsummaß angesetzt werden kann, wird beim Bezug auf den klassischen Wissensbegriff höchst problematisch. Das Phänomen der Schwarmintelligenz findet keine Entsprechung auf der Vernunftebene. In Surowieckis Ansichten sind auch Ergebnisse der Massenpsychologie nicht berücksichtigt worden; sie hätten oft zu gegenteiligen Schlussfolgerungen Anlass gegeben (Massenhysterie, Massenpsychose, »Wollt-ihr-den-totalen-Krieg-Phänomen«).[82] Rationalität steigt nicht unbedingt mit der Anzahl der an Entscheidungsfindungen beteiligten Gehirne, im Gegenteil: Oft wird sogar Irrationalität produziert. Insofern ist »Crowdsourcing« als Methode unzuverlässig und als allgemeines Kriterium für Citizen Science kaum brauchbar. So sinnvoll die Einbeziehung vieler wissensorientierter Menschen einer Gesellschaft in manche Forschungsprozesse ist, so wenig verlässlich ist die Annahme, dass hierdurch generell ein Mehrwert an Rationalität erzielt wird. Auch Experimente, die diesbezüglich durchgeführt wurden, haben kein anderes Resultat ergeben. Entscheidende Vorteile erzielt eher die Befreiung des kreativen Einzelgehirns von hinderlichen Vorschriften.

Zwar ist eine Gruppe nicht intelligenter als der Einzelne, aber sie schafft einen anderen Vorteil: Perspektivenerweiterung. Was die moderne Profiforschung mit Teambildung auszugleichen versucht – aber oft scheitert, weil sich die Heterogenität professioneller Teams in Grenzen halten muss, wenn sie arbeitsfähig bleiben sollen – kann Citizen Science durch ihre

Offenheit viel eher bereitstellen. Niemand entscheidet hier über Rahmenbedingungen, oder über den Ein- oder Ausschluss bestimmter Gesichtspunkte. Das Nichtvorhandensein übergeordneter Instanzen stärkt die potenzielle Vielfalt der Ansätze. Gerade bei der Perspektivenvielfalt ist die professionelle Wissenschaft infolge der Dominanz ihrer herrschenden Schulen benachteiligt. Zwar fällt dies in Citizen Science nicht vollständig weg, aber ihre fehlende Institutionalisierung wirkt sich doch als Vorteil aus.

Die Stärken von Citizen Science liegen mithin in der institutionellen Ungebundenheit und der Unbefangenheit ihrer Protagonisten, die nicht durch Rücksichten auf den Beifall einer Scientific Community eingeschränkt sind, sowie in der Fokussierung auf Inhaltsfelder, die ohne allzu viele Voraussetzungen zugänglich und lebensnah sind. Unterstützungsfunktionen für die professionelle Wissenschaft können hinzukommen, stehen aber nicht im Vordergrund.

Überall dort, wo elementare wissenschaftliche Leistungen gefordert sind, die gute Sachkenntnisse voraussetzen – bei Wahrnehmungs- und Kartierungsaufgaben, bei der offenen Beschreibung von Vorgefundenem und Fehlendem oder auch bei der Artikulation fachunspezifischer, aus der Außenperspektive erwachsener Kritik – ist Citizen Science im Vorteil gegenüber Experten, denen die Scheuklappen ihrer gewohnten Sichtweisen gar nicht mehr auffallen. Der Unbefangenheit vieler Citizen Scientists steht die Betriebsblindheit vieler Profiwissenschaftler gegenüber. Überall dort, wo stark normierte Umgebungsbedingungen eine Gewöhnung verursachen können, ist die Gefahr der Betriebsblindheit gegeben. Für Profiwissenschaftler ist sie sehr real, da die Organisation und die Verwaltung von Forschung in ihren komplex gewordenen Fächern und Instituten einen erheblichen Teil der Aufmerksamkeit der Forscher binden, sodass sie nicht mehr ihre gesamte Konzentration der zu erforschenden Sache widmen können, sondern die scheinbar unentrinnbaren Rahmenbedingungen beachten müssen. Jedoch im Basisbereich von Wissenschaft, in Citizen Science, kann man ihnen sehr wohl noch entkommen.

Überall dort, wo es im Interesse unserer Zukunftsfähigkeit wichtig ist, weiterzukommen und nicht im Spezialisierungsgewirr der Fächer stecken zu bleiben, kann Citizen Science ihre Stärken entfalten. Citizen Science-Projekte haben meist mit handfesten natur- oder kulturbezogenen Praxisproblemen zu tun, an denen sie andocken, um auf lebenswichtigen Gebieten endlich Wegegabelungen aufzutun, die in der professionellen

Wissenschaft und infolge gegenläufiger Interessen oft verschüttet sind. Gäbe es nicht die kenntnisreichen Kartierungen von schwer zu unterscheidenden wildlebenden Blütenpflanzen, nächtlich aktiven Insekten oder unscheinbaren, aber vom Aussterben bedrohten Kleinvögeln, würde die Biodiversität unserer Zukunft wesentlich ärmer sein: Wir bemerken oft zu spät, dass ganze Nahrungsnetze durch industrielle Landwirtschaft oder die schleichende Vergiftung von Boden, Wasser und Luft verloren gehen. Immerhin wächst die Aufmerksamkeit diesbezüglich.

Gäbe es nicht den wachsenden, sich in eigenen Forschungsnetzwerken artikulierenden Unmut vieler Menschen über die hartnäckig ihre konventionellen Lehrsätze verteidigende Standardökonomik der Universitäten, so läge die Hoffnung auf den nötigen Wandel in noch weiterer Ferne. Keine zweite Wissenschaft wird von den Politikern so häufig als Beraterin herangezogen wie die Ökonomik, und keine steht zu Recht so stark in der Kritik, wenn es um die Sicherung der Carrying Capacity (der Tragfähigkeit) der Erde und Fragen der sozialen Gerechtigkeit geht. Es ist deshalb nur folgerichtig, wenn Citizen Science die wenigen aufbegehrenden Ökonomen in ihrem Kampf gegen die Dogmen der konventionellen Wirtschaftswissenschaften zu unterstützen versucht, und diese umgekehrt die neuen Potenziale von Citizen Science aufgreifen, um ihren Anliegen breiter Gehör zu verschaffen. Als Gratwanderung zwischen Wissenschaft und gesellschaftlichem Aktivismus hat dieses Bündnis von kritischen Profis und kritischen Laien eine lange Tradition.

Viele Degrowth-Akteure bezeichnen sich als Forschungsaktivisten (Activist Researcher) und betreiben »Action Research« – ein Begriff, der gut zum Citizen Science-Kontext passt. Während professionelle Forschung sich meistens bewusst von aktuellen Aktionskontexten fernhält, weil diese die Rahmenbedingungen der Forschung verzerren könnten, suchen viele Citizen Scientists diese Verbindungen ausdrücklich, um ihr Wissen aus lebensnahen Situationen zu schöpfen oder es praxistauglich zu machen. Fast alle Vogelkartierer sind zugleich Naturschützer; aus Gründen des Naturschutzes kartieren sie Vögel. Der Forscher und der Aktivist sind ein und dieselbe Person. Was für Professional Science eine Schwäche wäre, ist für Citizen Science eine Stärke.

In der Zusammenarbeit mit geeigneten akademischen Forschungsprojekten können Citizen Science-Projekte ihre Stärken ausspielen: Sie können Profiprojekte mit Daten untermauern, aber auch mit Erfahrungen. Hätte man hier keine ehrenamtlichen Mitarbeiter, kämen viele dieser Projekte gar nicht zustande. Auch wenn Citizen Science light in dieser Konstellation nicht alle ihr möglichen Register ziehen kann, stellt sie doch wenigstens ihre Dienstleistungsfähigkeit für professionelle Forschung unter Beweis. Die amerikanischen Projekte verschiedener Universitäten belegen dies eindrucksvoll. Hier bilden Profis und Laien ein System gemeinsamer Interessen; wenn der Partner fehlte, welcher auch immer, könnte es nicht existieren.

Der Schwäche von Citizen Science in Kontexten, bei denen es auf große Genauigkeit ankommt, geht einher mit ihrer großen Stärke in Relevanzfragen. Was bei professioneller Wissenschaft oft zu kurz kommt, weil die interne Forschungsdynamik sie immer weiter in abstrakte Spezialfragen hineinzieht, hat hier Priorität. Doch wird die Relevanz nicht an unmittelbaren ökonomischen Verwertungsabsichten gemessen, sondern an ihrer Praxisnähe, die sicherzustellen versucht, dass man sich mit Fragen beschäftigt, die den Menschen wirklich wichtig sind.

Die Schwächen von Citizen Science

Benjamin Lee Whorf war ein untypischer Citizen Scientist. Dass jemand eine Disziplin wie die Sprachwissenschaft mit Ideen bereichert, die als extrem komplex, abstrakt und theoriebeladen bekannt ist, aber auch als schnelllebig, und dass diese Ideen inzwischen seit über einem halben Jahrhundert in den Fachzirkeln diskutiert werden, ist höchst ungewöhnlich. Whorf war von Beruf Versicherungsangestellter, aber einer der besten Kenner der indianischen Sprachen der amerikanischen Urbevölkerung. Herausragende Einzelne wie er lassen die Tatsache vergessen, dass solche Wissenschaften üblicherweise nur selten in Citizen Science eine Rolle spielen: Ihr Abstraktionsgrad ist hoch und ihr Theorieanteil ist besonders groß. Aber manchmal gibt es eben auch Ausnahmen.

Überall dort, wo Forschung besonders komplex geworden ist, einen hohen theoretischen Abstraktionsgrad erreicht hat oder in besonders hohem Maße labor-, geräte- oder mittelabhängig ist, kann unabhängige Citizen Science mit der professionellen Wissenschaft nicht mithalten. Insofern scheiden viele Gebiete der Quantenphysik, der Biochemie, der Molekularbiologie, der technikintensiven Geologie, der planetarischen Astronomie, aber auch der theoretisch hochkomplexen Mathematik, Linguistik oder Philosophie aus, sowie die empirisch komplexen Forschungsvoraussetzungen in Psychologie oder Soziologie. Auf vielen dieser Gebiete ist es sogar schwierig, Kooperationsmodelle mit Profis zu ersinnen, die außer reiner Datenlieferung eine fruchtbare Zuarbeit von Laien möglich machen würden.

Dennoch wäre es falsch zu glauben, dass Citizen Science zu all diesen Disziplinen nichts beizutragen hätte. Speziell konstruierte Projekte von Citizen Science light sind auch hier möglich. Gerade bei technologisch interessanten Disziplinen wachsen jedoch, je unübersichtlicher die Zahl der Beteiligten ist, mit den Entwicklungschancen auch die Risiken. So erwähnt z. B. Friebe[83] die Bewegung der »Biohacker oder Do-it-yourself-Biologen«, die ernsthaft das Ziel verfolgt, »zum inneren Kern des Lebens vorzudringen und dabei sogar Erbmaterial zu manipulieren. (…) Sie nutzt das Internet zwar ebenfalls zur Beschaffung von Informationen, zum Gedanken- und Datenaustausch, aber auch zum Ebay-Einkauf erschwinglicher Laborausrüstung.« Dies alles geschieht, wie der Autor sagt, »trotz intensiver polizeilicher und geheimdienstlicher Arbeit etwa seitens des FBI.« Citizen Science kann also sogar gefährlich werden, auch wenn es bisher – ebenfalls laut Friebe – noch »keinerlei Hinweise auf bioterroristische Absichten oder auch nur nachlässiges Hantieren mit Genen und Keimen« gibt. Er hat zusammen mit zwei Kollegen eigens ein Buch zum Problem des Biohackings geschrieben; ein Indiz dafür, dass die Entwicklung jedenfalls ernst zu nehmen ist.[84]

Ist ihre Offenheit und Unkontrolliertheit nicht nur eine Stärke der Citizen Science, sondern bietet sie womöglich auch eine Angriffsfläche? Nein. Dies alles entspricht der geläufigen und normalen Offenheit und Unkontrolliertheit der bürgerlichen Freiheit in einer demokratischen Gesellschaft, die nur extreme Sicherheitsfanatiker einschränken wollen. Die auffälligsten und gravierendsten Gefahren der Wissenschaft liegen zweifellos bei den Profis bestimmter zukunfts- und sicherheitsrelevanter Fachgebiete und nicht bei Citizen Scientists.

Die Schwerpunktbereiche von Citizen Science liegen dann doch auf ganz anderen Gebieten und die Alltagsschwächen des Konzepts weit unterhalb jener Risikoschwelle.

> Ich freue mich schon wieder auf die »Stunde der Gartenvögel«. Zwar fühle ich mich bei einigen Vogelarten noch nicht sicher, aber die große Zahl der Teilnehmer wird unsere Fehler schon ausgleichen. Es macht jedenfalls Spaß, dabei sein zu können. Hier forscht nicht einer, hier forschen viele gemeinsam.
>
> *Eine Bildhauerin*

Die vielleicht gewöhnlichste Schwäche besteht schlicht darin, dass ungenügende Fähigkeiten der Teilnehmer bisweilen die Datenzuverlässigkeit beeinträchtigen. Dies kann man verallgemeinern: Natürlich ist die Qualität von Citizen Science vom Bildungsstand in der Zivilgesellschaft abhängig. Während Professional Science ihre Qualität durch eine verbesserte Ausbildung und Selektion der Wissenschaftler steigern kann, kann man auf die Qualität von Citizen Science nur über Verbesserungen der allgemeinen Bildungssituation einwirken. Ausbildungsgänge gibt es hier nicht. Je mehr Mängel der allgemeine Bildungsstand aufweist, desto geringer ist der Rationalitätsgewinn durch Citizen Science. Ein wichtiger weiterer Faktor kommt hinzu: das Ausmaß, in dem sich Profis in der Citizen Science engagieren. Sie übernehmen immer auch eine Weiterbildungsfunktion für die interessierten Laien, die diese Chance auf Lernfortschritte oft suchen und begrüßen. Der gerade in Citizen Science so typische Profi-Laien-Mix ist allerdings, wenn er gut funktioniert, keine einseitige Angelegenheit: Auch die Profis lernen, mehr als dies im klinisch reinen Profiraum üblich ist, ihre Einseitigkeiten zu erkennen und sich auf die berechtigten Erwartungen der größeren Öffentlichkeit einzustellen.

Mangelhafte Datenzuverlässigkeit ist im Einzelfall unterschiedlich zu bewerten. Das bereits erwähnte Buch von Dickinson und Bonney behandelt Beispiele, die mit der Leidenschaft vieler Menschen für die Vogelbeobachtung zu tun haben. Was bei den professionell begleiteten amerikanischen Studien vielleicht noch ausgeglichen werden kann, sieht schon wieder anders aus, wenn Durchführung und Kontrolle ehrenamtlichen Verbänden und ihren weitaus lockereren Verfahren obliegt. Wenn z. B. der Naturschutzbund Deutschland (NABU) alljährlich die Freunde der Vogelbeobachtung zur »Stunde der Gartenvögel« aufruft, fühlen sich Tausende angesprochen. Diese zunächst uneingeschränkt positive Aktion, die der NABU auch unter dem Stichwort Citizen Science propagiert, verdeckt aber leicht etwas anderes: die eklatanten Mängel bei der Qualitätskontrolle. Man kann kaum kontrollieren, wie viele der angeblich beobachteten Haussperlinge (die seltener werden) möglicherweise mit Heckenbraunellen verwechselt wurden (die relativ häufig, aber vielen Vogellaien nahezu unbekannt sind). Das Beispiel mag belanglos sein, sich vielleicht sogar in der Masse ausgleichen. Doch gilt für Citizen Science grundsätzlich: Die gegenüber der Profiwissenschaft kaum vorhandene Kontrollebene ist auf jeden Fall eine Schwachstelle.[85]

Hier zeigt sich die Überlegenheit professionell gesteuerter Citizen Science-Projekte ungesteuerten oder liebhabergesteuerten Projekten gegenüber sehr deutlich. Es ist daher bezeichnend, dass in den USA gezielt angesehene Profiwissenschaftler solche Projekte konzipieren, leiten und auswerten, während in Europa, auch in Deutschland, die meisten ihrer Kollegen noch nicht einmal auf diese Idee kommen. Wer Kontrollmängel minimieren möchte, kann kaum anders vorgehen als nach dem amerikanischen Muster. Natürlich gibt es auch in solchen Fällen keine absolute Sicherheit, doch gibt es die auch dann nicht, wenn die Profis unter sich sind.

Dennoch ist die professionelle Wissenschaft in diesem Punkt deutlich im Vorteil; denn wenn dort etwas beinahe über Gebühr ausgeprägt ist, dann ist es die vielfache Kontrolle aller wissenschaftlichen Leistungen durch kritische Kollegen und Konkurrenten. Hier steht Citizen Science eindeutig schlechter da, es sei denn, man konzipiert ihre Projekte gleich nach dem amerikanischen Vorbild: als in professionelle Forschungsprojekte eingebettete wissenschaftliche Hilfsleistungen von Laien, die von Profis vor- und nachbereitet werden. Beseitigt hat man das Qualitätsproblem auch so nicht, aber man hat es wenigstens vermindert. Dies ist für viele Aufgaben legitim und naheliegend, kann aber – wie wir gesehen haben – auch dazu führen, dass die ganze Citizen Science unterschätzt und unter Wert dargestellt wird. Empirische Erhebungen hierzu sind freilich noch Mangelware; es gibt sie vor allem zu Schulsituationen, sehr viel weniger zu offenen Beteiligungssituationen, wie sie in Europa nicht selten vorkommen.[86]

Eine andere deutliche Schwäche liegt im Bereich der Theoriebildung und der stark theorielastigen Disziplinen. Explizit verfasste Theorien sind wichtige begriffliche Arbeitsinstrumente der Wissenschaft. Sie sind immer durch Abstraktheit gekennzeichnet, doch das Abstrakte ist keine Stärke der Citizen Science. Auch die wenigen berühmten Theoretiker aus der Citizen Science-Geschichte, also Charles Darwin oder Benjamin Lee Whorf zum Beispiel, haben ihre Theorien in einem lebendigen Beobachtungsraum der Natur und in zugänglicher Sprache entwickelt. Heute hat sich die Theoriebildung zumeist in eher anschauungsferne und formale Kontexte verlagert. Der pure Theoretiker hat tatsächlich in Citizen Science absoluten Seltenheitswert.

Hiermit hängt auch der häufig zu hörende Vorwurf zusammen, Citizen Science pflege ein überholtes, vom wissenschaftlichen Fortschritt längst überwundenes Wissenschaftsverständnis. In differenzierter Form kann dies für bestimmte Disziplinen zutreffen. Die anschauliche Naturwissenschaft, die noch im 19. Jahrhundert verbreitet war, ist in vielen Disziplinen – der Physik, der Chemie, teilweise auch der Biologie – einer ganz anderen Theorie und Praxis gewichen, doch wird sie zum Beispiel in vielen naturwissenschaftlichen Vereinen noch immer betrieben, als sei alles beim Alten. Bisweilen ist die Kritik, viele dieser Vereine lebten an der heutigen naturwissenschaftlichen Realität vorbei, berechtigt. Meistens ist es jedoch nur die halbe Wahrheit.

Beispielsweise dann, wenn man sich aus den stark veränderten Disziplinen bewusst zurückhält (was oft der Fall ist) oder sie nur noch in wissenschaftsdidaktischer oder -geschichtlicher Absicht betreibt. Aber auch, wenn es sich – wie bei der Biologie – um sehr differenzierte Disziplinen handelt, die auch professionell weiterhin anschauungsnah forschen müssen.

Die Verhaltensforschung und die Ökologie sind Wissenschaften, die erst im 20. Jahrhundert voll entwickelt worden sind. Sie brauchen die differenzierte Beobachtung und halten deshalb völlig zu Recht ein anschauungsnahes Wissenschaftsverständnis hoch (auch wenn einzuräumen ist, dass sie inzwischen sehr abstrakte beziehungsweise komplexe Teildisziplinen entwickelt haben, zu denen Citizen Scientists kaum Zugang finden). Aus diesen Gründen ist der pauschale Vorwurf von Schwäche und eines überholten Wissenschaftsverständnisses falsch, wenn auch in Ausnahmefällen gerechtfertigt. Meist gerät zur Stärke, was einige voreilige Kritiker als Schwäche abwerten.

Die oft zu beobachtende, relative Naivität von Laien, die nicht selten mit den aktuellen Gepflogenheiten professioneller Wissenschaft wenig vertraut sind, hat zwei Seiten. Bis zu einem gewissen Grad kann Unbefangenheit durchaus stark machen, was sicher auch Profis kennen, doch darüber hinaus wird sie schnell zum Problem. Wer an eine relativ spezielle Frage zu naiv herangeht, kann sich nicht nur selbst lächerlich machen, sondern die Qualität seiner Ergebnisse gefährden. Ausreichende Vorkenntnisse sind in jedem Fall vonnöten, aber nicht immer gegeben. Besonders bei bestimmten Themen hat Citizen Science zweifellos eine durch zu große Unbedarftheit gefährdete Flanke.

Schon von Professional Science kennen wir Beispiele dafür, dass Disziplinen – die Psychologie, die Literaturwissenschaft, die Philosophie, teilweise auch die Ökonomik und andere – manchmal für lange Zeit zur Wirkstätte wenig kompetenter Akteure, ja von Scharlatanen und sogar Betrügern werden konnten. Bei Citizen Science ist dies noch häufiger gegeben. Dummheit, Überheblichkeit, auch Vandalismus sind menschliche Schwächen, die sich umso störender auswirken, je weniger sie kontrolliert werden. Dort, wo Kooperation mit der Profiwissenschaft stattfindet, kann Kontrolle in ein Forschungsdesign eingeplant sein oder später zur Fehlerreparatur notwendig werden. In beiden Fällen, was Naivität und Unbedarftheit sowie moralische und charakterliche Schwächen angeht, werden den Citizen Scientists ihre Grenzen aufgezeigt.

Natürlich gibt es auch andere Grenzen. Die wirksamsten sind regionale und sprachliche Grenzen. Auch wenn das Internet diese Grenzen heute bis zu einem gewissen Grad aufhebt beziehungsweise überspielt: Sie sind weiterhin sehr wirksam. Das Interesse der meisten Citizen Scientists ist regional begrenzt, nur wenige Ausnahmeprojekte sind es nicht. Die Menschen beteiligen sich vor allem an Projekten aus ihrem Lebens- und Erfahrungsumfeld, und sie erwarten, das in ihrer Sprache tun zu können. Die Projektlisten aus der Literatur muten fast etwas provinziell an; so zählen die amerikanischen Veröffentlichungen ausschließlich US-amerikanische Regionalprojekte auf und tun dies natürlich in ihrer Sprache. Für anderswo stattfindende Projekte wäre es aber keine Selbstverständlichkeit, wenn nur Englisch gesprochen würde. Regionale und sprachliche Grenzen stellen einen sehr deutlichen Unterschied zur professionellen Wissenschaft dar.[87] Diese denkt an die Aktualität von Disziplinen und grundsätzlich international. Geografische und sprachliche Nähe sind kaum ein Thema.

Bei den Profis können bisweilen Fakultäts-, Disziplin- oder Lehrstuhlgrenzen, Veniae Legendi, Publikationsbräuche, auch Karrierezwänge und übertriebenes Konkurrenzgebaren zu Barrieren für eine ungehinderte Forschung und damit zu gravierenden Problemen führen; persönliche Mängel können noch hinzukommen. Wie bei den Profis gibt es auch Laien, die ihre Fähigkeiten überschätzen. Doch während bei den Profis Schwächen schnell durch die Scientific Community aufgedeckt und in ihrer Wirkung neutralisiert werden, können Laien oft lange ungehindert arbeiten. Deshalb sind Schwächen von Citizen Science fraglos vorhanden und ernst zu nehmen, aber sie wirken sich nur dann als schwerwiegende Nachteile aus, wenn persönliche Schwächen und Strukturschwächen zusammentreffen, was überall vorkommen kann. Im Vergleich zu ähnlichen Problemen der institutionell verfassten Profiwissenschaften sind sie daher insgesamt ohne große Bedeutung. Relative Abstraktionsferne und Naivität können eher als liebenswürdige, aber kaum gefährliche Schwächen gelten.

Eine bereits erwähnte Schwäche von Citizen Science ist neben der Qualitätskontrolle die Tatsache, dass sie hinter der Profiwissenschaft herhinkt, wenn es um Genauigkeit geht. Häufig wird zwar auch die Genauigkeitsforderung bei vielen Fragestellungen übertrieben, bisweilen ist sie aber unverzichtbar. Es gibt viele Probleme, bei denen wir nur durch die äußerste mögliche Genauigkeit weiterkommen. Freilich: Es sind meistens Spezialprobleme, die wenig Bedeutung für praxisnahe Fragen besitzen.

Insofern kann zwar der Vorteil geringerer Genauigkeit auch zu einem Nachteil werden, doch wirkt sich dieser nur selten als solcher aus. Der Gewinn, den unsere Rationalität dadurch verbucht, dass sie das Maß der jeweils nötigen Genauigkeit differenziert kalkuliert anstatt grundsätzlich viel Zeit und Kraft auf eine größtmögliche Einlösung zu verwenden, ist beträchtlich. Immerhin: Manchmal geht es um maximale Genauigkeit. Ebenso, wie man die Herzoperation keinem Amateur überlässt oder das Steuer eines Rennwagens keinem Sonntagsfahrer, ist die Theorie der Higgs-Bosonen keine Sache für Citizen Scientists und ebenso wenig die Erforschung der spezifischen Sprachfunktionen bestimmter Hirnregionen. Etwas weniger deutlich, aber nicht minder eindeutig gilt dies auch im sozial- und kulturwissenschaftlichen Bereich, wenn es dort um Genauigkeit geht. Und das ist zum Beispiel der Fall, wenn man in einer konkreten Situation die Gründe für Jugendrevolten oder Veränderungen im urbanen Leben analysieren will. Was so aussieht, als genüge hier eine nur ungefähre Einschätzung, verlangt tatsächlich eine sehr hohe Genauigkeit, wenngleich diese auch oft nicht mathematisch präzisiert werden kann. Ein anderes Beispiel sind interkulturelle Spannungen, etwa die Ursachen von Ausländerfeindlichkeit, die sich in gefährlichen Konflikten entladen können und deshalb mit der größtmöglichen Sorgfalt auf ihre Gründe untersucht werden müssen.

Ihre Ferne von Mitteln und Geld ist eine der großen Stärken von Citizen Science und zugleich ihre größte Schwäche. Dies ist auch die Achillesferse der modernen professionellen Wissenschaft – ihr wirklich erheblicher Bedarf an materieller Förderung. Wir begeben uns bei diesem Thema in einen Konfliktraum, in dem man sehr sorgfältig differenzieren und argumentieren muss. Einerseits steht hier das höchste Gut von Citizen Science – Selbstorganisation, Freiheit, Unabhängigkeit – auf dem Spiel, andererseits stößt sie durch ihre Mittellosigkeit überall an Grenzen. Das Thema ist zu konfliktgeladen und zu wichtig, um es hier abzuhandeln; deshalb wird ihm gegen Ende dieses Buchteils ein eigenes Kapitel gewidmet. Allerdings könnten verbesserte Schnittstellen zur Profiwissenschaft und eine erhöhte Aufmerksamkeit seitens der politischen Wissenschaftsförderung bis zu einem gewissen Grade veränderte Verhältnisse schaffen. Es lohnt sich, hier zu investieren.

Eine Abwägung von Chancen und Risiken

Citizen Science verbindet Leben und Wissenschaft, ähnlich wie ein Lehrer. Es ist insofern kein Wunder, dass viele Lehrer in Citizen Science proper eine wichtige Rolle spielen. Jörg Vierke ist so jemand: ein Wissen schaffender Lehrer. Er sieht seine Aufgabe nicht nur in der Vermittlung und Weitergabe von Wissen, sondern auch in dessen Erforschung. Lehrer wie er verkörpern also in besonderer Weise jene Mittlerstellung von Citizen Science: zwischen professionellem Spezialistentum und dem normalen Leben. Eine verbindende Rolle, die für die hohe Wissenschaft ein Wunschtraum, selten jedoch erreichbar ist. Vierkes Spezialität ist das Verhalten von Fischen. Er beobachtet sie in Aquarien, aber er reist auch zu ihnen in die weite Welt, um sie in der Natur aufzusuchen. Eine seiner Überzeugungen ist, dass die biologische Taxonomie, die Praxis der Beschreibung von Arten, überholt ist, wenn sie nur bei in Alkohol konservierten Exemplaren die Flossenstrahlen zählt. Sie muss das Verhalten des lebenden Tieres kennen und bei ihren Schlussfolgerungen berücksichtigen: die Farbveränderungen in bestimmten Situationen, die Ausdrucksbewegungen bei der Balz, die Stellung der Flossen in Konfliktlagen. Vierke ist ein anspruchsvoller Biologe, der eigene Artbeschreibungen vorgelegt hat. Sie vollziehen nach, was sich in der theoretischen Biologie verändert.

Bis hierher wurden grundsätzliche Aspekte behandelt, die Citizen Science von der professionellen Wissenschaft unterscheiden. Aber wie ist diese Unterscheidung zu bewerten, und wie sieht die Wirklichkeit dieser Abgrenzung aus? Sie ist eine amphibische Zone – was Chancen bedeutet, aber auch Risiken. Der Frosch kann kurzzeitig auf dem trockenen Land leben, aber er kann auch auf ihm umkommen.

Die Grenze zwischen Alltag und Wissenschaft ist wie andere realistische Grenzen eine Zone des Übergangs vom einen zum andern. So wie die Feuchtgebiete zwischen dem Trockenen und dem Nassen mal schmaler und mal breiter sind, verbindet Citizen Science unsere Alltagserfahrung und den Vernunftgebrauch in unterschiedlicher Ausprägung mit der Wissenschaft. Was wir lernen müssen, ist damit umzugehen, dass die schlichte alltägliche Beobachtung der Beginn von Wissenschaft sein kann, aber nicht sein muss. In den Fragen des kleinen Kindes liegt schon der Keim des wissenschaftlichen Fragens, aber natürlich wäre es übertrieben, das Kind als einen Wissenschaftler zu bezeichnen. Es ist immer der Zusammenhang, der darüber entscheidet, welcher Sinn einer Handlung beizumessen ist. Dies ist die Schwierigkeit bei der Bedeutungserfassung von Citizen Science: keine Schwierigkeit in der Sache selbst, sondern in der Tatsache, dass wir den Kontext brauchen, um eine Einzelhandlung angemessen einordnen zu können.

Der professionellen Wissenschaft geht es ums Prinzip. Wenn ein Problem sie von konkreten Lebenszusammenhängen wegführt, dann ist dies eben so. Ein Profi kann dann nicht sagen: Ich will nicht so abstrakt werden, so speziell, so genau. Wenn es die Sache erfordert – und dies ist häufig der Fall – dann entfernt er sich von Alltag, unmittelbarer Wahrnehmung, Praxis. Ein Citizen Scientist kann Abstraktion einfach vermeiden. Ihn zwingen keine Usancen einer Profession oder der Stand einer Disziplin. Praxisferne Probleme stellen sich ihm nicht; er sucht nicht nach Wissenslücken in einem Fachgebiet, sondern nach Erklärungen für Lücken in seinem Erfahrungsraum, jedenfalls in der Regel; es gibt Ausnahmen. Das bedeutet: Die Grenze zwischen beidem ist unscharf, einige gehen weiter, andere gehen weniger weit. Aber so weit, die äußersten Grenzen des Wissens auszuloten wie die Profis geht kaum einer. Bei Citizen Science ist eigentlich immer früher Schluss. Hierfür kann es ganz verschiedene Gründe geben. Der häufigste Grund ist natürlich der, dass die speziellen Fähigkeiten von Laienwissenschaftlern sehr oft begrenzter sind als die der Profis; hier zeigt sich, was fehlende Spezialausbildung und auch weniger Training bewirken. Doch wird die Beschränkung auf Praxis- und Lebenskontexte auch häufig bewusst eingesetzt, um nicht alle Theorie- und Abstraktionsregister zu ziehen. Es geht den Citizen Scientists eben nicht um das Prinzip des Wissens, sondern um das jeweils Wissenswerte im Umfeld des Fragenden.

So unscharf aber die Abgrenzung zur Profiwissenschaft ist, so wirksam ist sie. Klar und unbestritten ist die Tatsache, dass es für die Profis keine Obergrenze des Wissens gibt. Dem entspricht das übliche Erscheinungsbild der professionellen Wissenschaft: ziemlich weit vom Leben entfernt zu sein. Der Lebensalltag ist für sie kein Regulativ, das ihr Erklärungsniveau bestimmen würde; einzig das Prinzip, die Grenzen des Wissens immer weiter hinauszuschieben, hat Relevanz.[88] Ein ehrenwertes Prinzip, gewiss, aber es hat auch eine Kehrseite: Wenn Wissenschaft den Menschen nicht mehr verständlich ist, wenn nicht mehr erklärt werden kann, warum sie tut, was sie tut, bekommt sie ein Problem. Und wenn sie dieses Problem nicht ernst nimmt, womöglich sogar nicht wahrnimmt, isoliert sie sich von der Gesellschaft und verliert womöglich die nötige Unterstützung. Das mag lange gut gehen, während sie von ihrem einst etablierten Image, ihrem Nimbus zehrt, doch irgendwann muss dieser auch wieder erneuert werden, und was dann? Hier bewährt sich das bescheidenere, kommunikationsbereite Selbstverständnis von Citizen Science.

Aber man darf von jeder Wissenschaft erwarten, dass sie auch für den gewöhnlichen Zeitgenossen verständlich machen kann, worum es ihr geht. Dies ist für viele Profis eine sehr hohe Hürde. Die Fähigkeit, sie zu überspringen, wird ihnen durch ihre theoretische Ausbildung und durch die Beherrschung der jeweiligen Fachsprache, aber auch durch die Gewohnheit, sich fast ausschließlich im Rahmen der Scientific Community zu bewegen, geradezu systematisch aberzogen. Eine nicht geringe Zahl von Wissenschaftsprofis legitimiert sogar ihre Besonderheiten damit, dass man von ihnen etwas Unmögliches verlangte, wenn man sie aufforderte, ihre Erkenntnisse den Menschen in gewöhnlicher Sprache zu erklären. Nur verhältnismäßig wenige Wissenschaftler schaffen es, das Verlernte wieder neu zu erwerben.

Citizen Scientists sind diese Probleme ebenfalls nicht gänzlich unbekannt; dennoch haben sie sie meistens nicht im gleichen Ausmaß. Zwar gibt es auch Vertreter unter ihnen, die die Profis in allem zu kopieren versuchen, doch halten in den meisten Fällen Lebensnähe und Praxisbezug dagegen. Wir sehen aber: Das Übergangsfeld, über das wir reden, hat auch noch eine andere Seite. Was an der professionellen Wissenschaft problematisch sein kann, kann bisweilen auch Citizen Science beeinträchtigen. Citizen Science ist auf ihre Weise nicht makellos, nicht gegen Ansteckungsgefahren aus den Problemzonen der professionellen Wissenschaft immun. Die amphibische Zone, die sie mit ihr und dem Leben verbindet, hat nicht nur schöne Seiten, sondern enthält auch Risiken, die das Idealbild trüben können. Die Zone ist zugleich ein Spannungsfeld, auf dem Alltag und Wissenschaft ineinander übergehen, wo aber auch ihre jeweiligen Besonderheiten und ihre Makel in Citizen Science exportiert werden können.

Institutionalisierung zum Beispiel kann wie eine ansteckende Krankheit wirken, an der sich auch Citizen Science infizieren kann. Darum ist

> Es gibt kaum noch ein Gutachten ohne Gegengutachten. Nicht nur bei »weichen« Themen wie psychologischen Begutachtungen, sondern auch bei den angeblichen »harten« Gutachten zu Bodenschätzen oder Energieformen. Zum Glück ist oft erkennbar, welche Interessen dahinter stehen. Das Problem ist nur: Die Wissenschaft wird für alles in Anspruch genommen. Besser gesagt: Sie lässt sich für alles in Anspruch nehmen.
> In unserem Arbeitskreis »Migrationsprobleme« lassen wir das nicht zu. Auch bei uns gibt es verschiedene Meinungen. Aber wir sind niemandem verantwortlich. Es ist ein freier Zusammenschluss von Leuten, die nach praktischen Lösungen für ein großes gesellschaftliches Problem suchen. Wir kommen aus den verschiedensten Berufen.
>
> *Eine Buchhändlerin*

die heute verschiedentlich geäußerte Absicht, Citizen Science zu fördern, indem man Einrichtungen schafft, die ihre Förderung erleichtern sollen, gefährlich: Das, was helfen soll, kann schnell zur Belastung werden. Wer nicht den Wert weitgehender Institutionenfreiheit wahrnimmt, weil er Wissenschaft anders nicht kennt oder sich ihre Verwaltung nur so vorstellen kann, kann leicht einen Fehler machen: Er kann durch eine gut gemeinte, aber falsch angesetzte Reparatur Chancen verspielen. Die Gefahr ist real, wenn Politik, professionelle Wissenschaft und Wirtschaft Citizen Science zu fördern versuchen, denn es handelt sich bei ihnen selber um institutionsbelastete, aber einflussreiche Akteure der Gesellschaft.

Viele Entscheidungsträger aus Politik und Wirtschaft – zwei für die Wissenschaft nicht unwichtige Handlungsbereiche – nehmen Wissenschaft ohnehin nur dann richtig wahr, wenn diese anwendungsfähige Erkenntnisse produziert. Eine solche Einstellung ist problematisch und nur mit wissenschaftsexternen Motiven zu rechtfertigen; wissenschaftsintern ist sie falsch. Sie bewirkt zum Beispiel, dass bestimmte Wissenschaften eher gefördert werden als andere, deren Wissen weniger anwendungsfähig ist. Die Wirtschaft spielt hier sicher eine Schlüsselrolle. Der Versuch der Privatwirtschaft, direkt auf Citizen Science Einfluss zu nehmen, ist wahrscheinlich nur noch eine Frage der Zeit. Die Wissenschaft zum Nutzen ökonomischer Interessen einzuspannen, ist grundsätzlich weder anstößig noch gefährlich; Forschung ist auch als ökonomisch verwertbare, angewandte Forschung sinnvoll und förderungswürdig. Das

Problem liegt in der Tendenz der Ökonomie, nur noch solche Forschung zu fördern, die eine Verwertungsperspektive vorweisen kann. Das ökonomisch beliebte Schlagwort vom »Fortschritt« ist der neue Mythos geworden, von dem wir uns mithilfe der Citizen Science wieder befreien müssen.

Was den Interessenvertretern bei der professionellen Wissenschaft in vielen Disziplinen (Energieforschung, Gesundheitswissenschaft, Wirtschaftswissenschaften, Kunststoffchemie, Molekularbiologie etc.) gelungen ist, kann auch bei Citizen Science ökonomisch interessant sein: Wissenschaftler einzukaufen.

In manchen Bereichen, besonders in solchen mit durch Hobbys motivierten Inhalten, geschieht dies auch bereits. Die optische Industrie wirbt mit prominent gewordenen Hobbyastronomen und -ornithologen für ganz bestimmte Marken, die Aquarienindustrie stellt Personen, die sich einen Namen als Kenner gemacht haben, fest als Berater ein, wo sie dann nur noch die Produkte des jeweiligen Herstellers propagieren, und ehemals kämpferische ehrenamtliche Umweltschützer mutieren plötzlich zu Vorzeigefiguren im Nachhaltigkeitsgeschwätz der Energiebranche. Die Institutionenfreiheit von Citizen Science vermindert leider auch die Möglichkeit der internen Kontrolle. Sich Wissenschaftler kaufen zu können, wird erleichtert, weil es keine wirksame Scientific Community gibt, die hierüber öffentlich Aufsicht führt und Kritik äußert, wenn der Fortschritt nur noch merkantil definiert wird. Es ist deshalb wahrscheinlich, dass das ökonomische Interesse an Citizen Science wohlüberlegt und begründet ist, das Gleiche aber auch für die Sorge gilt, dass ihre bisherige Stärke bedroht ist. Wenn Unabhängigkeit und Freiheit, Selbstorganisiertheit und Institutionenlosigkeit ein Markenzeichen darstellen, das Hoffnung weckt, dann muss deren drohender Verlust umso schwerer treffen.

Eine verlässliche Versicherung gegen eine solche Gefahr gibt es nicht. Es wird daher deutlich, dass Citizen Science, genauso wie Professional Science, nicht ohne ethische Reflexion ihrer Rolle und Risiken auskommt. Doch während dies bei den Profis bis zu existenziellen Konflikten reicht, die mit Gefahren für unsere Lebensgrundlagen und unsere Zukunftsfähigkeit verbunden sein können, ist die Dimension der ethischen Konflikte von Citizen Scientists meist sehr viel geringer. Insbesondere deshalb, weil die der Lebenssituation verhafteten Aufgaben weit niedrigere Risikoschwellen kennen als manche professionellen Forschungsprojekte, bei denen oft Grundsätzliches ausgetestet wird und wo sehr viel auf dem Spiel steht. Häufig finden in Citizen Science sogar gegenteilige Bemühungen statt, die durch wissenschaftliche Forschung verursachten Negativentwicklungen zu begrenzen. Vor allem dann, wenn Citizen Scientists in von Profis gesteuerten Projekten als Datenbeschaffer mitarbeiten (Citizen Science light), verbleibt die entscheidende Verantwortung bei den Profis. Es gibt allerdings einzelne Beispiele von unabhängig arbeitenden Amateurforschern, die – abweichend von der üblichen Citizen Science-Praxis – Risikotechnologien mit einfachen Mitteln, sozusagen als Hobby, zu kopieren versuchen. Hier kann ein durchaus auch in ethischer Hinsicht bedenkliches Gefahrenpotenzial entstehen, wie beim sogenannten Biohacking, das weiter oben schon Erwähnung fand. Studenten der Biologie und Biochemie, die am jährlichen iGEM-Wettbewerb (»international Genetically Engineered Machine Competition«)[89] teilgenommen hatten, versuchen, die Experimentierlust der Computerhacker auf eine spielerische Manipulation von Erbmaterial zu übertragen. Doch gibt es zumindest eine professionelle Aufsicht: durch das veranstaltende Massachusetts Institute of Technology (MIT). Das Beispiel zeigt ein Übergangsfeld zwischen Citizen und Professional Science. Vom Hobby-Biohacking geht hoffentlich keine zusätzliche Gefahrendimension aus, die nicht schon mit dem professionellen Biohacking verbunden wäre.[90]

Während in Professional Science neben den Forschern auch die Institutionen, in denen sie arbeiten, ethische Verantwortung für das tragen, was in ihrem Rahmen geschieht, fällt dies bei Citizen Science proper weg. Verantwortung kann nicht abgewälzt werden, sondern verbleibt bei den Citizen Scientists selbst. Die Zivilgesellschaft ist es, die auch gegenüber der Professional Science als letzte kritische Instanz auftritt, und sie hat die gleiche Funktion Citizen Science gegenüber. Hierfür ist es aber notwendig, dass sie sich für diese Form der praxisnahen Wissenschaft überhaupt sensibilisiert. Wenn dies einmal geschehen ist, fällt die Verantwortung von Citizen Science zwar nicht ab, wird aber, wie die übrige demokratische Kontrolle, zu einer der Pflichtaufgaben der Zivilgesellschaft.[91]

Das Haus der Wissenschaft, ebenfalls ein altes Bild, ist ein umfangreiches Bauwerk ohne festen Abschluss nach oben. Heute müssen wir es uns eher wie ein unfertiges, stilistisch uneinheitliches, großes Gebäude vorstellen; eine Art buntes »Hundertwasserhaus«. Die Wohnungen des Hauses beherbergen die einzelnen wissenschaftlichen Disziplinen, es gibt viele davon und sie können recht verschieden aussehen. Überall wird im und am Haus gebaut, besonders nach oben wird es nie fertig.

Citizen Science wohnt in den unteren Stockwerken, vor allem im Erdgeschoss. Dort findet die einfache, lebensnahe, lokal und regional basierte Wissenschaft statt. In den Etagen darüber wird sie dann komplexer, theoretischer und professioneller. Es ist ein verbreiteter Irrtum, zu glauben, erst irgendwo in der Mitte fingen die Wissenschaftsetagen überhaupt an. Oben gibt es nur ein provisorisches Dach, weil man das Haus immer höher baut. Unten aber ist es ziemlich stabil und hier muss jeder durch, auch derjenige, der hoch hinauf will. Das Erdgeschoss und die unteren Etagen gehören genauso zum Wissenschaftsgebäude wie alles weiter oben. Hier kann man nicht viel verändern; die Statik des Ganzen hängt von ihnen ab. Sie tragen die oberen Etagen, damit diese nicht ohne Bodenkontakt im Raum schweben. Manchmal macht die professionelle Wissenschaft allerdings diesen Eindruck.

Wenn dies der Fall wird, ist Kritik berechtigt. Auch die abstrakteste Forschung muss vermittelbar bleiben. Nicht jeder muss sie im Detail verstehen. Aber ihr Sinn sollte immer erklärt werden können.

TEIL III

Das Gebäude,
oder:
Das Wissen der freien Bürger

Im dritten Teil des Buches soll erörtert werden, welche Sachgebiete relevant sind und welche Probleme die Bemühungen der Bürger um Wissen prägen. Hierzu muss ihr ganzes Gebäude in den Blick genommen werden, an dem ständig weitergebaut wird. Dabei interessieren vordringlich zwei Fragen: Auf welchen Wissensfeldern spielt sich Citizen Science ab und welche Motive treiben die Bürger an, sich auf ihnen zu engagieren? Zudem geht es um ihre Kommunikationsweisen, die dafür infrage kommenden Medien und die Mittel, die gebraucht werden.

Viele Inhalte von Citizen Science kennt man bereits von Professional Science her, doch Zusammenhänge, Anschaulichkeit und Praxisnähe sind bei ihr von größerer Bedeutung – sie machen es Laien leichter, sich in Fragestellungen und grundlegende Untersuchungsverfahren einzuarbeiten. Man stößt auf privates und öffentliches Engagement, vor allem bei Themen, die die Menschen unmittelbar interessieren und deren Erforschung sie als für ihr Leben wichtig ansehen, oder die sie in ihrem unmittelbaren Erfahrungsraum finden. Hier kommunizieren auch Profis mit Laien, oft auf Augenhöhe. Dabei spielen die neuen Medien eine zunehmend wichtige Rolle.

Kaum eine andere Perspektive auf Citizen Science als die auf das Ganze des Wissenschaftsgebäudes enthüllt so gut, welche Fehler man machen kann, wenn man – gutwillig, vielleicht auch arglos oder naiv – Fördermaßnahmen für Citizen Science plant, ohne genau zu wissen, worüber man spricht. Ehrenamtlichkeit ist zum Beispiel kein Synonym für Kostenlosigkeit. Citizen Science ist keine raffinierte neue Methode, um die notorische Mittelknappheit der professionellen Wissenschaft durch unbezahlte Datenbeschaffung aufzufangen. Das Risiko für manch ein Missverständnis ist gegeben.

Komplexe Wissensfelder und Motive

Pater Hermann-Josef Roth ist ein Citizen Scientist wie aus dem Bilderbuch. Es gibt nicht wenige Theologen in der Citizen Science-Geschichte. Viele sind auch zu hervorragenden Kennern bestimmter Wissensgebiete außerhalb der Theologie geworden. Bei Pater Roth ist dies noch einmal komplexer, denn er arbeitet sowohl natur-, als auch kultur- und geisteswissenschaftlich. In vielen Nischen der Regional- und Kulturgeschichte, aber auch der Landschafts- und der historischen Wissenschaftskunde ist er tätig geworden und hat Sachbeziehungen entdeckt und der Vergessenheit entrissen, die wir sonst kaum noch kennen würden. Seine Arbeit zentriert sich um einen geografischen Raum: den Westerwald und den Mittelrhein. Da er sich aber nicht auf eine Disziplin festlegen lässt, verkörpert er die lebendige Transdisziplinarität: das Bestreben, verdeckte Zusammenhänge durch bewusstes Ignorieren von disziplinären Grenzen sichtbar zu machen. In der professionellen Wissenschaft ist dies leider kaum noch möglich.

Auf welchen Wissensgebieten findet Citizen Science statt? Oft werden Natur und Umwelt als einzige genannt, doch schon der Umweltbegriff deutet an, dass auch soziale und kulturelle Bereiche mit gemeint sein können. Hier soll aber weder eine Aufzählung wissenschaftlicher Disziplinen folgen, noch eine kommentierte Liste von Citizen Science-Projekten; beides gibt es zu Genüge und führt nicht weiter. Stattdessen werden Schwerpunkte vorgestellt, die sich in der Praxis herausgebildet haben. Und es wird exemplarisch vorgegangen. Für all dies gibt es gute Gründe.

Citizen Science orientiert sich – anders als Professional Science oder eine klassische Universität – weniger an den einzelnen Wissenschaften, als vielmehr an komplexen Wissensfeldern. Dies entspricht der Bedeutung, die transdisziplinäre Fragestellungen im Alltag haben. Während im professionellen Wissenschaftsraum der Stand der Disziplinen die Aufgaben der Forscher diktiert und diese Entwicklung von den fachlichen Scientific Communities ständig kontrolliert und vorangetrieben wird, wirkt bei Citizen Science als Antrieb, was die Menschen persönlich interessiert oder was ihnen in ihrem Lebensumfeld als Besonderheit auffällt. Objektive Forschungszwänge, die sich aus abstrakten Forschungslagen ergeben, gibt es für Citizen Science nicht. Personen mit unterschiedlichen Bildungsbiografien, die in verschiedenen regionalen Bezügen leben und sich auf jeweils bestimmten Sachfeldern auskennen, nehmen verschiedene Herausforderungen für ihren Forscherdrang wahr. Projekte, die von Profis organisiert werden, um Laien zur Beteiligung zu motivieren, müssen hierauf Rücksicht nehmen.

Beispielsweise nimmt ein vogelkundlich interessierter Mensch den Rückgang bestimmter Arten wahr und fragt sich, ob dies vielleicht nur eine Täuschung, eine subjektive Wahrnehmung oder tatsächlich eine stattfindende, objektive Entwicklung ist. Er fängt an, dies zu untersuchen oder beteiligt sich an gemeinsamen Aktivitäten mit diesem Ziel. Das Interesse an der Beobachtung der Vogelwelt und an den unbekannten Zusammenhängen, die ihren Wandel bestimmen, ist dabei primär; ob dem auch ein Interesse an der Ornithologie als Disziplin entspricht, ist zweitrangig. Stattdessen kommen zumeist viele Fragen zu dem offenen Problemfeld hinzu: der Klimawandel, die Trockenlegung ehemaliger Feuchtwiesen, das Ausmaß der Beeinträchtigungen auf den Zugwegen und vieles andere. Menschen etwa, die gezwungen waren, in der Nähe von Atomkraftwerken zu leben, wurden durch ihre Erfahrungen zu Kennern und Kritikern von Strahlungs- und Gesundheitsgefahren, aber auch der üblichen Sicherheitsvorkehrungen der Betreiber und jener Technologie insgesamt. Schmetterlingsforscher müssen sich immer auch für Blütenpflanzen, Landschaftsveränderungen und Agrarpolitik interessieren, wenn sie ihre Beobachtungen verstehen und einordnen wollen; Wachstumskritiker für Energie- und Ressourcenfragen, Politik, Psychologie und Lebensstile. Wissensfelder sind transdisziplinäre Sachzusammenhänge. Dies ist einer der Gründe, die Citizen Science zu einer wichtigen Instanz für Reformen im professionellen Wissenschaftsgeschehen machen, denn dessen Wirklichkeitsferne hat mit dem Übergewicht zu tun, das die Einzeldisziplinen mit ihren Begrenztheiten dort besitzen.

Viele Darstellungen, die zu Citizen Science geschrieben werden, entstehen aus der Perspektive der professionellen Wissenschaft heraus und berücksichtigen die Unterschiede nicht ausreichend. Sie nennen schnell Disziplinennamen als Schlagworte auch für Citizen Science-Wissensbereiche, und übersehen dabei, dass die Erkenntnisinteressen von Laien eher übergreifenden Zusammenhängen oder konkreten, in ihrer Erfahrung aufgetretenen Problembündeln gelten als einzelnen Disziplinen.

Viele Darstellungen zu Citizen Science sind darüber hinaus kaum mehr als Projektlisten und Kataloge von Adressen im World Wide Web. Diese grenzen den Blick meistens auf Citizen Science light ein oder sind typische Produkte des Internets. Beides lenkt vom Kernproblem ab, um das es geht: das Wissen der Laien aufzuwerten. Citizen Science light belässt die eigentliche wissenschaftliche Kompetenz bei den Profis und bezieht Laien nur als bereitwillige Helfer in dienender Rolle ein. Dies ist mehr als nichts, aber doch zu wenig, um das wichtigste Ziel zu erreichen: das unterschätzte Wissen der Laien endlich angemessen zur Kenntnis zu nehmen. Auch das Internet reduziert Citizen Science meistens auf eine neue Methode der Profis und lässt ebenfalls offen, was man dem Laien zutraut und was nicht. Die bloße Einbeziehung einer breiten Öffentlichkeit vermeidet die Frage, wo Mitmachen in Mitforschen übergeht, von selbständiger Laienforschung gar nicht zu reden.[92] Wir müssen über die Motive und Interessen der Citizen Scientists sprechen, wenn wir der Rolle der Laien auf die Spur kommen wollen.

Um Vollständigkeit kann es im Folgenden schon deshalb nicht gehen, weil im Prinzip alles Gegenstand der Wahrnehmung, des Wissenwollens und damit auch von Wissenschaft werden kann. Dies gilt besonders für Citizen Science, wo es keine begrenzenden Institutionen und Stellenpläne gibt. Professional Science ist zwar auch nicht streng an etablierte Disziplinengrenzen gebunden, doch tut sie sich schwer, neue Inhalte und Formen von Wissenschaft aus der Taufe zu heben; alle etablierten Disziplinen haben ihre Traditionen und müssen sich zudem im wenig flexiblen Rahmen ihrer Institutionen bewegen. Citizen Science kann sich davon ebenfalls nicht ganz frei machen, doch mangels existierender Aufsichtsinstanzen kann sie neu entstehenden Problembereichen im Umfeld der Menschen viel offener gegenübertreten. Es handelt sich also insgesamt um ein unvollständiges, offenes Feld. Es erweist sich aber als sinnvoll, Schwerpunkte zu setzen.

Auffälligster Unterschied zwischen Professional und Citizen Science ist die Tatsache, dass im Profibereich Abstrakta – Probleme, Fächer, der Forschungsstand – im Vordergrund stehen und die wissenschaftlichen Akteure völlig in den Hintergrund treten. Eine Ausnahme bilden Situationen herausragender Entdeckungen, wo einzelne Wissenschaftler – meist nur kurzzeitig – ins Zentrum der Aufmerksamkeit rücken, um dann wieder hinter ihrem Fach zu verschwinden. Bei Citizen Science ist es gerade umgekehrt: Sie ist Wissenschaft, insofern sie von Menschen gemacht und getragen wird. Hier dominiert das Konkrete. Es sind die einzelnen

Vor kurzem hat mir mein Vater, ein Journalist, vorgeworfen: Du gehst doch nur deinen Hobbys nach! Ich habe ihm geantwortet: Und du etwa nicht? Wenn ich sehe, was er macht, dann sind das zu 90 Prozent Sachen, die er gern macht, weil sie ihn persönlich stark interessieren.

Mit seinem Vorwurf an mich wollte er übrigens sagen, dass ich mein Studium vernachlässige, weil ich mich im Allgemeinen Studierenden-Ausschuss betätige und tatsächlich viel Zeit damit verbringe, gegen die Verschlechterung unserer Studienbedingungen speziell auch für Frauen zu demonstrieren. Ich habe mir auf diesem Gebiet jetzt Kompetenzen erworben, aber nicht nur persönliche, sondern auch objektiv benötigte, übergreifende, problemorientierte, wirklichkeitsbezogene.

Ein weibliches AStA-Mitglied

Citizen Scientists selbst, die mit ihren regional verankerten Interessen, aber auch ihren unterschiedlichen Erfahrungsvoraussetzungen definieren, was erforscht wird. Das Interesse an dieser Forschung nährt sich aus individuellen und regionalen Beobachtungen; auch wenn manches davon verallgemeinerbar ist, ist es doch zunächst konkret und persönlich erlebt.

Dies bedeutet, dass die Motive für Citizen Science-Forschung sehr viel stärker als in der professionellen Wissenschaft von den subjektiven Interessen und dem Umfeld, aus dem sie entstehen, abhängen. Citizen Science spielt sich zum Teil auf Interessensgebieten ab, die in der professionellen Wissenschaftswelt kaum eine Chance hätten, zu ernsthaften Disziplinen aufzusteigen: Es sind dies Privatinteressen, ja Hobbys. Sie sorgen dafür, dass es den Privatgelehrten im Citizen Science-Bereich noch gibt.

Privat motivierten Interessen geht es nicht primär darum, ob ihnen auch ein öffentliches Engagement entspricht. Meist entzündet sich an ihnen das Feuer für Citizen Science, doch oft brennt es weiter und wird zum bürgerschaftlichen Engagement.

Es gibt noch einen weiteren unterscheidenden Aspekt: das Verhältnis von Wissen und Handeln. Der Weg vom Wissen zum Handeln kann in der Wissenschaft lang sein. Wenn man über Professional Science spricht, geht es tatsächlich primär um Wissen und erst sekundär um mögliche Handlungskonsequenzen. Bei Citizen Science ist es auffällig oft genau umgekehrt: Die Zwänge des Handelns motivieren zum Wissen. Lebensnahes Wissen bedeutet ein Wissen, das nicht weit von Aktion entfernt ist; in vielen Fällen ist beides eng miteinander verbunden: Viele Citizen Scientists sind daher »Activist Researcher«, Forscher und Aktivisten zugleich. Wenn wir uns also aufmachen, das unterschätzte Wissen der Laien in Zukunft ernster zu nehmen, gewinnen wir auch einen besseren Zugang zur demokratischen Mitwirkung der Menschen an der Gestaltung der Gesellschaft.

Schließlich unterscheidet sich die in diesem Buch gewählte Darstellung in einem letzten, wichtigen Punkt von den meisten anderen: Hier werden die Themen der kulturellen Umwelt viel stärker gewichtet als sonst. Gemeinhin sind es fast ausschließlich naturwissenschaftliche Themen, die weit über 90 Prozent der Inhalte dominieren; diese werden im vorliegenden Buch jedoch verhältnismäßig kurz behandelt, der Bereich Kultur- und Menschenwissen dafür erheblich detaillierter. Warum?

Die Erklärung ist einfach. Weil die Beschädigung der natürlichen Lebensressourcen und der bislang ungebremste Schwund der Biodiversität auf diesem Planeten die zentralen Überlebensprobleme sind, die es zu lösen gilt, müssen wir an einem umfassenden Mentalitätswandel arbeiten, der das gesamte menschliche Verhalten betrifft. Dies bedeutet auch, dass sich Citizen Science, weit mehr, als viele wahrhaben wollen, denjenigen Aktivitäten der Menschen zuwenden muss (und faktisch auch zuwendet), die auf eine substanzielle Veränderung unserer Einstellung gegenüber der Natur gerichtet sind. Die Wissensfelder der kulturellen Sphäre sind Beiträge zu diesem Ziel.

Vom Hobby zur Wissenschaft:
Die privaten Motive

Walter Foersch war Arzt aus Leidenschaft. Doch er hatte ein Hobby, das er ebenso hingebungsvoll betrieb: die Aquaristik. Er hatte sich frühzeitig auf besonders schwierige Fischgruppen wie bestimmte Zahnkarpfen und Labyrinthfische spezialisiert. Und er hatte die Gabe, genau hinschauen zu können, mit langem Atem konsequent zu experimentieren und nicht gleich die erste Erklärung eines Phänomens für richtig zu halten. Einmal tauchte bei einem Händler ein drei Zentimeter langer Fisch auf, den keiner benennen konnte. Ein Freund aber erkannte ihn vermeintlich: den legendären Parosphromenus deissneri[93]. Diese Art hatte in den letzten Jahrzehnten kein Mensch lebend gesehen. Unter großer Mühe besorgte sich Foersch aus Malaysia einige dieser Tiere, deren Ansprüche und Verhaltensweisen niemand kannte und entdeckte so die Grundlagen der Aquaristik mit Schwarzwasser-Organismen, die ganz anders funktioniert als das Massenhobby mit herkömmlichen Zierfischen. Heute hat seine detaillierte Veröffentlichung darüber den Kultrang eines Musterbeispiels aquaristischer Citizen Science.

Private Wissensmotive und Liebhabereien spielen in Citizen Science eine sehr große Rolle. Es liegt auf der Hand, dass selbstgewählte Interessenfelder den größten Wissensdurst entfalten und dazu herausfordern, Entdeckungsmühen auf sich zu nehmen und Kenntnisse zu erwerben. Liebhabereien sind aber auch ein gutes Demonstrationsfeld, um Begriffswandel zu verdeutlichen. Wörtlich gesprochen ist der Liebhaber ein »Amateur«. Während dieser Begriff heute noch halbwegs akzeptabel ist, weil sich seine negativen Konnotationen – die er im Vergleich zum Experten besitzt – in Grenzen halten, ist der ursprünglich bedeutungsgleiche Begriff des »Dilettanten« unbrauchbar geworden, wenn es um seriöse Kompetenz geht. Ein wissenschaftlicher Amateur kann – mit Einschränkungen – im Rahmen der Citizen Science-Debatten noch als Sachkenner durchgehen; ein wissenschaftlicher Dilettant (im heutigen Verständnis) sicherlich nicht.

Aus vielen ehemaligen Liebhabereien sind Hobbys geworden. Ein Hobby ist aber nicht länger die reine Lieblingstätigkeit im Sinne früherer Zeiten, denn die Allgegenwart des Marktes, der Medien und der Freizeitwirtschaft haben viele Hobbys zu ökonomischen Größen gemacht, die nur teilweise noch im Interesse einer Person an der Sache liegen. Meist werden Bedürfnisse bedient, die ihre Quellen eher in Marketingstrategien als in persönlichen Vorlieben und selbstgewählten Formen ihrer Befriedigung haben. Anders ausgedrückt: Die Weiterentwicklung eines Hobbys obliegt nicht mehr nur den Liebhabern allein; Hobbys, um die herum eine beachtliche Hobbyindustrie entstanden ist, werden inzwischen nicht selten durch die Marktinteressen dieser Industrie mitgesteuert. Diese zeitgenössische Entwicklung vernachlässigend sollen hier dennoch beide Begriffe annähernd bedeutungsgleich verwendet werden.

Letztlich beginnt alle Wissenschaft mit privaten Motiven – auch Profis haben ihr Studienfach oder ihr Forschungsthema meist aufgrund ihrer persönlichen Interessen gewählt. Bei Citizen Science ist die Hinwendung zu einem Wissensfeld auf jeden Fall privat motiviert, entspringt einer Liebhaberei oder einem Hobby; Karrierezwänge oder Rücksichten auf Forschungslagen gibt es nicht. Nirgends finden sich so viele Privatgelehrte wie hier, denn jede Passion kann dazu führen, dass man sich eine große Kompetenz erwirbt. Manche Hobbys sind freilich auch wissenschaftlich belanglos. So gibt es zum Beispiel ausgesprochene »Technikfreaks«, die sehr viel über aktuelle Autos, Computer, Unterhaltungselektronik oder Kameras wissen, aber dieses Wissen löst keine Probleme, die ein relevantes Wissensfeld in Citizen Science begründen könnten. Das rein Private bleibt in diesem Rahmen unwichtig.

Das wird anders, sobald ein Wissensfeld Fragen aufwirft, die im Lebensumfeld vieler Menschen eine Rolle spielen. Dies gilt beispielsweise für viele Naturbeobachtungen, in Bezug auf das Interesse an Literatur oder Musik, an lokaler Geschichte, an Fragen der Ernährung oder der Sorge um die eigene Gesundheit. Dies alles kann lange privat bleiben und dennoch ein Wissen begründen, das viele Einzelne über ihre Lebenserfahrungen miteinander verbindet. Es bleibt dann nur noch die Frage, ob die Schwelle zum bürgerlichen Engagement überschritten wird. Erst wenn das geschieht, sind wir im Kernbereich von Citizen Science angelangt. Doch auch wenn ein Hobby nur Hobby bleibt, bewegen wir uns schon in dem Grenzbereich, aus dem die meisten für ein Wissensfeld engagierten Citizen Scientists kommen.

Es gibt vier Hauptmotive, die Menschen dazu veranlassen können, sich mit bestimmten Themenfeldern so intensiv auseinanderzusetzen, dass daraus private Wissensdomänen erwachsen: Entdecken, Erhalten, Sammeln und Spielen. Ein Fünftes kommt hinzu, wenn die Privatheit öffentlich wird: bürgerschaftliches Engagement. Alle diese Motive spielen eine herausragende Rolle im Bereich Natur und Umwelt, Pflanzen, Tiere und Landschaften. Man darf aber nicht übersehen, dass sie auch in Kultur und Geschichte, Sprache und Literatur, Gewohnheiten und Traditionen und damit in der Gesellschaft insgesamt überaus wichtig sind.

Entdecken und Erhalten

Die Entdeckerlust ist unter den Motiven zweifellos das stärkste. Für heutige professionelle Wissenschaftler ist sie viel seltener erlebbar geworden als für frühere Generationen. Wirklich Neues zu entdecken ist heute für die Profis auf Situationen besonderer Kreativität und sehr spezieller Spitzenforschung begrenzt. Für Laien aber ist vieles neu, was die Experten entweder längst kennen oder so unwichtig finden, dass sie sich kaum noch damit befassen. Pflanzen oder Tierarten im heimischen Raum zu entdecken, kann beispielsweise für viele Menschen ein starkes Motiv sein. Und da seltene Arten oft auch gefährdet sind, ist die Hoffnung, zu bewahren, ebenfalls ein starkes Motiv und macht die meisten Naturfreunde fast automatisch zu Naturschützern.

Das Hobby der Vogelbeobachtung ist bis heute ein Paradebeispiel von Citizen Science geblieben. Es vereint so ziemlich alles, was für privates Engagement gebraucht wird: die Entdeckerlust, attraktive Objekte, die Rätsel aufgeben und Freude und Sorgen auslösen, das Sammeln von Beobachtungen und die Zusammenarbeit mit Gleichgesinnten, um Schutzmaßnahmen zu organisieren. Schon hier reicht das private Motiv, reichen Begriffe wie Liebhaberei und Hobby nicht mehr aus, um das Ausmaß dieser Interessen zu beschreiben. Die Übergänge zu öffentlichem Engagement sind nahe und schnell beschritten.

Auch die Kultivierung von Pflanzen und die Haltung von Tieren kann Entdeckerlust fördern. Unter den Hobbygärtnern gibt es ausgesprochene Kenner bestimmter Sippen. Das Gleiche gilt beispielsweise für das Aquarienhobby. Manche Fische wären der Wissenschaft nach wie vor unbe-

> Was mich antreibt? Ich will herausbekommen, ob dieses Gerede in unseren Zeitschriften und Büchern über angebliche Degenerations-erscheinungen von Buntbarschen bei Nachkommen höherer Generationen in der Sache gründet oder nur in nachlässiger Pflege. Mein Verdacht ist, dass letzteres durch eine interessant klingende These verdeckt wird. Wer gibt schon gern zu, dass er im Laufe der Zeit nachlässiger geworden ist? Da passt es gut, dass es Degene-rationserscheinungen gibt. Im konkreten Fall könnten sie als eine bequeme Ausrede dienen. Man muss nicht mehr zugeben, Fehler gemacht zu haben.
>
> *Ein forschender Hobbyaquarianer*

kannt, von ihrem Balz- oder Kommunikationsverhalten ganz zu schwei-gen, wenn sie nicht von Hobbyichthyologen entdeckt, gezüchtet und womöglich erst beschrieben worden wären. Die Popularität der Aquaris-tik ist ein Musterbeispiel sowohl für die Ausbeutung einer Liebhaberei durch die Vermarktungsinteressen der Hobbyindustrie, als auch für die Fähigkeiten und Errungenschaften von Citizen Scientists, die teilweise sogar Erhaltungsstrategien für gefährdete Arten erarbeiten und organi-sieren. Sie beschränken sich meistens auf Bemühungen, das Aussterben der Tiere wenigstens in Gefangenschaft zu verhindern.[94] Selten erstreckt sich das Erhaltungsbemühen aber auch auf die natürlichen Lebensräume, was sogar die Notwendigkeit naturschützerischer und politischer Arbeit einschließt.[95] Hier verlässt Laienaktivität endgültig den reinen Hobby-bereich und wird zum bürgerschaftlichen Engagement.

Die Lust am Entdecken verborgener Schätze motiviert aber ebenso Geschichts-, Kunst-, Musik- oder Sprachfreunde; auch hierfür muss man sich ein Basiswissen erarbeiten, ohne das kulturelle Entdeckungen nicht mehr als Zufallsfunde sind. Und auch hier kommt der Bewahrungswille als Motiv hinzu, denn auch kulturelle Gegenstände werden, wenn sie älter oder weniger populär sind, ständig durch jüngere und zeitgenössische verdrängt und vergessen. Dialekte lebendig zu erhalten kann zum Beispiel ein Hobby werden, in das Einzelne viel Kraft, Begeisterung und Geld investieren.

Auch die umfangreichen Bestrebungen zur Erhaltung der eigenen Ge-sundheit und des eigenen Wohlbefindens gehören hierher. Neben ernst-hafter persönlicher Ursachenforschung können hier freilich manches Halbwissen und womöglich auch Quacksalberei gefunden werden. Doch wurden auch schon viele Selbsthilfegruppen von Betroffenen gegründet, die ernsthaft um Aufklärung bemüht sind; so spielte zum Beispiel in der Anfangszeit der sogenannten Lebensreformbewegung[96] die Medizin eine wichtige Rolle. Heute haben Internetportale, manchmal mit erheblichen Qualitätsunterschieden, diese Funktion zum Teil übernommen, denn der Wissensbedarf ist unverändert groß. Es bleibt aber festzuhalten, dass seriöse Laienforschung auf diesem Gebiet kaum eine Chance hat.

Die genannten Schwächen von Citizen Science werden besonders dann deutlich, wenn man das umfangreiche Feld der psychischen Gesundheit betrachtet. Hier ist die Grenze zwischen Seriosität und Scharlatanerie ziemlich unklar. In Bereichen ohne professionelle Kontrollinstanzen wirkt sich dies massiv aus. Nirgendwo sonst wird der fragwürdige Grundsatz »Wer heilt, hat Recht.« häufiger zitiert. Doch gilt auch hier, was ganz allgemein über die Zuverlässigkeit von Wissenschaft gesagt werden kann: Wenn ein Wissensfeld auch bereits im Profibereich nur begrenzt objektiv kontrollierbar ist, gilt dies für den Aktivitätsraum der Laien nicht minder, sondern verstärkt.

Sammeln und Spielen

Die Sammelleidenschaft ist ein auf ganz bestimmte, wenn auch sehr verschiedenartige Objekte begrenzter Wissensantrieb. Mit Bezug auf die Natur können dies zum Beispiel Gesteine, Pilze, Herbarmaterial, Federn, Gewölle, aber auch Beobachtungsdaten, Artenlisten, Fotos, allgemeine Informationen oder Fachbücher sein. Viele Steinesammler sind im Laufe der Zeit zu Hobbymineralogen und -geologen geworden, viele Birdwatcher über immer längere Beobachtungslisten zu Avifaunisten (Kenner der Vogelwelt eines Gebietes).

Im Bereich der Kultur liegt das Sammeln noch mehr auf der Hand, da es um Artefakte oder die Sicherung von Zugriffsmöglichkeiten geht: Dokumente, Texte, Bilder, Bibliotheken, Gewährsleute, Adressen. Viele Dokumentensammler wurden zu Chronisten sonst in Vergessenheit geratener Ereignisse, viele Wörtersammler zu Hobbylinguisten und zu Organisatoren sozialer Kontaktbörsen und Netzwerke.

Schließlich gibt es noch den Spieltrieb, der sich nicht nur in naturpädagogischen Kontexten auswirkt, sondern auch in experimentellen und explorativen Situationen nützlich ist, wie einfachen Verhaltensstudien, Futterplatzbeobachtungen, Untersuchungen mit Klangattrappen, beim Vergleich technischer Equipments und anderem. Bei kulturellen Themen geht es beispielsweise um vorschul- und volkshochschulbezogene Nutzanwendungen, aber auch um solche im Bereich der Altenpflege oder um vielfältige Formen wissensrelevanter Freizeitgestaltung, die allesamt die Lust am Spielen nutzen. In der gegenwärtigen Debatte über Citizen Science light ist festzuhalten, dass die Spielleidenschaft in nicht wenigen professionell gemanagten Projekten ausgenutzt wird, um Menschen als Mitmacher zu gewinnen, die eigentlich von den Spezialproblemen nichts verstehen, um die es ihren Erfindern geht. Ein »Center for Game Science« an der Universität Washington wurde zu dem Zweck gegründet, solche an den Spieltrieb anknüpfende Projekte zu entwickeln, die auch für wissenschaftliche Disziplinen einen gewissen Nutzen abwerfen können: Disziplinen, die sich sonst kaum für Laienforschung öffnen können (Mathematik, Computerwissenschaften, Physik, Chemie).

Besonders für einige typische computergestützte Citizen Science-Projekte (»Foldit«, s. u.) ist der Spieltrieb wichtig, denn hier können überhaupt nur über den Spielcharakter Mitspieler gewonnen werden, die dann – quasi im Nebeneffekt – für Profiwissenschaftler interessante Ergebnisse produzieren, auch wenn sie selbst womöglich gar nicht verstehen, worum es wirklich geht.[97] Das Crowd Science-Motiv kann man als Spezialfall sehen, der die Lust bedient, bei einem großen Methodenspiel dabei zu sein, in dem vielleicht neue Erkenntnismöglichkeiten durch die Beteiligung vieler Einzelner in einem großen Schwarm ausprobiert werden, ohne dass jeder Teilnehmer den vollen Überblick hat.

Spieltrieb und Entdeckungslust gehen oft zusammen. Ob man mit dem Computer im World Wide Web oder mit dem Fernrohr am Nachthimmel surft, macht kaum einen substanziellen Unterschied. In den Weiten des Internets oder des Weltalls kann man mit viel Glück noch spektakuläre Funde machen. Einige populäre Citizen Science-Darstellungen führen beispielsweise gern erfolgreiche Hobbyforscher aus der Astronomie an, die mit ihren begrenzten Mitteln Asteroiden und andere Himmelskörper entdeckten. Der englische Astrophysiker Chris Lintott, ein Profi, der unter dem Etikett »Zooniverse« über das Internet viele Initiativen für Hobbyastronomen gestartet hat, bei denen mittlerweile über 80.000 Menschen als Teilnehmer registriert sind, ist geradezu ein Star unter den Citizen Science-Propagandisten geworden, so häufig werden seine Aktivitäten zitiert.[98] Dem wissenschaftlichen Ideal des bruchlosen Verbindens von Entdeckerlust mit Freizeitgestaltung und Forschen scheint man selten so nahe zu kommen wie in solchen Angeboten. Ihre prinzipielle Offenheit für die Beteiligung aller macht sie anscheinend zu idealen Citizen Science-Modellen. Dennoch tritt das Wissensbedürfnis hier meistens hinter das Unterhaltungsbedürfnis zurück. Die Chance auf eine tatsächlich spektakuläre Entdeckung ist sehr gering.[99]

Ohnehin passt Sensationslust nicht gut zur Citizen Science. Lintotts Rolle ist in diesem Rahmen nicht typisch; seine Rolle als Citizen Scientist wird überzeichnet, und trägt dazu bei, einen Citizen Science-Hype zu erzeugen, der am wirklichen Kern des Themas vorbeiführt. Dieser besteht eher darin, in den nahegelegenen Räumen des eigenen Lebens und mit beschränkten Mitteln die Lust am Entdecken des Unbekannten und am Mitlösen oft sehr schwieriger Alltagsprobleme zu wecken, statt darin, in spektakulären Dimensionen den Profis zu helfen oder gar in Wettbewerb mit ihnen zu treten. In der Position zwischen professioneller Wissenschaft und Gesellschaft kann Citizen Science beiden Seiten dienen; ihr Nutzen für den Einzelnen und für die Zivilgesellschaft ist aber deutlich höher als der für die Forschungsinteressen der Profis in bestimmten Disziplinen.

Bürgerschaftliches Engagement:
Das zentrale Motiv

Der Chiemgauer ist ein besonders erfolgreiches Urbild der sogenannten Regionalwährungen, und Christian Gelleri ist die menschliche Verkörperung des Chiemgauers. Der Wirtschaftslehrer an der Waldorfschule in Prien hatte die Phantasie, dass man ernsthaft versuchen könnte, den irrationalen Folgen der staatlichen Währungen, des Bankensystems und der internationalen Finanzwirtschaft durch einen partiellen, regionalen Ausstieg aus diesem System zumindest teilweise zu entgehen. Die Chiemgau-Region wurde sein Experimentierfeld. Hier begeisterte er seine Schulklasse für die Idee, hier wurde sie umgesetzt, den Menschen der Region erklärt, hier fand sie Mitstreiter und hatte Erfolg: Gelleri, ein Lehrer, der die Bedeutung der Laien für das Weiterkommen unserer Zivilgesellschaft erkannt hat, wurde ein Citizen Scientist des angewandten Finanzwissens.

Wo in einer Gesellschaft äußert sich das Wissen der Laien? Buchstäblich überall, insbesondere aber dort, wo sich der private Liebhaber eines bestimmten Wissensfeldes mit überindividueller Bedeutung ernsthaft in dieses einarbeitet, die Gemeinschaft mit Gleichgesinnten sucht, vielleicht sogar mit ihnen zusammen eine Arbeitsgruppe bildet oder einer entsprechenden Vereinigung beitritt. Deshalb tauchen jetzt fast alle behandelten Gebiete erneut auf, aber unter einem anderen Vorzeichen: Mit dem bürgerschaftlichen Engagement wird eine neue Dimension erreicht, in der Privatheit gegenüber öffentlichen Belangen zurücktritt. Aus einem zunächst rein privaten Wissensvergnügen wird oft ein gemeinschaftsrelevantes Erkenntnisinteresse; aus persönlicher Vorliebe wird in vielen Fällen der Einsatz für Allgemeininteressen. Dies kann innerhalb der amphibischen Übergangszone durchaus unmerklich vonstatten gehen.

> Es ist das bürgerschaftliche Engagement, welches – weit mehr als die bisher besprochenen subjektiven Motive – die eigentliche Stärke und Bedeutung von Citizen Science ausmacht. Liebhabereien und rein private Interessen mögen für den einzelnen Laien stark motivierend sein, um gute Sachkenntnisse auf gewissen Gebieten zu erwerben: Aber erst dann, wenn sie in ein überindividuelles Engagement für die Erforschung allgemein interessanter Inhalte münden, bekommen sie eine gesellschaftlich relevante Wissensqualität, die über subjektive Bedarfe hinausgeht und ein gesellschaftlich bedeutendes Wissensfeld von Citizen Science begründen. Vielfach entspricht die Darstellung der Schwerpunkte von Citizen Science dieser Tatsache nicht; es wird nur selten und oft unzureichend zwischen privaten und öffentlichen Interessen differenziert.[100]

Man erinnere sich: Paul Feyerabend hatte in einer seiner typischen provozierenden Äußerungen gefordert: »Bürgerinitiativen statt Erkenntnistheorie!« Vordergründig war dies nur eine Provokation der Wissenschaft, aber tatsächlich war es eine weitsichtige Unterstützung dessen, was wir heute Citizen Science nennen. Dass Wissensbürger sich vom Alleinvertretungsanspruch der Profis emanzipieren, dass Laien sich aufraffen, ihr Engagement ernst zu nehmen, der Gesellschaft vorzutragen und öffentliches Gehör für ihr Wissen einzufordern: Das wollte Feyerabend fördern. Deshalb kommen ihm Verdienste zu, die durch seinen Fehler nicht ausgelöscht werden.

Gemeinschaftliches wissensbasiertes Handeln an Zweigstellen der zivilgesellschaftlichen Entwicklung kann daran mitwirken, eine Richtung einzuschlagen, die nicht der von bestehenden Machtverteilungen vorgegebenen entspricht. Diese Entwicklung auf einen vielleicht schwierigeren, aber der Sache nach zukunftsfähigeren, alternativen Pfad umzulenken, ist für die gesamte Wissenschaft eine wichtige Aufgabe. Doch allein werden es die Profis nicht schaffen, wenn nicht die Bürgervernunft der Laien den Pfad mitbereitet. Hier, in der Kräftigung des bürgerschaftlichen Engagements der Zivilgesellschaft, liegt die zentrale Chance von Citizen Science.

Worum es geht:
Wissensfelder in Natur und Kultur

Es wurde bereits mehrfach auf Orte hingewiesen, an denen Citizen Science klassischerweise betrieben und stets geachtet wurde: die eigenständig forschenden Vereine. In ihnen wurde schon früh bürgerschaftliches, anfangs sogar bürgerliches Engagement sichtbar, um vertieft damals noch ganz persönlichen Vorlieben nachgehen zu können. Viele dieser Vorlieben sind heute von gesellschaftlicher Relevanz: vor allem Natur- und Umwelt-, aber auch anderes, aktuelles oder historisches Wissen. Es dient inzwischen der Vermittlung von Artenkenntnis und der Aufrechterhaltung einer lebendigen regionalen Forschung in einer Zeit, wo Schulen und Weiterbildungseinrichtungen, aber insbesondere die Universitäten beides kaum noch leisten, sowie dem Bemühen um kritische Traditionspflege und Naturschutz. Auch die zuweilen als »Ersatzlehrer« bezeichneten Medien sind mit diesen Aufgaben völlig überfordert.

Das bürgerschaftliche Engagement im regionalen Raum stellt einen der wichtigsten Citizen Science-Antriebe dar. In der bisherigen Literatur wird es aber oft unterschätzt, während der bloße Mitmach- und der Spieltrieb, der Freizeitwert und der Crowd Science-Aspekt unter dem Eindruck der neuen Medien überschätzt werden. Dies gibt es zwar alles, es tritt aber in seiner Bedeutung hinter die Motive des bürgerschaftlichen Engagements zurück.[101] Der Aufstieg der NGOs in den letzten Jahrzehnten ist eng mit Citizen Science-Aktivitäten auf den verschiedensten Feldern öffentlichen Interesses verbunden; ihr Wissensengagement wird oft vor dem Hintergrund ihres politischen Engagements übersehen. Der Bedarf an aktuellem Aufklärungs- und Veränderungswissen und praxisnaher, nutzenorientierter Wissenschaft in unseren modernen Gesellschaften ist sehr groß. Er übersteigt das reine Naturwissen bei weitem und erstreckt sich auf viele kulturelle Zusammenhänge mit unseren veränderten Wertvorstellungen und Handlungszielen. Die Entstehung fast der gesamten »mittleren Ebene« wissenschaftlicher Institutionen in der Bundesrepublik Deutschland in den 60er- bis 80er-Jahren des vergangenen Jahrhunderts allein auf dem Gebiet ökologisch-energetischer Probleme (Biologische Stationen, Umweltzentren, Ökohäuser, Energieforschungsinstitute etc.) belegt diesen weit in unser kulturelles Selbstverständnis hineinreichenden Bedarf. Überall umgeben uns ungelöste Probleme größten Ausmaßes und überall sind die Antworten aus der professionellen Wissenschaft und der Politik vielfach aus großem Abstand gesehen, wenig konkret und lebensfremd.

> Der heutige Wissensbürger ist nicht mehr bürgerlich, sondern demokratisch motiviert, er setzt sich für Wissensgerechtigkeit und gegen die einseitige Bevorzugung bestimmter Wissensinhalte ein. Er nimmt sogar in Kauf, dass seine Emotionen sichtbar werden und er von den überwiegend emotionslos scheinenden Wissenschaftsprofis auch deshalb manchmal nicht ernst genommen wird. Es macht ihm nichts aus, denn er ist frei, keiner kontrollierenden Institution Rechenschaft schuldig, nur seinen eigenen Überzeugungen und in letzter Instanz der ganzen Zivilgesellschaft.

Der folgende Überblick über Schwerpunktfelder des bürgerschaftlichen Engagements in Citizen Science versucht dieser integrativen Sicht der Probleme Rechnung zu tragen. Er behandelt den umfangreichen Bereich der rein naturwissenschaftlichen Themen zuerst, aber vergleichsweise knapp, während die geschichts-, kultur- und gesellschaftsbezogenen Bereiche ausführlicher dargestellt werden. Hierfür gibt es eine doppelte Erklärung. Erstens erfährt der Naturbereich in nahezu allen anderen Darstellungen eine Aufmerksamkeit, die den Kulturbereich marginalisiert, wenn nicht völlig aus dem Bewusstsein verdrängt. Dies hat auch mit den Konnotationen des Sciencebegriffs zu tun, führt aber zu einem schiefen Gesamtbild. Zweitens ist das bürgerschaftliche Engagement im Naturbereich stark, aber nicht so differenziert wie im Bereich der kulturell und sozial gelagerten Themen. Die Differenzierung im Naturbereich ist vor allem eine geografische und inhaltliche, während sie bei letzteren in den verschiedenen Einzelfeldern auch unterschiedliche Typen des Engagements erkennen lässt. Beides verleiht dem Kapitel den Charakter einer gewissen Kompensation.

Entscheidend für die hier gewählte Schwerpunktsetzung ist freilich etwas anderes. Auch wenn wir einräumen, dass die Zerstörung und Ausbeutung der natürlichen Ressourcen unseres Planeten und der unverändert grassierende Biodiversitätsverlust die eigentlichen, zentralen Probleme sind und dass es naturwissenschaftlicher Kenntnisse bedarf, um sie zu lösen, bleibt eine besonders schwierige Aufgabe bestehen: die Notwendigkeit, einen grundlegenden Wandel im Denken und im Verhalten der Menschen herbeizuführen, um die verhängnisvolle Entwicklung der letzten Jahrzehnte auf einen neuen, zukunftsfähigen Pfad zu führen. Alle kulturellen Aktivitäten von Citizen Science, die durch bürgerschaftliches Engagement motiviert sind, stehen direkt oder indirekt im Zusammenhang mit dem Ziel, bessere Wege in die Zukunft zu finden als die gegenwärtig beschrittenen, die uns die heutigen Probleme bescheren. Alle verlangen, dass wir Natur und Kultur als einen Zusammenhang sehen und auch bei unseren Bemühungen um Wissen beides miteinander integrieren. Laienforschung versucht, auf den verschiedenen Gebieten den kulturellen Wandel voranzubringen, indem sie nicht nur Naturwissen, sondern auch Menschenwissen thematisiert. Hier zeigt sich letztlich die visionäre Kraft des Programms von Alan Irwin, das auf »sustainable development« ausgerichtet war. »Building sustainable futures« heißt ein Kapitel seines Buches, und nicht nur deshalb findet heutige Citizen Science ganz konsequent viele wichtige Betätigungsfelder jenseits der Naturwissenschaften.

Die folgende Auswahl von Aktivitäten ist demzufolge nicht deckungsgleich mit der Einteilung in Naturwissenschaften und andere Wissenschaften. So geht es zum Beispiel im Bereich Biodiversitätsforschung, in den viele Laien einbezogen werden können, auch darum, Verhaltensweisen und Wertvorstellungen von Menschen zu berücksichtigen, die den Schwund der biologischen Vielfalt verursachen. Umgekehrt schließen etwa Aktivitäten zum Wandel unserer Lebensstile die Kenntnis biologischer oder physikalischer Fakten ein, wenn sie begründet sein sollen. Auch hier finden wir wieder Belege dafür, wie Citizen Science, stärker als ihre professionelle Schwester, Zusammenhänge in den Blick nimmt.

Biodiversität und Naturschutz
Quantitativ gesehen sind es vor allem Wissensfelder im Bereich der natürlichen Umwelt, die Menschen veranlassen, sich neben ihrem beruflichen Alltag mit bestimmten Themen zu befassen – so intensiv, dass daraus nicht nur Wissen, sondern auch Handeln im öffentlichen Raum werden kann. Insbesondere biologisch-ökologische Interessen bilden solche Aktionsräume: Das Bewusstsein, dass botanische und zoologische Entdeckungen auch in der unbekannten Restwildnis zu Hause möglich und wichtig sind, motiviert viele Hobbyisten dazu, ihre ganze Freizeit zu opfern, um seltene Pflanzen, Pilze, Insekten oder Vögel zu finden, die

schleichenden Veränderungen ihrer natürlichen Heimat zu studieren und ihr Wissen in die öffentliche Diskussion einzubringen. Der starke Wandel der Kulturlandschaften lässt viele Fragen zum Schwund der biologischen Vielfalt aufkommen, die nicht nur die Seltenheiten, sondern auch die häufigeren Organismen betreffen. Ihnen nachzugehen ist von überindividuellem Interesse. Aktionen wie der von der Zeitschrift »Geo« organisierte »Tag der Artenvielfalt«, die »Abenteuer Faltertage« des BUND, die jahreszeitlich verschiedenen Vogelbeobachtungsaktionen des NABU, Projekte von Bürgerstiftungen und lokale Anreize zur Kenntnis und Pflege der Kulturlandschaft sind Beispiele dafür, wie das unterschätzte Wissen der Laien aktiviert und zum Nutzen aller abgerufen werden kann. Aktuelle Verbreitungsatlanten pflanzlicher oder tierischer Gruppen (etwa der demnächst, nach langer Vorarbeit auf hochgradig standardisierter Grundlage erscheinende Atlas deutscher Brutvogelarten, »Adebar«, www.dda-web.de oder der vergleichsweise spezielle »Mückenatlas«, www.mueckenatlas.de) sind von Profis geplante Gemeinschaftsprodukte, die ohne die koordinierte Mitarbeit sehr vieler Laien nie zustande gekommen wären. Neben den auf bestimmte Fragen spezialisierten Organisationen ist die Internetplattform www.naturgucker.de zu einer der größten integrierenden Sammelstellen für aktuelle Naturbeobachtungen der verschiedensten biologischen Teilgebiete in Deutschland geworden.

Die Beispiele zeigen: Was mit rein privater Entdeckerlust beginnt, verlässt den privaten Raum oft schnell, wenn es um tieferes Eindringen in Wissensgebiete geht. Das beginnt mit der Suche nach ähnlich interessierten Freunden oder dem Abonnement einer einschlägigen Zeitschrift und kann zum Beitritt zu einer entsprechenden Vereinigung führen, heute oft einem Naturschutzverband, mit dem dann das private Hobby endgültig zugunsten eines Allgemeininteresses verlassen wird: Liebhabereien als Türöffner für bürgerschaftliches Engagement auf Wissensfeldern im Natur- und Umweltschutz. Eine übergreifende Gemeinsamkeit der meisten hier Engagierten ist die Ehrenamtlichkeit ihrer Arbeit. Forschungsstellen und Mittelzuflüsse sind die absolute Ausnahme; was gemacht wird, wird »nebenbei« gemacht, jede Aufwendung dafür privat getragen. So wenig die Vereinsbetätigungen noch reines Hobby und so sehr sie zum öffentlichen Engagement geworden sind, so sehr bleiben sie auch fast durchweg eine unbezahlte, neben dem Beruf freiwillig stattfindende Betätigung.

Die Fülle von Einzelthemen auf dem Wissensfeld der natürlichen Umwelt ist schon heute so breit, dass sie hier nicht annähernd durch Aufzählung wiedergegeben werden kann. Schon deshalb nicht, weil vieles sich regionalspezifisch wiederholt und potenziert. Die meisten Listen von Citizen Science-Projekten, die inzwischen veröffentlicht wurden und werden, bestehen fast ausschließlich aus naturwissenschaftlich basierten, insbesondere biologienahen Themen, die überall oder doch vielerorts auf den Nägeln brennen. Dabei spielt eine ökologische Grundperspektive eine unübersehbare Rolle, aber auch nahezu jede Disziplin der anschauungsnahen Biologie ist hier vertreten. Es handelt sich vor allem um Bereiche, die von der Universitätsbiologie in den letzten Jahrzehnten nahezu geräumt worden sind. Bis zu einem gewissen Grad ist dies sogar eine sinnvolle Arbeitsteilung, wenn die Mittel nicht ausreichen, um solche Themenbereiche auch im akademischen Raum fortzuführen. Andererseits wird dadurch die akademische Modernisierung dieser Bereiche nahezu gestoppt und die anschauungsnahe, organismische Biologie zugunsten der Molekularbiologie als vermeintlich überholt abgewertet.[102] Damit wird die akademische Quelle dieses Citizen Science-Bereichs nicht am Leben gehalten. Ob er sich daher, ganz auf sich allein gestellt, auf Dauer halten und weiterentwickeln kann, muss offen bleiben.

Viele Propagandisten einer Citizen Science, bei der Laien in von Profis organisierten und ausgewerteten Projekten als Beobachter und Datenbeschaffer eingesetzt werden, irren sich übrigens in Bezug auf deren private Vorbildung, und verkennen deshalb ihre eigene Rolle. Sie ermöglichen oder gar begründen Citizen Science nicht, sondern sind selbst nur mehr ihre Nutznießer. Das Wissen der Laien, das die Profiwissenschaftler benötigen, erbitten und abschöpfen, ist häufig das Resultat privater Lernvorgänge und damit einer Praxis von Citizen Science, die längst begonnen und stattgefunden hat, bevor die Laien von Wissenschaftsprofis als freiwillige Helfer eingesetzt werden. Man findet den Citizen Scientist im Wesentlichen geschult vor und schöpft sein Wissen ab, das er sich durch eine Mischung aus privater Motivation und öffentlicher Information bereits zuvor erwarb.

Unbelebte Natur und Technik
Im Vergleich mit dem durch biologische und ökologische Probleme eröffneten Themenfeld der belebten Natur ist das der unbelebten physikalisch-chemischen Natur infolge der heute sehr speziellen professionellen Gestalt dieser Wissensfelder für reine Liebhaber und Autodidakten bedeutend schwerer zugänglich. Experimentierkästen bieten Kindern

zwar einen spielerischen Zugang, aber als Betätigungsfeld für Erwachsene eignen sich die heutigen Disziplinen ohne professionelle Unterstützung kaum. Das Lernen und Verstehen hat hier deshalb meist Vorrang vor dem ernsthaften Forschen und Entwickeln. Grundsätzlich spricht zwar nichts dagegen, auch diese klassischen Naturwissenschaften zu Themen von Citizen Science zu machen. Allerdings gilt dies vor allem wissenschaftsgeschichtlich und didaktisch: Hobbykenner haben nur bei der früheren Entwicklung dieser Disziplinen eine wichtige Rolle gespielt. Heute können sie meist nur noch überholten Situationen und Modellen nachspüren, denn die aktuellen Entwicklungen der beiden Disziplinen sind dafür zu kompliziert und teuer geworden, als dass Laien in aktuelle physikalische oder chemische Forschungsprozesse eingreifen könnten. Im experimentellen Bereich von Citizen Science light mag dies in einem bescheidenen Maße noch möglich sein, doch sind auch hier die Hürden für gewöhnlich sehr hoch.

Gemessen an dieser Tatsache ist die Aufmerksamkeit, die speziell konstruierten Ausnahmeprojekten gewidmet wird, übertrieben. Sie sind nicht typisch für Citizen Science, sondern für das, was im Übergangsbereich zwischen Citizen und Professional Science möglich ist. Das bereits mehrfach erwähnte Projekt »Foldit« beispielsweise ist solch eine konstruierte Ausnahme. Es tritt unter dem Slogan an: »Solve puzzles for science!«, und bietet raffiniert ausgedachte Puzzlespiele an, bei denen Laien auch in komplexe Forschungssituationen eingreifen und diese durch eine hohe Zahl von Teilnehmern angeblich wesentlich voranbringen können. »Foldit« verbindet von Profis erdachte Fragen der Biochemie – zur Faltung von Proteinstrukturen – mit dem Crowd Science-Konzept und vor allem mit der Spiellust (»two weeks of protein fun«) –, man kann siegen oder verlieren. Der Veranstalter nennt diese Art der Forschung »game science«, eine neue Form von Computerspielen mit einer Mischung aus Wissenschaft und Unterhaltung. Sie zieht das Medieninteresse auf sich, verdeckt hierdurch aber, dass die weit überwiegende Laienaktivität in der Forschung weniger spektakulären und spielerischen, oft regional differenzierten, aber näher an den Alltagsproblemen der Menschen liegenden Fragen gewidmet ist. Es ist das bürgerschaftliche Engagement, das in game science völlig fehlt.

Für moderne Felder bürgerschaftlichen Engagements und damit auch für Citizen Science haben weniger Physik und Chemie selbst, als vielmehr die technischen Anwendungen ihrer Kenntnisse, die von größter Auswirkung auf Wirtschaft und Gesellschaft waren und sind, eine sehr große Bedeutung. Lückenhafte naturwissenschaftliche Schulbildung und Technikskepsis sind hier eine gemischte Liaison eingegangen, die sowohl Aufklärungs-, als auch Widerstandsgeist beflügelt haben. Beides zusammen kennzeichnet heute die Haltung vieler Laien zu physikalischen und chemischen Nutzanwendungen in den Produkt- und Verfahrenstechniken, die ein immer größeres, mit massiven Risiken verbundenes technologisches und wirtschaftliches Gewicht bekommen haben (zum Beispiel für Energienutzung in verschiedenen Kraftwerkstypen, sowie in der Bio- und Chlorchemie).

Es ist also mehr die Technik und das Interesse an ihrer ökonomischen Rolle, das Citizen Science-Aktivität zu diesen Disziplinen bestimmt, weniger diese selbst.[103] Das Bürgerengagement für mehr Umweltschutz, das mit der berechtigten Angst vor Gesundheitsgefahren und nicht rückholbaren Verlusten in der gesamten Biosphäre verbunden ist, bestimmt heute die Einstellung der meisten Laien zu Physik und Chemie. Es verknüpft Wissensbereiche miteinander, die in der professionellen Wissenschaft oft berührungslos nebeneinander herlaufen. In Citizen Science werden sie zu lebensnahen Wissensfeldern.

Geschichte, Sprache, Literatur, Kunst

Neben der natürlichen Umwelt sind es vor allem die kulturelle Umwelt und ihre regionale Geschichte, die die Menschen interessiert und die sie zur Gründung von Vereinigungen animiert hat. Diese haben sowohl Fragen der Breiten- und Weiterbildung bearbeitet als auch eigene Forschungsprojekte begonnen und durchgeführt, die ein rein privates Interesse überstiegen. Dabei folgen Abgrenzungen oft auch hier nicht so sehr den wissenschaftlichen Disziplinen, als komplexeren Größen wie zum Beispiel Landschaften: etwa den natürlichen und kulturellen Besonderheiten eines regionalen Raums, für den man sich interessiert. Ein Beispiel ist etwa der 1883 gegründete Verein für Geschichte und Kunst des Mittelrheins zu Koblenz, der bis in die unmittelbare Gegenwart das disziplinübergreifende Interesse an Natur und Kultur hochhält: ein Beleg dafür, dass Transdisziplinarität keineswegs nur eine ganz moderne Entwicklung darstellt. Diese Tatsache ist letztlich für die Zukunft der Wissenschaft womöglich bedeutungsvoller als spektakuläre Einzelprojekte, die an sehr spezielle Fragestellungen angebunden sind.

Es ist überwiegend die von den Historikerprofis weitgehend vernachlässigte Regionalforschung, welche durch Citizen Science hoch- und auf einem aktuellen Stand gehalten wird. Historische Vereine, zunehmend aber flexiblere Formen gemeinschaftlicher Arbeit wie Geschichtswerk-stätten[104] und andere neuartige Gruppen und Netzwerke, die regionale Heimat-, Sprach-, Kunst- und Musiktraditionen erforschen, beleben die Szene der Wissensbürger. Sie alle fühlen sich von der professionellen Wissenschaft häufig im Stich gelassen. In solchen alten und neuen Strukturen kann sich bürgerschaftliches Engagement in mehr oder weniger intensiven Bemühungen um Wissensbeschaffung und -weitergabe äußern, so dass hier alte Spielfelder und neue Organisationsformen der Citizen Science zusammentreffen. Hier finden wir manchmal noch den klassischen Wissensbürger, der sich das Ziel gesetzt hat, die Gesellschaft zu einer aufgeklärten, von Bildungsferne, Traditionsverlust und Einflüsterungen von Markt und Moden geheilten Wissensgesellschaft werden zu lassen – manch einer unter ihnen ist auch ein von der institutionalisierten Wissenschaft enttäuschter Profi.[105] Doch zunehmend findet man hier auch den neuen Wissensbürger, der für sein öffentliches Engagement den zeitlich angemessenen Rahmen sucht. Wissen verkleinert das Risiko, dem Zugriff von Machtkonstellationen zu erliegen, die in einer Welt des wirtschaftlichen Erfolgsdenkens und der Massenmedien die neuesten Mythen des Marktes propagieren.

Das Interesse an der Erforschung der historischen Hintergründe der heutigen, unmittelbar erlebten, eher kleinräumigen Verhältnisse ist es, was viele Menschen dazu bewegt, der Geschichte ihrer Familien, ihrer Lebensorte oder Heimatlandschaften, den natürlichen und kulturellen Spuren, die man dort auffinden kann, nachzugehen. Sehr auffällig ist, dass die herkömmliche Geschichtswissenschaft, die sich stets auf die großräumige politische und soziokulturelle Forschung konzentrierte – die noch dazu traditionell aus Männer- und Herrschersicht betrieben wurde –, in den letzten Jahrzehnten Gegenbewegungen auf den Plan gerufen hat, die oft von Laien, Frauen und Minderheiten initiiert oder verstärkt worden sind: Ansatzstellen für historisch arbeitende Citizen Science, die schnell das rein private Interesse hinter sich lässt und gravierende Einseitigkeiten der Profiforschung auszugleichen versucht.[106]

Nicht wenige Historische Vereine haben jedoch wie manche ihrer naturwissenschaftlichen Schwestern den Anschluss an die heutige Medienzeit nicht gefunden, besitzen eine überalterte Mitgliedschaft und sind deshalb für jüngere Generationen nur wenig attraktiv. Historisch Interessierte sammeln sich heute lieber in lockerer organisierten Bewegungen und Netzwerken (zum Beispiel in der »Oral History Bewegung«),[107] die sich noch weniger von der akademischen Forschung abhängig machen,

> Wenn wir uns in unserer Geschichtswerkstatt nicht um diese
> Fragen unserer lokalen Vergangenheit kümmern würden, täte es
> wahrscheinlich niemand. In der Universität gab es eine Stelle für
> Regionalgeschichte, aber die ist gestrichen worden. Es ist ja
> in Ordnung, wenn dort großräumig Geschichte erforscht und
> anspruchsvoll gedeutet wird. Aber es ist nicht in Ordnung, wenn
> die historische Universitätswissenschaft die kleinräumige,
> »normale« Geschichte vergisst oder abwertet.
>
> *Eine Hausfrau*

dafür aber mündliche Quellen nutzen wollen, solange sie noch erschließ-
bar sind, und die insgesamt menschen- und erfahrungsnähere Methoden im Umgang mit der Geschichte vor Ort bevorzugen. Solche Bewegungen können unbürokratischer und schneller begründet und auch
wieder verändert werden als die viel formelleren Vereine.

Die meist deutlicher an privaten Motiven ansetzenden Sozial-, Kultur-
und Geisteswissenschaften werden auffallend seltener in Citizen Science-
Kontexten genannt als Naturwissenschaften. Dies ist einerseits wiederum dem unterschiedlichen Gebrauch der Worte »Science« und »Wissenschaft« geschuldet[108] und macht darüber hinaus deutlich, dass der
Theoriebildung auf diesen Wissensfeldern eine wichtige Rolle zukommt.
Andererseits wird dadurch aber auch eine gewisse Blindheit mancher
Beschreiber gegenüber den vielen Citizen Science-Aktivitäten auf diesen
Feldern offenbar. Auch diese Wissensfelder verknüpfen oft historische
mit aktuellen Interessen und bilden zweifellos einen Schwerpunktbereich
von Citizen Science, werden allerdings seltener öffentlich beachtet. Auf
ihnen ergeben sich besonders häufig unmittelbare Beziehungen zur professionellen Forschung, wobei oft der Sammeltrieb, seltener der Spieltrieb mitwirkt.

Das Interesse an der eigenen und an fremden Sprachen enthüllt eine
Fülle weiterer Beispiele. Es gibt nicht wenige sprachbegabte Menschen,
die auf eigene Faust Bedeutungsänderungen von Worten oder sogar
Sprachverwandtschaften nachgehen und sich nicht bloß an Themen ab-
arbeiten, die die Linguisten längst abgeräumt haben.[109] Hier lässt sich
Citizen Science tatsächlich bis zu einem gewissen Grad auf die theoretische Ebene ein, insbesondere dann, wenn sie mit empirischem Material
arbeiten kann. Nicht wenige nützliche Wortlisten, Sprachgebrauchsbeob-
achtungen, ja sogar Grammatikfragmente kaum bekannter Sprachen und
Dialekte verdanken wir Liebhaberlinguisten.

Beiträge zur linguistischen Theoriebildung dagegen sind zweifellos seltene Ausnahmen. Weit mehr Aktivität gibt es, wenn es um weniger anspruchsvolle Inhalte und mehr um individuelle Lebenssituationen geht. Das Interesse an der Erhaltung bedrohter Sprachen oder Dialekte ist ein Hauptmotiv der Hobbysprachforschung, das zu öffentlichem Engagement wird. Es gibt eine Fülle von regionalen Beispielen, bei denen von ihrer eigenen Mundart bewegte Menschen Wörterbücher eines Dialekts, Informationen zu grammatischen Besonderheiten oder Listen von typischen Redewendungen, bisweilen auch spezialisierte Werke – etwa zur Flurnamenforschung – vorgelegt haben.

In manchen Fällen kommen natürlich auch methodische Fehler vor; beispielsweise sind Quellen bisweilen ungeprüft übernommen worden, weil keine ausreichende Quellenkritik stattfand. Doch ist dies letztlich nichts, was nicht auch Profis gelegentlich passiert. Grundsätzlich gibt es im Bereich des Sprachwissens alle Motivlagen von privat bis öffentlich. Sprache ist zwar ein lebensnaher Gebrauchsgegenstand, der Geschichts- und Heimatverbundenheit ermöglicht, aber sie ist doch vergleichsweise abstrakt und wird nur in ihren Orts-, Situations- und Personenbezügen anschaulich und konkret.

Die Literaturwissenschaft ist als Disziplin noch weiter entfernt vom Sinn des englischen Science-Begriffs als viele andere Disziplinen, aber dennoch bietet sie auch global ein reiches und beliebtes Betätigungsfeld für interessierte Wissensbürger in einem Bereich, der individuelle und soziale Faktoren vermischt. Literatur hatte als Gegenstand schon immer viele Liebhaber. Hier sind die professionellen Hürden niedriger, dafür die Herkunft der Akteure aus bildungsnahen Schichten ausgeprägter; nicht von ungefähr sind die großen Literaturvorlesungen häufig und gut von belesenen Gästen und Senioren besucht. Es gibt aber auch eine Erklärung, die zum Kern von Citizen Science überleitet: Literatur thematisiert Zusammenhänge, Beziehungsnetze, Fragenkomplexe – weniger isolierte Fachprobleme. In ihr ging es schon immer um Zusammenhangswissen, freilich auch solches, das wegen seiner Komplexität häufig erklärungsbedürftig ist. Deshalb bilden sich hier auch reichlich freie Vereinigungen, Diskussionszirkel, »Salons« und »Seminare«, die entsprechende Themenfelder aufgreifen und am Leben halten. Doch nicht nur der diesbezügliche Wissensbedarf, auch die Bereitschaft zu eigenen Interpretationen, ja zur eigenen Literaturproduktion sind unverkennbar. Es gibt nicht wenige Publikationsreihen, die genau solche Liebhabertexte suchen und veröffentlichen.[110]

Auch die Kunst regt interessierte Bürger nicht nur zur Rezeption, sondern auch zur aktiven Beteiligung und zur Auseinandersetzung mit ihren Hintergründen und Konsequenzen an. Allerdings ist selbständige Laienforschung auf diesem Gebiet eher selten, was damit zusammenhängen mag, dass historische und zeitgenössische Kunst sich oft schwer verständlich präsentiert, aber auch damit, dass der subjektive Zugang kaum irgendwo auffälliger ist. Umso mehr stoßen gemeinschaftliche Veranstaltungen, Workshops und Diskussionen auf Interesse, bei denen zumeist aber nicht die Forschung, sondern die Vermittlung von Wissen und Anregungen zum eigenen Nachdenken und Nachahmen im Vordergrund stehen.

Auf vielen sonstigen Feldern bürgerschaftlichen Engagements in Wissensdingen ist der fächerübergreifende Charakter, der natur-, sozial- und kulturwissenschaftliche Interessen miteinander verbindet, noch deutlicher. Schauen wir einige von ihnen genauer an.

Öffentliche Wohlfahrt und Gefahrenabwehr

Die Entwicklung von Verkehr und Technik hat nicht nur viele Erleichterungen für das Gemeinschaftsleben mit sich gebracht, sondern auch ungeahnte neue Risiken und massive Gefahren. Die Industrialisierung und die rasante Entwicklung der verschiedensten Technologien führte zu der zunächst alternativlosen Praxis, Deponien im Boden, im Wasser und in der Luft anzulegen, von denen wir oft erst in jüngster Zeit gelernt haben, welche Mengen an Schadstoffen sich hierdurch in unserem Lebensraum anreichern. Neue Technologien kamen hinzu, die erst bei ihrem Alltagsbetrieb offenbaren, dass sie kaum gefahrlos beherrschbar sind. Die Notwendigkeit, diesen Umweltgefahren mit Wissen zu begegnen, führt in betroffenen Regionen immer wieder zu bürgerschaftlichem Engagement. Viele lokale Initiativen, nicht top-down gesteuert, sondern bottom-up gewachsen, bündeln den Protest und das regional vorhandene Wissen. So hat zum Beispiel eine inzwischen international und auf vielen Feldern des Umweltschutzes operierende Großorganisation wie Greenpeace ihre Wurzeln in lokaler Empörung: gegen massive Naturausbeutung, die Belastung der gemeinsamen Lebenssphäre durch die ökonomische Macht von Großkonzernen und die Missachtung des Bürgerwissens vor Ort – alles Themen, die zunächst passive Menschen schnell zu aktiv beteiligten machen.

Ein einzigartiges Schulbeispiel für die große politische Bedeutung, die Laienwissen und die Organisation nichtstaatlicher Strukturen für die

Zukunft einer Gesellschaft erhalten kann, ist die AKW-Bewegung. Sie ist deshalb auch ein wichtiger Teil der Geschichte von Citizen Science.[111] Wyhl und Gorleben sind nicht nur Stichworte für die Geschichtsschreibung des deutschen Bürgerwiderstands gegen die Staatsgewalt, sondern auch von Citizen Science. Dort und anderswo ging und geht es nicht nur um Bürgersorgen und den Protest gegen unzumutbare Formen der Durchsetzung von politischen Beschlüssen, sondern nicht zuletzt um den Protest gegen das Ignorieren von Bürgerwissen, also um Angelegenheiten von Citizen Science. Menschen, die nicht in langwierigen Studiengängen zu Kernenergieexperten ausgebildet wurden, brachten sich das nötige Wissen in mühsamer Eigenarbeit selbst bei; ein Wissen, über das selbst Experten angeblich nur ausschnittsweise und in Abhängigkeit vom Arbeitgeber verfügen.[112] Es ist falsch, in der üblichen Berichterstattung diese Wissensdimension zu übergehen und nur die Protestdimension zu nennen. Stets haben handlungsbereite Wissensbürger dagegen demonstrieren müssen, dass man sie nicht ernst genommen hat.

Auch zum Ende der DDR ging es in erheblicher Weise um Bürgerwissen zu verschiedenen gesellschaftlichen Konfliktfeldern – darunter solchen der bürgerlichen Freiheiten und des Umweltschutzes angesichts überalterter Technologien. Dieses Wissen war mit den offiziell mitgeteilten Staatsdoktrinen nicht länger zu vereinbaren. Es ging damals buchstäblich vom Volk aus – und bis zum Ruf »Wir sind das Volk!« führte ein gerader Weg. Wenn man die Bedeutung von Laienwissen ermessen möchte, findet man in den Revolutionen der Geschichte eindrucksvolle Exempel seiner von den Herrschenden immer wieder unterschätzten Kraft.

Wirtschaft und Geld
Die ökonomischen Themen zeigten exemplarisch, dass begrifflich-abstrakte Forschung in Citizen Science nicht völlig fehlt, aber doch meistens in tatsachen- und anwendungsbezogene Zusammenhänge eingebettet vorkommt. Die Entwicklung von Modellen verlangt die Integration aller Ebenen. Der globale »Siegeszug« einer neoliberalen Wirtschaftsauffassung ist längst dem verbreiteten Bewusstsein gewichen, dass es so nicht auf Dauer weitergehen kann; dennoch hält die Mehrheit der Wirtschaftstheoretiker beispielsweise an Wachstumsideen fest.[113] Neben Vereinen, die alternative Ökonomien entwickeln und propagieren (im deutschsprachigen Raum z. B. die Vereinigung für ökologische Ökonomie), gibt es noch viele andere Kooperationsformen und Bündnisse, die das bürgerschaft-

liche Engagement gegen die herrschende Wachstumsideologie bündeln und stützen.[114]

Das »Netzwerk Wachstumswende« beispielsweise ist ein Zusammenschluss verschiedener Gruppen vorwiegend aus dem studentischen Milieu, aber nicht nur von Studierenden der Wirtschaftswissenschaften, sondern auch anderer Fächer, die auf die Unhaltbarkeit vieler Ökonomiedoktrinen hinweisen (Physiker, Biologen, Soziologen, Forst- und Agrarwissenschaftler u. a.). Zu ihnen gesellen sich Personen aus dem weiteren akademischen wie aus dem nichtakademischen Umfeld, z. B. Künstler. Eine der Aktionsformen des Netzwerks ist die »Think Farm«, für die es mit Can Decreix in Cerbère in Frankreich ein Vorbild gibt.[115] Für den Herbst 2014 wird gemeinsam mit anderen Aktionsgruppen in Leipzig die Internationale Degrowth-Konferenz geplant, die auch für Citizen Science ein wichtiges Ereignis werden kann.

Insbesondere die mit der Entwicklung des Internets verbundenen Formen von Citizen Science werfen die Frage auf, wie die neuen Medien für die Weiterentwicklungen der Zivilgesellschaft genutzt werden können. Es liegt auf der Hand, dass insbesondere Teile der Wirtschaft gemeinsam mit Informatik- und Computerforschern ein Interesse daran haben könnten, hierzu Geschäftsmodelle zu entwickeln. Gegen das Ergreifen ökonomischer Chancen spricht zunächst einmal nichts. Die Überbetonung dieses Aspekts in vielen Citizen Science-Darstellungen findet hierin freilich auch eine Erklärung. Sie weist auf Risiken hin, die dann selbst Gegenstand von Citizen Science-Aktivität werden können. Das 2005 auf einer UN-Konferenz beschlossene »Internet Governance Forum« (IGF) ist eine internationale Plattform für solche Diskussionen.

Ein vorbildhafter Fall für die Integration theoretischer, empirischer und applikativer Denkweisen auf dem Handlungsfeld von Markt und Kapital ist die inzwischen ausgedehnt aktive Regiogeld-Bewegung, für die am Anfang dieses Kapitels der »Chiemgauer« als besonders erfolgreiches Beispiel genannt wurde. Ohne sehr gründliche theoretische Vorbereitung und eine experimentelle, auf Lernen und wachsende Erfahrung setzende Übungsphase wären diese alternativen Geldmodelle nie zur Praxisreife gelangt.[116] Von Bürgern verabredete Regionalwährungen ersetzen die geltende Einheitswährung nicht, sondern ergänzen sie in einem begrenzten Raum durch ein verabredetes Tauschsystem, das die regionale Wirtschaft fördern soll. Sie verweigern sich den Zins- und Zinseszinsbewegungen des offiziellen Geldes und führen stattdessen sogar einen Negativzins ein: Hier wird der in der offiziellen Finanztheorie verpönte, aber immer wieder diskutierte Gedanke, dass auch Geld altern müsste[117], aufgegriffen. Zugleich zeigen sie, wie sich Laienpraxis emanzipieren und von Sichtweisen der Profis befreien kann, die den monetären Fortschrittsgedanken einseitig für sich reklamieren. Die meisten alternativen Währungsmodelle gingen bisher von Nichtprofis der Finanzwissenschaft aus. Damit zeigen sich exemplarisch die Grenzen von Expertenaktivität und die Handlungsmöglichkeiten von Laien, die sich in ihrer kritischen Kompetenz von den Profis nicht ernst genommen fühlen.

Praktische Nachhaltigkeit, Ethik und Lebensstile
Unsere an westliche Wirtschaftsformen, Konsum, Wachstum, Konkurrenz und Marktdominanz gewöhnten Lebensweisen in wirklich nachhaltige, zukunftsfähige und ethisch verantwortliche Lebensstile zu verwandeln, ist ein besonders wichtiges Anliegen von Citizen Science. Es zeigt in vielen lokalen Einzelfällen, wie Citizen Scientists versuchen, ihr eigenes Handeln in Einklang mit ihrem Wissen zu bringen und umgekehrt.

Eine Fülle an Bewegungen hat sich verschiedene Teilziele vorgenommen, welche allesamt die Erzeugung und Weitergabe von neuem, weiterführendem Handlungswissen fördern sollen: die Transition Town-Bewegung, die, von konkreten Orten ausgehend, den Wandel der Denk- und Lebensstile als ansteckend attraktives Modell für zukünftiges Wohnen und Gemeinschaftsleben propagiert; die Slow-Food-Bewegung, die das Genießen qualitativ hochwertiger, biologisch erzeugter Lebensmittel fördern möchte; die Urban Gardening-Bewegung, die im Zeitalter der ständig verfügbaren Lebensmittel aus allen Erdteilen den Gedanken der Selbstversorgung in der Stadt wiederbelebt und die eine neue, naturnähere Urbanität vorlebt; oder die Repair-Bewegung, der es darum geht,

> In unserer Siedlung versuchen wir vieles anzuwenden und umzusetzen, von dem wir zu wissen glauben, dass es für die Zukunft der Gesellschaft allgemein notwendig ist (oder einer der notwendigen Wege). Dazu gehört, dass wir uns in viele Richtungen selber weiterzubilden versuchen. Manche tun dies mehr theoretisch, andere mehr praktisch; jeden Donnerstagabend tauschen wir uns aus. Ich denke nicht, dass wir alles richtig machen, aber wir bemühen uns darum, unser Wissen am Notwendigen und unser Handeln an diesem Wissen auszurichten.
> *Ein leitender Angestellter*

die Wegwerfmentalität zu bekämpfen und die fast vergessene Reparatur defekter Geräte wieder hoffähig zu machen. Hinter den Aktionen verbirgt sich in all diesen Fällen ehrenamtliche, freiwillige Forschung nach neuen Wegen künftigen Lebens und Zusammenlebens, die ohne die fortgesetzte Belastung und Zerstörung der planetaren Ressourcen auszukommen versuchen.

Überall hier ist Citizen Science zum Teil schon seit vielen Jahren als Innovationsmotor neuer Lebensstile sehr lebendig. Nirgends ist die NGO-Welt derart bunt entwickelt, verbindet Forschen, Neubewerten und Machen so dicht miteinander und wird zur Herausforderung gewohnter Denk- und Verhaltensweisen. Dass in der üblichen Citizen Science-Literatur die genannten Bewegungen nahezu komplett fehlen, zeigt, wie einseitig und oberflächlich diese ist: Die Wissensneugier des bürgerschaftlichen Engagements angesichts selbsterlebter Probleme wird meistens leider zugunsten des bloßen Mitmachens an professionell ausgedachten Citizen Science light-Projekten vernachlässigt.

Zusammenleben von Alt und Jung

Die unübersehbare Veränderung im altersbedingten Aufbau der Gesellschaft überfordert die Einzeldisziplinen der Profiwissenschaft deutlich. Das Problem kann wahrscheinlich nur durch gemeinsame Anstrengungen und mutige Modellversuche der Zivilgesellschaft gelöst werden. Zwar wird seit langem vor einer Lawine der demografischen Entwicklung gewarnt, die mit einem massiven Anstieg des Durchschnittsalters auf uns zurollt, aber die institutionalisierten Senioreneinrichtungen und Pflegedienste kommen ihrer völligen Überforderung immer näher, weil ihre überholten Konzepte (»Altersheime«) und Mittelzuweisungen für rechtzeitige und angepasste Veränderungen nicht mehr ausreichen.[118] Die Soziologie, die Sozialpsychologie, die Geriatrie, auch interdisziplinäre Verbünde wie die Pflegewissenschaften sind in ihrer professionellen Isolierung nicht ausreichend in der Lage, gegenzusteuern. Dass ernsthaft an der Entwicklung von Robotern gearbeitet wird, die menschliche Pflegekräfte ersetzen sollen, offenbart das ganze Ausmaß an Hilflosigkeit.

Es werden neue Modelle gebraucht, die nicht von Einzelfachexperten allein, sondern in Kooperation mit den Betroffenen und von Profis und Laien gemeinsam entwickelt und erprobt werden müssen: eine typische Situation, die die Notwendigkeit und die Leistungsfähigkeit von Citizen Science anschaulich macht. Die Wiedergewinnung der Nähe als wichtiger Wissensfaktor hat zudem zur Konsequenz, dass ein lokal erfolgreiches Modell nicht unbedingt auch andernorts erfolgreich sein muss. Das Bielefelder Modell, die Bürgergemeinschaft in Eichstetten, die Seniorengenossenschaft in Riedlingen oder der Talente-Tauschkreis Vorarlberg sind verschiedene Ansätze und Musterbeispiele eines lokal gelingenden Profi-Laien-Mixes.[119] Sie sind damit aber zugleich auch Beispiele lebendiger Citizen Science auf einem aktuellen gesellschaftlichen Problemfeld, die nur begrenzt übertragbar sind. Die professionelle Wissenschaft strebt dagegen grundsätzlich immer Übertragbarkeit an. Doch dafür entbehrt sie der Vorzüge jener Profi-Laien-Mischung, die jedes lokal erfolgreiche Einzelmodell auch zugunsten einer andernorts von ihm abweichenden Vielfalt von Ansätzen infrage stellen kann. Wo diese aus den Erfahrungen vor Ort entstehende Bereitschaft zur Vielfalt vorhanden ist, ist sie der stets auf übertragbare Muster ausgerichteten Profiforschung überlegen.

Gesellschaftliche Gruppen und Migration
Veränderte Einstellungen Frauen, Kindern und Minderheiten gegenüber oder die Suche nach neuen Gestaltungsmöglichkeiten für einen besseren Zusammenhalt in einer zunehmend interkulturell gemischten Gesellschaft weisen dieses komplexe Feld als weiteres bedeutendes Tätigkeitsfeld für Citizen Science aus. Feminismus und Frauenbewegung haben bemerkenswerte wissenschaftliche Entwicklungen hervorgebracht. Die Entdeckung, dass viele traditionelle wissenschaftliche Perspektiven (deutlich z.B. in den Geschichtswissenschaften, den Sozialwissenschaften oder der Ökonomie, weniger deutlich auch in Naturwissenschaften) von einer männlichen Sicht auf die Dinge dominiert waren, ist noch vor den Fachdisziplinen weiblichen Citizen Scientists zu verdanken, die so mutig waren, ihre Alltagserfahrungen öffentlich zu machen und wissenschaftliche Konsequenzen einzufordern. So wenig für ein neu entdecktes Naturgesetz die Genderfrage relevant ist, so häufig ist genau dieser Kontext erhellend bei sozialen und kulturellen Fragestellungen. Dass zum Beispiel Arbeit in der offiziellen Begrifflichkeit der Ökonomik fast ausschließlich als Erwerbsarbeit verstanden wird, und die ganze Haus- und Familienarbeit, damit aber auch die überwiegende Arbeit von Frauen, schlicht als ökonomisch irrelevant unter den Tisch fällt, ist eine wesentliche Erkenntnis, die wir weiblichen Aktivistinnen verdanken, die in gemischten Profi-Laien-Gruppen gearbeitet haben.[120]

Dieses Wissensfeld spiegelt den kulturellen Wandel besonders deutlich wider. Früher gab es zum Beispiel typisches »Hausfrauenwissen«, das sogar von speziellen Töchterschulen vermittelt wurde. Fertigkeiten des

Kochens und Nähens, der Kleiderpflege oder der Arbeit im Nutzgarten brachten Generationen außerordentlich kenntnisreicher Frauen hervor, die fast eine eigenständige weibliche Form von Citizen Science für den bürgerlichen Haushalt entwickelte, und der nichts in der Profiwissenschaft entsprach.[121] Zusammen mit dem Bürgertum schwand das Interesse daran, sie aufrechtzuerhalten. Nur wenig davon hat die starken Veränderungen im Selbstverständnis der Gesellschaft überlebt; dazu trug auch die technische Entwicklung ihren Teil bei.

Viele soziale Citizen Science-Aktivitäten sind in Brennpunkten der Gesellschaften angesiedelt, wo man ohne das bürgerschaftliche Engagement von Einzelnen und kleinen Gruppen kaum praxisgerechte, zeit- und ortsnahe Lösungen finden würde. Diese sind meist Bewegungen, die in Problemzeiten vor Ort entstehen und sich in alle Richtungen des Landes fortentwickeln. Sie sind zwar nicht immer identisch mit Citizen Science, aber auf Citizen Scientists angewiesen, um Modelle für neue Lösungen zu entwickeln.[122]

Die Migration aus den armen in die reichen Länder ist ein solches Gegenwartsproblem. Es kann nicht in den Universitäten, von Fachwissenschaftlern allein, sondern es muss in den Städten gemeinsam mit betroffenen Bürgern gelöst werden. Bei einem so vielschichtigen Problem wie diesem gibt es viele eindrucksvolle Beispiele, wo Laien und Profis gemeinsam ansetzen: Stiftungen wie Medico-International, der es um die Verbesserung der gesundheitlichen Situation in vielen armen Ländern geht; »Bürgermut« mit der Idee, Senioren als »Weltbeweger« einzusetzen; Organisationen wie Oxfam; die Klimaallianz; Projekte an einzelnen Schulen oder ganz konkrete Planungen vor Ort. Überall wird Handlungswissen gebraucht und wirkt in die Gesellschaft hinein. Die reine Praxis gibt es in solchen Problemfeldern ebenso wenig wie die reine Theorie. Immer wird sie von Ideen und Plänen kreativer Menschen angeleitet, vor allem von Laien. Unter den Praktikern finden sich immer auch die Vordenker, die Entwickler von neuen Strukturen, welche sich erst bewähren müssen. Hier ist Wissenschaft am weitesten von Hörsälen entfernt und bewegt sich in den Laboren des Lebens.

Demokratie, Gerechtigkeit und Freiheit

In Deutschland darf unter den obigen Stichworten zunächst noch einmal an die unblutige Bürgerrevolution erinnert werden, die zum Ende der DDR führte. Sie hat exemplarisch gezeigt, welch wichtige Rolle das missachtete Wissen der normalen Menschen für das Schicksal eines poli-

tischen Systems spielen kann. Ähnlich zeigen immer wieder falsch a[n]-
packte Großprojekte, dass die Unterschätzung des Laienwissens [durch]
Experten und Politiker unklug und teuer wird, sodass man hiera[us]
noch für weitere ähnliche Pläne die richtigen Lehren ziehen muss[. Spek]-
takulär schieflaufende Neubauvorhaben wie der Berliner Willy-[Brandt-]
Flughafen oder das Bahnhofsprojekt Stuttgart 21 zeigen exem[plarisch,]
was die Missachtung der Erfahrung und des Wissens der vor [Ort Be-]
troffenen Menschen kostet: Neben Milliardensummen für Steck[enpferde]
von Architekten und verantwortlichen Entscheidungsträgern [leiden]
die Reputation und Glaubwürdigkeit von selbstherrlichen K[ommunal-]
und Landespolitikern, eine Krise der unvollkommenen Demo[kratie u]nd
einen empfindlichen Vertrauensverlust des gern zitierten mü[ndigen Bü]r-
gers – angesichts des fehlenden Respekts vor seiner Laienver[nunft. A]uch
hier zeigen die an Lebenszusammenhängen geschulten Laie[n eindru]cks-
voll, welche Überblickskompetenz sie dem auf Einzelaspekt[e besch]ränk-
ten Expertenblick entgegenzusetzen haben.

Gerechtigkeit ist eines der zentralen Themen in eine[r Demo]kratie.
Menschenrechtsvereine wie Amnesty International oder [die Gesell]schaft
für bedrohte Völker, die für die Rechte von Minderheite[n kämpfe]n, leisten Aufklärungs- und Hilfsarbeit: Sie erkunden die Wi[ssenslüc]ken der
Mehrheiten, versuchen sie aufzufüllen und verfolgten M[enschen] zu helfen. Eine der auffälligsten Formen von Ungerechtigkei[t ist die i]n vielen
Ländern immer weiter auseinanderklaffende Schere z[wischen] Arm und
Reich. Anstöße, diese gefährliche Entwicklung zu stop[pen, komm]en schon
lange aus der Bürgerschaft selbst und sind Ergebnis i[ntensiver] Beschäfti-

> Es gab eine Situation in der neuesten deutschen Geschichte,
> in der klar wurde, was das Wissen der Bürger bewirken kann:
> das Ende der DDR. Ich gehörte damals zu denen, die »Wir sind das
> Volk!« gerufen haben. Fast zwei Jahre lang habe ich mich zuvor
> mit anderen in unserer Umweltgruppe im Schutz der Kirche getrof-
> fen, wo wir westliche Bücher über Umweltverschmutzung, über
> Gifte in Wasser, Boden und Luft lesen konnten. Ich weiß noch,
> dass ich mich am Schluss kaum noch zu atmen traute.
> Zweierlei hat uns damals stark gemacht: die erkennbare Schwäche
> der Greise, die an ihrer Macht klebten, und unser Wissen.
>
> *Ein Verfahrensingenieur*

gung mit einem komplexen Gemisch aus Fakten und Theorien. Bürgergeld, Grundeinkommen, Grundsicherung, Steuerreform, Suffizienzstrategien: Die meisten der verschiedenen Lösungsansätze haben ihre Wurzeln in der Bürgergesellschaft selbst und sind anschließend von Fachleuten und Parteien aufgegriffen worden, die sie auf unterschiedliche Weisen als ihre Ideen präsentieren.

Ein relativ neuer Aspekt des Gerechtigkeitsthemas ist das Bewusstsein, dass es auch eine Wissensgerechtigkeit gibt: Auch Wissen muss für alle zugänglich sein, und derjenige ist reich, der sein Wissen in die Breite und in die Tiefe frei entwickeln kann und darf. Dieser Denkansatz müsste das Bemühen um Bildungsgerechtigkeit verstärken, die zum Beispiel in Deutschland noch längst nicht hergestellt ist. Wenn zu bestimmten Fachfragen hauptsächlich Experten gehört werden, die von den Auswirkungen der Fragen betroffenen Bürger aber kaum oder gar nicht, dann ist auch dies eine Folge unzureichend praktizierter Wissensgerechtigkeit. Das verbreitete Vorurteil vom »dummen Laien« ist ein Grund für die ungerechtfertigt große Macht der Spezialisten. Eine echte Wissensgesellschaft erfordert wesentliche Korrekturen bei der Wissensgerechtigkeit; und es sind vor allem die verschiedenen Strömungen der Citizen Science-Bewegung, die hieran arbeiten.[123]

Die Angst vor Einschränkungen der persönlichen Freiheit durch eine umfassende Überwachung auch privater Aktivitäten ist durch die Möglichkeiten der modernen Nachrichtentechnik stark gewachsen. Durch Whistleblower-Organisationen wie Wikileaks oder die Enthüllungen über die Praktiken der US-amerikanischen National Security Agency (NSA) wurden in nahezu allen demokratischen Gesellschaften Erschütterungen ausgelöst, deren Folgen noch nicht absehbar sind. Eine Konsequenz ist das wachsende Interesse daran, Gegenkräfte zu mobilisieren, die die Zivilgesellschaft aufmerksamer und wehrhafter machen und ihre Freiheit sichern sollen. So gesehen sind Leute wie Julian Assange und Edward Snowden Pioniere einer neuen Citizen Science-Bewegung. Sie versuchen, die berechtigten Interessen und die Position der bisher wehrlosen bürgerlichen Opfer von Datenübergriffen durch Veröffentlichungen von Herrschaftswissen und die Entwicklung nützlichen Abwehrwissens zu stärken.[124] Mehr noch als die staatlich angestellten Datenschützer sind es unabhängige Einzelpersonen und kleine, teilweise subversiv arbeitende Gruppen (Hackerinitiativen, Chaos Computer Club), die sich darum bemühen, die Hintergründe der genannten Bedrohungen aufzuklären und diese zu schwächen. Allerdings sind dies erst Ansätze und noch keine ebenbürtig starken Gegenbewegungen gegen die Übermacht der international und mit massiver staatlicher Unterstützung operierenden Datendiebe. Es ist unschwer vorauszusehen, dass der Schutz der Privatsphäre und die Aufdeckung krimineller Verschleierung im Kontext von Datenaffären ein wichtiges Thema künftiger Citizen Science sein wird.

Allgemeine Vernetzung, Zusammenhänge und Vielfalt
Zwei große Mängel unserer heutigen Denk- und Lebensweisen sind die Unkenntnis von Zusammenhängen und die Vernichtung von natürlicher und kultureller Vielfalt. Dabei kann die fast uferlos ansteigende ökonomische oder Warenvielfalt eine fehlende Vielfalt in Natur und Kultur nicht ersetzen. Informationsaustausch und -vernetzung bieten große Chancen zum Wandel. Viele Menschen bedienen sich ihrer über das Internet als Wissensnehmer und -geber. Über individuelle Homepages kann man läppische, aber auch wichtige Informationen an die virtuelle Gemeinschaft weitergeben, und beispielsweise über die Familie der Wiki-Medien lässt sich gezielt durch die Einbeziehung vieler anderer Nutzer die notwendige soziale Kontrolle herbeiführen und stärken. Die Internet-Enzyklopädie Wikipedia ist hierbei das Leitmedium.[125]

In all diesen Fällen zeigen sich Spielarten und Wirkungen von Citizen Science. Bürgerschaftliches Engagement kann nämlich auch darin bestehen, vorhandenes, bislang privates Wissen weiterzugeben und es bewusst der öffentlichen Kontrolle und Begutachtung auszusetzen. So kann man die gegebene Informationsvielfalt bereichern und vielleicht auch die erwähnten Mängel unserer heutigen Weltsicht reparieren: Wissenslücken werden gefüllt, um übersehene oder zerrissene Zusammenhänge herzustellen, und die versehentliche und absichtliche, aber immer gefährliche Vernichtung von Lebens- und Wissensvielfalt wird bewusst konterkariert. Ob dies ausreicht, muss offen bleiben.

Unverzichtbar und zukunftsweisend sind auch hier die Gleichberechtigung und gegenseitige Ergänzung von Profis und Laien. Die etablierte Wissenschaft lehrt uns, dass Profis, die unter sich bleiben, dazu tendieren, die Zusammenhänge zu zerschneiden und nicht ernst genug zu nehmen, sowie die Kontrolle zu übertreiben und den Wert der Vielfalt, die zu Abweichungen vom Normalen führt, zu unterschätzen. Bei Laien, die allein unter sich sind, ist die gegenteilige Gefahr gegeben: Spezialwissen zu vernachlässigen und stattdessen oberflächlich zu werden, aber auch, Kontrollmängel zu übersehen und ungewollt Vandalismus zuzulassen. Ein gemischtes Profi-Laien-Team, das durch das Internet begünstigt wird, kann die Vorzüge addieren und die Nachteile vermeiden helfen. Dabei kommen alte und modernste Motivationen von Citizen Science zusammen.

Die Ambivalenz der Freiheit von Citizen Science

Bürgerschaftliches Engagement kann, wie auch andere Motivationen, von subjektiven Interessen überlagert, ausgenutzt, verfälscht und vorgetäuscht werden. Die Gefahr, Aufschneidern, Pfuschern oder Scharlatanen aufzusitzen, ist bei Citizen Science größer als in der professionellen Wissenschaft. Es ist möglich, dass sie hier im Einzelfall noch schwerer zu erkennen ist als dort.

Ein extremes Beispiel aus der Sprachwissenschaft soll dies verdeutlichen. Der Journalist Richard Fester konstruierte eine »Sprache der Eiszeit« – ein Feld, auf das sich bislang kein Profilinguist locken ließ, da keinerlei Sprachdaten aus jener Zeit vorhanden und auch in Zukunft nicht zu erwarten sind. Andererseits ist unstrittig, dass es schon damals frühe Sprachformen gegeben haben muss. Fester erfand daher eine eigene Rekonstruktionsmethode unter Verwendung einer großen Fülle aktueller Daten aus vielen Einzelsprachen, durch die er jene empirische Lücke aufzufüllen und mit sehr unkonventionellen Methoden des Sprachenvergleichs zu erhärten versuchte.[126] Deshalb ist der tatsächliche Wert seiner Theorien trotz der Plausibilität vieler ihrer Schlussfolgerungen sehr umstritten; die Profis haben sie überwiegend ignoriert oder abgelehnt. Es ist aber dennoch einzuräumen, dass uns nicht nur die konservative Anwendung etablierter Wissenschaftsmethoden weiterbringt, sondern gelegentlich auch die bewusste Abweichung von diesen. Auch mit den heute zur Verfügung stehenden Kenntnissen der kulturellen Evolution können wir in diesem Fall keine abschließende Bewertung vornehmen; dies könnte sich freilich irgendwann noch ändern. Fest steht nur eines: Wir müssen immer auch versuchen, Verkäufer dogmatischer Lehren von ernsthaften Wissenssuchern zu unterscheiden; das bloße Auswalzen einer fixen Idee reicht nicht aus, um neben Geld auch noch Anerkennung als Citizen Scientist zu verdienen.[127] Wir werden hierbei aber nicht immer erfolgreich sein und müssen zugeben: Citizen Science ist stärker von Scharlatanerie bedroht als Professional Science.

Die Freiheit von Citizen Science hat also zwei Seiten: die schöne Seite des Fehlens von Kontrolle und Reglementierung, und die weniger schöne Seite, ein offenes Einfallstor für Dilettantismus und Vandalismus, für Heilslehren und Verantwortungslosigkeit zu sein. Die Kreationisten nutzen sie, um gegen jegliche Evolutionstheorie zu Felde zu ziehen, die verschiedenen Kurpfuscher, um ihre Geschäfte zu machen, die Biohacker, um mit den Gefahren der Gentechnik zu spielen. Insofern ist es wichtig, dass sich dort, wo Citizen Scientists die größtmögliche Freiheit genießen, der übrige Teil der Gesellschaft – und hierzu gehört auch die professionelle Wissenschaft – nicht völlig passiv verhält. Ein Missbrauch von Wissens ist überall möglich; er erfordert die Wachsamkeit aller. Citizen Science ist nicht die schlechterdings gute, gefahrlose Wissenschaft und Professional Science die allein riskante, gefährliche – genauso wenig wie andersherum. Auch deshalb ist das gemischte Profi-Laien-Team der stärkste Auftritt von Citizen Science. Profis Konkurrenz zu machen ist normalerweise nicht das Merkmal von Citizen Scientists. Viel eher geht es darum, die professionelle Wissenschaft zu veranlassen, sich mit fragwürdigen Produkten der Citizen Science zu befassen und ihren eigenen, von vielerlei selbst- und fremdproduzierten Zwängen gekennzeichneten Weg ständig kritisch zu überprüfen.

Weniger als gezielte Haupt-, mehr als begleitende Kollateralaktivität ist die kritische Einflussnahme auf Lebensferne und Unwirksamkeit großer Teile der professionellen Forschung im Prozess des nötigen kulturellen Wandels ein wichtiger Aspekt des bürgerschaftlichen Engagements von Citizen Science. Dass diese Bewegung am Rande und im Schatten der akademischen Wissenschaft heute auch in dieser selbst immer mehr Aufmerksamkeit erfährt, ist ein erster Hinweis auf ihre zunehmende Bedeutung.

Neue Medien:
Information ist noch kein Wissen

Einer der großen Theoretiker des 20. Jahrhunderts, ein englischer Lord und zugleich Nonkonformist, der nichts so sehr liebte wie eine klare, verständliche Sprache, war der Philosoph Bertrand Russell. Er fühlte sich auch unter politisch bewusst agierenden Laien wohl und konnte die Kluft zwischen Professional und Citizen Science immer mit wenigen Worten überbrücken. »Neue Medien« gab es zu seinen Lebzeiten noch nicht. Er erzählte immer gern die Geschichte, wie er sich vom Einfluss seines späteren Schwagers, des

Schriftstellers Logan Pearsall-Smith, befreite. Dieser hatte nämlich einen Grundsatz, an dem er ehern festhielt und den er auch Russell ans Herz legte: »One should always re-write«. Man sollte, was man geschrieben hatte, nie in der ersten Fassung stehen lassen, sondern ständig überarbeiten. Vor der Computerzeit war das ein mühsames Unterfangen. Irgendwann merkte Russell, dass es nicht das richtige für ihn war, denn seine erste Fassung war meistens die beste. Dies ersparte ihm viel Zeit. Es wäre sicher interessant zu wissen, wie er sich zu den heutigen neuen Medien gestellt hätte. Wahrscheinlich hätte er sie gern genutzt, sie aber auch nicht überschätzt.

Wenn etwas die traditionellen Formen von Citizen Science von den sich heute entwickelnden unterscheidet, dann ist dies die unübersehbare Rolle, die die neuen Medien gegenwärtig spielen.[128] Schon Zeitungen und Zeitschriften, Telefon, Rundfunk und Fernsehen haben erheblich zur Weiterentwicklung des Wissensbürgers beigetragen, doch die Erfindung des Computers und dessen zunehmende Miniaturisierung hin zu immer kleineren, erschwinglicheren und besser tragbaren Geräten haben dies noch einmal erheblich beschleunigt. E-Mail, soziale Medien und vor allem das World Wide Web haben die Wissenswelt grundsätzlich verändert. Die damit verbundene Chance ist übrigens zugleich auch eine Gefahr für das Verständnis von Citizen Science: nicht mehr zu sehen, worum es eigentlich geht. Nicht primär um eine große Zahl an Beteiligten, nicht einfach nur um Public Science, auch nicht um die durch neue Medien erschlossenen Methoden, sondern um ein besseres, gerechteres, zukunftsfähigeres Verständnis der Rationalität der Laien. Citizen Science ist Aufklärung im Zeitalter der neuen Medien, ein Appell an alle, sich ihres eigenen Verstandes zu bedienen. Die Wissenschaft soll die Laien nicht länger als potenzielle Wissensgeber ignorieren, sondern sich ihnen öffnen, um ihre Rationalität anzuerkennen und sie einzuladen, diese für den gemeinsamen Wissensfortschritt zu nutzen.

Das Internet ist nicht nur ein neues Medium unter vielen alten, sondern etwas wirklich Neues, das es vorher nicht gab. Wir verstehen immer noch zu wenig, was eigentlich genau mit ihm Einzug gehalten hat, weil wir es in vielen Hinsichten sowohl unter- als gewiss auch überschätzen. Noch immer unterschätzen wir auch die Bedeutung des Medienwandels für unser aller Leben. Wie man bisweilen den Wald vor lauter Bäumen nicht sieht, so haben wir noch nicht richtig begriffen, was mit uns geschieht: so radikal hat das Internet in wenigen Jahren unsere kulturelle Umwelt verändert. Etwas, das sehr lange Zeit kostbar und selten war,

Information und Wissen, steht uns jetzt fast in Überfülle zu Diensten. Der Klick zu jeder beliebigen Information ist bequemer und billiger zu haben als jeder Gang in jede Bibliothek. Und auch in vielen Haushalten, denen Bücher fremd sind, gehört das Internet inzwischen zum Alltag. Wenn dies auch überwiegend nicht der Wissensbeschaffung dient, sondern der Unterhaltung und dem Zeitvertreib, so verändert es doch die Erfahrungswelt mehr als die meisten Neuerungen, die wir aus früheren Zeiten kennen. Citizen Science nutzt jedenfalls auch das Unterhaltungsbedürfnis und den Spieltrieb für die Zwecke der professionellen Forschungsinteressen.[129]

Doch schon diese Bemerkungen zeigen, dass wir die Bedeutung des Internets auch überschätzen. So sehr es die Internationalität und Nichtregionalität wissenschaftlichen Erkenntnisstrebens unterstützt, so wenig vermag es lokale Bindungen und Erfahrungsnähe als Motiv der Menschen, sich an Forschungsprojekten zu beteiligen, auszulöschen. Mindestens 80 oder 90 Prozent aller Citizen Science-Projekte setzen trotz einer massiven Nutzung des Internets an den persönlichen Interessen und Beziehungen an, um Laien für die Forschung zu gewinnen. Als effizienter Kommunikationskanal von Professional Science bedeutet das Internet meist nur einen Weg, an viele mitarbeitswillige Laien heranzukommen, wenn man die Projekte so plant, dass deren Bedürfnis nach Nähe und regionaler Relevanz berücksichtigt werden. Spieltrieb und Unterhaltungsbedürfnis kommen dazu. Der Eindruck, den manches Porträt dieser Projekte erweckt, es ginge nur um die große internationale Wissenschaft, täuscht: Man hält die Methode Internet schnell für das entscheidende Merkmal und übersieht, dass die Motive der Menschen beim Mitmachen nach wie vor in den Erfahrungen und Bedürfnissen liegen, die sie im Umfeld tagtäglich erleben und verspüren.

Das Internet demokratisiert Information in einem Maße, wie es der Politik nie gelang. Wir finden die Information zwar vor allem in Einzelteilen und immer wieder gestört und unterbrochen von gewaltigen Mengen an Informationsmüll und Desinformation, aber im Prinzip kann jeder mit der Zeit herausfinden, wie und wo er an das herankommt, was er sucht, und wie er anderes, Störendes meidet. Erst für den Nutzer des Internets kann die dort gefundene Information zum Wissen werden. Und selbst wer den Informationsmüll nicht umgeht, gelangt ohne eigene Anstrengung an mehr Wissen als jemals zuvor; es ist fast unvermeidlich. Das Internet ist einerseits also eine Citizen Science-Maschine, es ist aber auch das Gegenteil, eine fast unendliche Fundgrube neuer Verwirrungen und neuer Mythen. Einer dieser Mythen ist die sogenannte Echtzeit. »Echtzeit« bedeutet: sofort. Wenn sich die Arbeit zur Erlangung von Wissen auf einen Mausklick reduziert und nahezu in Nullzeit zwischen Frage und Antwort möglich ist, verändert sich auch der Wissenswert völlig. Wissen, das mühelos erlangt werden kann, ist nichts mehr wert, steht gleichrangig neben dem Müll, der es umschließt. Es wird zu einer Spielmarke, verliert seinen Ernst. Zu einem sinnvollen Umgang mit dem Internet gehören ein waches Bewusstsein und eine geschulte Urteilskraft, und Internetpädagogik ist ein Desiderat: die Nutzung des weltweiten Informationsnetzes will gelernt sein.

Wer sich ihm jedoch nicht völlig naiv hingibt, dem kann sich eine Wissensdatenbank von zuvor nie gekanntem Ausmaß eröffnen. Vor dem Internet gab es auch bereits Citizen Science, aber ihr Wissen stand nicht jedem zur Verfügung und im Schatten der tonangebenden Profis und Experten. Heute ist sie demokratisierte Realität und löscht jene überkommene Reihenfolge aus: Die Laien ziehen mit den Experten gleich, zumindest in Hinblick auf die Verfügbarkeit von Informationen. Ob sie zu Wissen werden, entscheidet sich individuell. Und so erliegen manche Beobachter der Versuchung, die Bedeutung des Internets als neue Methode zu überschätzen. Silvertown bezeichnet z. B. die Existenz leicht zugänglicher technischer Mittel, um Informationen über Projekte zu verbreiten und Daten aus dem öffentlichen Raum zu gewinnen, als wesentlichen Faktor der neuen Blüte von Citizen Science. Er erwähnt »Flickr, Facebook, Google Maps, Twitter, iPod Apps, YouTube, Wikis and other Web 2.0 Applications« sowie das Programm CyberTracker als äußerst hilfreiche Werkzeuge für die rasante Weiterentwicklung insbesondere unseres ökologischen Tatsachenwissens durch Einbeziehung vieler Beob-

Ich kann mir kaum noch vorstellen, wie es ohne Internet war. Natürlich kannst du dumm fragen, dann bekommst du auch von einer Suchmaschine eine dumme Antwort. Das war früher nicht anders. Es ist ein bisschen so wie in einem unaufgeräumten Haus: Wenn du etwas Bestimmtes suchst, findest du erstmal nur wertloses Zeug. Aber du weißt: Das Gesuchte ist da. Den Verstand zu gebrauchen hilft auch im Internet beim Suchen und Finden. Viele scheinen aber zu denken: Seit es das Internet gibt, brauchen wir den Verstand nicht mehr.

Eine Rechtsanwältin

achter und Nutzer.[130] Dies ist richtig, dennoch bleiben die erwähnten Programme Hilfsmittel. Die wichtigsten Motive der Menschen, die sich beteiligen, entstammen nach wie vor direkten Beobachtungen und Problemen, welche sie bei sich zu Hause erfahren.

Fitzpatrick weist zwar zu Recht darauf hin, dass das Entstehen der Citizen Science-Bewegung in den USA zeitlich mit dem Aufkommen des Internets in den 90er-Jahren des 20. Jahrhunderts zusammenfiel.[131] Doch eine zeitliche Koinzidenz ist noch keine sachliche. Das unmittelbare Lebensumfeld erzeugt Interessen und Motive, sich an Forschung zu beteiligen; der Computer spielt hierbei auch heute nur eine Nebenrolle. Seine Software und das Internet kann man hierfür bestens nutzen, aber sie sind nicht die Quelle von Citizen Science.

Das berechtigte Interesse der Laien darf nicht von den Experten der professionellen Wissenschaft marginalisiert und sie selbst dürfen nicht zu passiven Erduldern der Entscheidungen anderer gemacht werden. In Europa begann übrigens die gesellschaftliche Wirksamkeit der Laien, die ihr eigenes Wissen ernst genommen und seine Wahrnehmung eingefordert haben, wesentlich früher als erst im Zeitalter der neuen Medien, doch der Gebrauch des neuen Namens verleitet auch hier dazu, deren Bedeutung für Citizen Science zu überschätzen.

Wikipedia, die erste Enzyklopädie, zu der jeder, der es sich zutraut, beitragen kann, ist eines der ambitioniertesten und wirkungsmächtigsten Citizen Science-Projekte überhaupt. Die typischste Citizen Science-Leistung, der Wegfall der Barriere zwischen Profis und Laien, ist hier exemplarisch verwirklicht. Stand, Ausbildung oder Profession sind bedeutungslos geworden; es zählt nur die Qualität der abgelieferten Texte. Überprüfen kann diese jeder, der sich dafür interessiert, ungeachtet seines Namens oder seiner Geltung als Experte. Qualitative Ausreißer gibt es natürlich, aber sie können nicht den Laien allein angerechnet werden. Im Wikipedia-Prozess bilden Profis und Laien bereits die wiedergewonnene Einheit der Wissenschaft: ermöglicht durch das Internet. Auch dann, wenn wir es nur als Wegbereiter für neue Formen von Citizen Science sehen, verändert es die Wissenschaftswelt.

Auf zwei Nachteile des Internets wurde schon hingewiesen: die Masse des Informationsmülls und die Tatsache, dass nur bereits vorhandene Informationen dort auffindbar sind. Damit aber aus Information Wissen werden kann, ist es sehr wichtig, dass sie flexibel und ständig erneuerungs- und erweiterungsfähig bleibt. Natürlich wird auch das Internet ständig verändert und erweitert, aber die noch nicht vorhandene Information enthält es nie. Deshalb besteht eine Gefahr darin, dass naive Zeitgenossen nicht selten versucht sind zu glauben, dass alles Wissbare in ihm zu finden sei. Dem ist aber nicht so: Das noch gesuchte, zukünftige Wissen fehlt selbstverständlich. Dass im Internet gespeichertes Wissen immer erweiterungs- und veränderungsbereit sein und viel schneller als in jedem Printmedium flexibel gehalten werden muss, ist zwar eine Binsenweisheit, doch sie ist ständig in Gefahr, aus dem Bewusstsein zu geraten. Ein Grund dafür ist, dass das Internet so gut wie nichts vergisst. Auch das überholte Wissen hält sich darin hartnäckig. Vollständiges Löschen gibt es hier ebenso wenig wie in der Biografie eines Individuums, in der man ebenfalls nichts ungeschehen machen kann, und deshalb sind neue und aktuelle Informationen im Internet fast ununterscheidbar mit alten und veralteten verknüpft. Dies schränkt insgesamt seine Brauchbarkeit als Citizen Science-Instrument ein, hebt sie aber nicht grundsätzlich auf.

In den USA, aber auch anderswo, sind private Gruppen und Unternehmen bereits gezielt tätig, um die Verbindung des Internets mit Citizen Science weiterzuentwickeln.[132] So ehrenhaft und unterstützenswert diese Aktivitäten in einzelnen Punkten auch sein mögen, sie beinhalten doch die Gefahr, durch ein zu wenig überlegtes Gemenge von Zielen die Unterschiede zwischen Citizen Science und Public Science zu verwischen. Beides ist nicht das Gleiche. Der Kern von Citizen Science ist die Aufwertung des Laienwissens und das Bestreben, die Wissenschaftsgrenze für die selbständige Beteiligung von Nichtprofis an der Forschung durchlässiger zu machen. Public Science will demgegenüber generell in der Bevölkerung das Verständnis für Wissenschaft vergrößern und ihr die professionelle Wissenschaft näher bringen. Ein spezieller Weg dahin ist Citizen Science und insofern gibt es kein Problem. Wenn aber das Internet nur dafür genutzt wird, eine breite Öffentlichkeit für Professional Science herzustellen, dann ist dies nicht dasselbe. Die exaktere Bezeichnung, »public understanding of science«, sagt dies weniger missverständlich. Es handelt sich um eine außerordentlich wichtige Aufgabe, aber Citizen Science ist nochmal etwas anderes. Dort geht es darum, dass Laien sich auch an der Forschung beteiligen. Dies bleibt zwar zumeist auf den Basisbereich von Wissenschaft beschränkt, befreit sie aber aus der rein passiven Rolle bloßer Wissenschaftskonsumenten. Aus Profiteuren werden Akteure.

Nicht nur die Software, auch die Hardware ist interessant, wenn es um die neuen Medien geht. Das Aufkommen von Laptops und Notebooks, die schon längst stationäre PC-Stationen ersetzen, hat unserem Zeitalter der öffentlichen und privaten Mobilität eine neue Facette hinzugefügt. Nun ist auch die weltweite virtuelle Datenbank mobil. Die Miniaturisierung der Technik z. B. im Fall des Mobiltelefons, ist dabei besonders interessant, bietet es doch faktisch an jedem Ort die Möglichkeit, sich mit dem gesamten im Internet vorhandenen Wissen zu vernetzen, einen exakten Ortsbezug herzustellen und selbst als Sender von Informationen tätig zu werden. Nachdem der Rundfunk schon vorher die einseitige Kommunikation popularisiert und die Menschen zu Empfängern von Botschaften gemacht hat, wurde nun auch die Sendefunktion ermöglicht und optimiert und jedermann damit zu einem potenziellen Wissensgeber. Schon das einfache Mobiltelefon hatte die Möglichkeiten des Einzelnen entscheidend verbessert, Wissen zu erlangen und Wissen weiterzugeben. Noch perfekter wurde die epistemische Nutzung der neuen Technik durch die Verschmelzung von Mobiltelefon und Computer mit den sogenannten Smartphones, die im Prinzip das Internet »in der Hosentasche«, fast an jedem beliebigen Ort der Welt möglich gemacht hat. Dies führt u. a. zu einer völlig neuen Form von »Bestimmungsliteratur« in Form einer handytauglichen Bestimmungssoftware, die auf Exkursionen an beliebigen Orten nutzbar ist und Text, Bild und Ton miteinander verbindet.[133] Es ist wahrscheinlich nur eine Frage der Zeit, wann diese besser, umfangreicher und detailgetreuer sein wird als heute in ihren oft noch bescheidenen Anfängen.

Sprachprobleme:
Citizen Science kommuniziert anders

Der 2008 verstorbene Uhrmacher Guido Reitz hat zeitlebens in seinem Heimatort Morbach im Hunsrück gelebt. Sein Bruder Edgar Reitz, der die Filmtrilogie »Heimat« gedreht hat, erzählt, wie er nach dessen Tod ins gemeinsame Elternhaus ging: »Als ich in seine Wohnung kam, sah ich überall Bücher, linguistische Fachliteratur und Zeitschriften über die entlegensten Sprachen der Welt; ich fand heraus, dass mein Bruder ein Privatgelehrter gewesen war, in Fachkreisen anerkannt.« Niemand sonst habe das gewusst. Guido Reitz war trotz seines zurückgezogenen Lebens ein überzeugter Verfechter einer vielsprachigen Welt gewesen, ein Liebhaber und Kenner der fremdartigen, kleinen, aussterbenden Sprachen und der mit ihnen verbundenen Kulturen. Er glaubte nicht, dass Englisch für die globale Kommunikation ausreiche, sondern sah trotz seiner eigenen einsamen Existenz in einem kleinen Hunsrückdorf die großen Denkverluste, die uns durch Sprachenverluste drohen. Heute kann seine Schriftensammlung in der Marburger Universitätsbibliothek genutzt werden. [134]

Wir sind nun an einer Schlüsselstelle angelangt. Im Nachwort zu diesem Buch stellt Ervin Laszlo Kommunikation als die Schlüsselkompetenz für ein Verständnis der neuen Lage der Welt heraus. Wissen wird kommunikativ erworben. Nur wer kommunizieren kann, hat eine Chance teilzuhaben. Im Prinzip haben damit alle diese Chance, Profis wie Laien. Im Vorteil sind jedoch vor allem diejenigen Menschen, die die neuen Kommunikationskanäle beherrschen.

Generell aber scheinen die Laien im Nachteil zu sein. Die gängige Wissenschaftskommunikation findet nämlich fast ausschließlich unter Profis statt.[135] Selbst in Vorlesungen für Anfänger geht es nicht zuletzt um eine Einführung in die Fachsprache. Der normale wissenschaftliche Aufsatz oder das Fachbuch sind für Fachkollegen geschrieben, Lehrbücher für angehende Fachkollegen. Laien sind grundsätzlich ausgeschlossen, es sei denn, sie müssen als Studierende die Fachsprache lernen. Die gesamte professionelle Kommunikation findet jedenfalls in Form von Spezialsprachen statt; wer sich dem als Profi zu früh verweigert, setzt sich dem Vorwurf aus, sie nicht hinreichend zu beherrschen; Promotion und Habilitation dienen auch dem Beweis des Gegenteils. Es ist unbestreitbar, dass die Genauigkeit des Redens dies manchmal erfordert. Aber ebenso ist es eine Tatsache, dass sich viele Profis mit dieser Ausrede zeitlebens die Mühe ersparen, ihre Arbeit der Öffentlichkeit – den Laien – wirklich verständlich zu machen.

Selbst wenn dies geschieht, findet es meistens nur in Form einer Ein-Weg-Kommunikation statt: Der Profi versucht, den Laien zu informieren – das kommt dann bei letzteren oft wie eine PR-Kampagne an.[136] Eine wirklich erfolgreiche Wissenschaftskommunikation muss den Laien als Gesprächspartnern auf Augenhöhe begegnen, ihre Wahrnehmungen ernst nehmen und sie nicht nur als Empfänger von Lehrbotschaften behandeln.[137] Die kommunikative Entfremdung von Wissenschaft und Gesellschaft ist auch einer anderen Tatsache geschuldet: der weltweit zunehmenden Nutzung des Englischen als einheitliche Wissenschaftssprache.[138] Das ist vor allem eine Konsequenz der bisherigen politisch-ökonomischen Verhältnisse auf der Erde, die Englisch global als zweckmäßigste Zweitsprache begünstigen. Die Wissenschaft folgt hier nur den allgemeinen Machtverhältnissen. Wenn es nach deren Gesetzen weitergeht, könnte es irgendwann zu einem Machtwechsel kommen und wir müssen als Wissenschaftsprofis alle Chinesisch lernen. Auch allein angesichts der Zukunft der professionellen Wissenschaft ist jene Tendenz bedenklich. Die Verdrängung einer ganzen Vielfalt traditionsreicher Wissenschaftssprachen durch eine monolinguale Wissenschaftswelt kann nur unter ökonomischen Effizienzgesichtspunkten begrüßt werden; doch diese sind selbst fragwürdig. Wissenschaftlich gesehen ist eine einzige Wissenschaftssprache nicht wünschenswert; erkenntnisphilosophisch gesehen sogar eine Dummheit. Sie ginge unweigerlich mit Kreativitätsverlusten einher, die dadurch zustande kämen, dass viele Lernmöglichkeiten und Alternativperspektiven durch unterschiedliche, sprachspezifische Denkweisen und Begriffsbildungen nicht mehr gegeben wären.[139]

In diesem Buch steht aber Citizen Science im Vordergrund. Dies ist eine Form von Wissenschaft, für die Basis- und Lebensnähe wichtige Kriterien sind: weil nur so die Grenze zwischen Wissenschaft und Gesellschaft geöffnet, Verbindungen zwischen beidem hergestellt und die Bürger in Forschungsprozesse miteinbezogen werden können. Dort, wo die Forschungsprozesse sogar von ihnen ausgehen, ist umso klarer zu sehen, dass alle kommunikativen Barrieren kontraproduktiv sind.

Citizen Science muss sich daher bürgerfreundlicher Kommunikationsformen bedienen. Zwar ist eine völlige Freiheit von Fachsprachen unrealistisch; die Verwendung bestimmter international gebräuchlicher Be-

> Die in der Uni kommen doch deshalb nicht voran, weil sie nur in ihren Labors und Dienstzimmern sitzen. Das Leben findet draußen statt. Kein Wunder, dass sich so viele Wirtschaftsprofessoren mit Spieltheorie beschäftigen; ja »beschäftigen« ist wohl das richtige Wort. Es ist eine Beschäftigungsmaßnahme. Wer die wirklichen Probleme kennen lernen will, muss aktiv werden und erstmal das wirkliche Leben kennen lernen. Das kennen die doch gar nicht. Die meisten Wissenschaftler erforschen Spielzeugprobleme. Draußen in der Welt kann man ernsthaft forschen, vielleicht nicht spitzenmäßig, aber lebendig, realitätsverbunden, nützlich.
>
> *Ein Berufsmusiker*

griffe ist inzwischen geradezu unvermeidlich. Dieses Buch ist selbst ein Beleg dafür, dass sich einige englische Fachbegriffe (allen voran der Begriff Citizen Science selbst) inzwischen soweit etabliert haben, dass sie kaum ohne Bedeutungseinbußen vermieden werden können. Aber das Bemühen darum, eine extreme Fachsprachlichkeit zugunsten einer möglichst weitgehenden Alltagssprachlichkeit zu reduzieren, ist etwas anderes. Schon aus Selbsterhaltungs- und Erfolgsgründen ist es für Citizen Science sinnvoll und lebenswichtig. Deshalb versuchen Citizen Scientists immer, soviel Alltagssprache wie möglich zu benutzen und wichtige Forschungsergebnisse, auch der professionellen Wissenschaft, allgemeinverständlich zu formulieren. Dies ist ein wesentlicher Bestandteil der Citizen Science-Funktionen. Hierbei aktiv mitzuwirken ist eine der strukturellen Chancen, die einen wichtigen Baustein für die Wiederannäherung von Wissenschaft und Gesellschaft bildet.

Umso mehr gilt die Bedeutung eines Erhalts von wissenschaftssprachlicher Vielfalt für Citizen Science. Während schon für die professionelle Wissenschaft die Tendenz zur uniformen Wissenschaftssprache Englisch kontraproduktiv ist, würde es sich geradezu widersinning ausnehmen, wenn auch Citizen Scientists grundsätzlich kultur- und länderübergreifend auf Englisch zu kommunizieren versuchten.[140] Hier legen einige Kommentatoren ein gehöriges Maß an Sachunverstädnis an den Tag, so, als ginge es bei Citizen Science nur um internationale Wissenschaftspädagogik oder kommunikatives Weltbürgertum.[141] Weit mehr noch als der professionellen Wissenschaft muss es Citizen Science ein Anliegen sein, sich multilingual in der jeweiligen Verkehrssprache auszudrücken, die den Alltag der Erfahrungswelt ihrer Akteure prägt. Die gelegentlich anzutreffende Vorstellung, Citizen Science würde »professioneller«, wenn sie die mittlerweile gängige englische Wissenschaftskommunikation übernähme, zeugt nur von der völligen Unkenntnis der besonderen Funktionen, die sie im Ganzen einer jeden Bildungsgesellschaft innehat. Die Chancen einer solchen Rolle dürfen nicht einfach verspielt werden.

Im Übergangsfeld von Citizen und Professional Science verschieben sich dagegen die Prioritäten. Wenn von Profis entwickelte Projekte die Kapazitäten von Laien heranziehen, um zu versuchen, die Probleme bestimmter Disziplinen zu lösen (Citizen Science light), dann wird ein internationales Verständigungsmedium wichtiger als der Bedeutungsreichtum verschiedener Muttersprachen. Deshalb wird in vielen dieser Fälle überwiegend auf Englisch kommuniziert. Auch wenn man das im Einzelfalle kritisieren kann: Es ist eine Tatsache und dient der internationalen

Verständigung. Hieraus sollte man jedoch nicht schließen, dass jegliche Citizen Science besser würde, wenn sie sich eines einheitlichen sprachlichen Mediums bedienen würde. In Citizen Science proper hat die kommunikative Vielfalt auch in der Wissenschaft noch die größten Chancen.

Zweifellos ist es sinnvoll, auch kommunikative Schnittstellen zwischen Profis und Laien zu schaffen. Doch die Meinung, Citizen Science müsse in jedem Falle professionalisiert werden, ist abwegig; das Ziel muss sein, die ihr noch gegebenen Freiheiten zu erhalten. Es gilt, die Chancen dieser Freiheit auch für Professional Science wieder greifbar zu machen: durch einen Rückbau ihres Korsetts behindernder Institutionalisierungen und durch offenere und vielfältigere Formen der Kommunikation. Die Welt im Wandel braucht diese größere Freiheit auch dafür, das Wissen der Profis mit dem Wissen der Laien besser verknüpfen zu können und dadurch die Verbindung der oberen Etagen des Hauses der Wissenschaft zu den unteren wieder sichtbarer zu machen, als sie es heute vielfach ist. Wenn etwas unprofessionell ist, dann ist es der Umgang der professionellen Wissenschaft mit dieser Freiheit und mit Citizen Science.[142]

Akteure:
Wutbürger sind Wissensbürger

Joseph Beuys war ein Künstler, der sich nicht als etwas Besonderes begriff, sondern nur als jemand, dem etwas aufgefallen war: dass Kreativität für jeden Menschen ein Lebenselixier ist. »Jeder Mensch ist ein Künstler« war deshalb einer seiner berühmtesten Aussprüche. Wäre er selbst nicht Künstler, sondern Wissenschaftler gewesen, hätte er wahrscheinlich gesagt: »Jeder Mensch ist ein Wissenschaftler«. Und er hätte genau so recht damit gehabt. Er hätte damit sogar einen passenden Leitspruch für Citizen Science formuliert: die Überzeugung, dass der natürliche, durch Bildung gestärkte Wissensdurst aller Menschen die Basis der Wissenschaft ist und im Prinzip jedes Individuum dazu befähigt, sich an den ernsthaften Wissensbemühungen anderer zu beteiligen.

Citizen Scientists sind die neuen Wissensbürger. Wissensbürger sind Menschen, denen es mehr bedeutet, Dinge zu wissen, als sie nur zu glauben. Das verbindet sie mit Wutbürgern, die es aufregt, wenn angebliche

Experten Gehör finden, aber die Bürger, die auch etwas Wichtiges zur Sache beizusteuern hätten, nicht. Zwar sind beide Begriffe nicht identisch, aber sie haben eine umfangreiche Schnittmenge. Viele Wissensbürger sind auch Wutbürger, vor allem, wenn sie ihr Wissen systematisch gering geschätzt sehen. Naturschützer gehören beispielsweise häufig dazu, weil sie in einer ökonomisch dominierten Kultur fast permanent am kürzeren Hebel sitzen. Das Gleiche gilt für viele sozial engagierte Menschen, die die Ungerechtigkeiten unserer Gesellschaften nur schwer ertragen können.

Doch es gibt auch Wissensbürger, die ihrem Wissensverlangen weniger emotional nachgehen oder nur mehr angefeuert von der Freude, die die Spannung angesichts einer möglichen Entdeckung auslösen kann. Leidenschaftslosigkeit findet man häufiger bei den professionellen Wissenschaftlern. Dies liegt daran, dass es einen ungeschriebenen Kodex von Verhaltensmaximen für wissenschaftliche Profis gibt, nach dem Forschung »sine ira et studio«, also emotionslos, ohne Wut und Eifer, betrieben werden sollte. Dies ist sicherlich ein gutgemeinter Rat, aber er ist zugleich weltfremd und dafür verantwortlich, dass der engagierte Sachkenner heute eine Renaissance erlebt. Die professionelle Wissenschaft hält sich oft auffällig zurück, wenn Dinge großer Brisanz öffentlich verhandelt werden. Damit nötigt sie den Menschen keinen Respekt ab oder flößt ihnen Vertrauen ein, dass ihre Agenda von ihr mitverhandelt wird. Zu viele ehemals leidenschaftliche »Professoren«, eigentlich »Bekenner«, sind zu scheinbar leidenschaftslosen Nichtbekennern mit Beamtenstatus geworden. Die Profiwissenschaft macht, vielleicht ungewollt, den Raum frei für den handlungsbereiten, einmischungswilligen Citizen Scientist, den »*Activist Researcher*«, der sich offen zu seinem persönlichen wie emotionalen Engagement bekennt.

Es gibt sehr viele verschiedene Typen des Citizen Scientists: zum Beispiel den Schwarmintelligenzler und den Eigenbrötler, den hochgradig reflektierten und den vergleichsweise naiven, den von seiner Mission besessenen und den wenig ambitionierten Gelegenheitsforscher, außerdem den herausragenden und den kaum wahrnehmbaren, den bescheidenen, sich selbst versteckenden und den von seinem Wert überzeugten, ja arroganten Sachkenner.

Citizen Scientists bilden das ganze Spektrum von Charakteren ab, wie man es auch bei den Profis findet. Da sie aber nicht durch einen gemeinsamen Beruf auffallen, sondern allenfalls durch eine gemeinsame Berufung, erscheint ihre Gruppe viel weniger homogen.

Wo in den alten Historischen und Naturwissenschaftlichen Vereinen Englands oder Deutschlands,[143] beispielsweise im 19. Jahrhundert, noch Vertreter des ehemaligen, gebildeten Bürgertums weitgehend unter sich waren – Mittelschullehrer und Gymnasialprofessoren, Apotheker, Ärzte, Fabrikbesitzer, Handwerksmeister, Beamte und Angestellte verschiedener Professionen und Ebenen – hat sich das Bild heute erheblich gewandelt: Es ist wesentlich bunter geworden. Dies trifft auch auf alle anderen Formen von Citizen Science zu: Sie umfassen tatsächlich alle Teile der Bevölkerung. Frauen sind beispielsweise inzwischen wesentlich stärker vertreten als früher.[144] Natürlich sind bildungsferne Schichten am wenigsten zu finden. Doch auch sie machen mit, wenn ihre privaten Interessen angesprochen sind, z. B. in sozialen oder im Naturschutz engagierten Gruppen; dort können sie bisweilen auch ungewohnte Wissensvorlieben entwickeln. Das können primäre Wissensinteressen, aber auch politische Interessen sein, die Wissensinteressen auslösen. Ihr Antriebsmotiv kann die Lust sein, etwas kennenzulernen, aber auch die Wut, bei einer öffentlich verhandelten Sache mit einem berechtigten Anliegen übergangen worden zu sein.

Dass der sogenannte Wutbürger nicht immer, aber in vielen Fällen zunächst ein Wissensbürger ist, lässt sich gut an dem herausragenden Beispiel »Stuttgart 21« zeigen. Es steht musterhaft für das Versagen der Politik, die bei einem Milliarden verschlingenden und noch dazu fragwürdigen Neubauprojekt alles vorhandene Wissen, Privat- und Gemeininteressen, weder rechtzeitig und öffentlich, noch ausreichend zu berücksichtigen bereit war. Die meisten Menschen, die monatelang gegen diese Planung demonstrierten, dafür scharfe Strahlen von Wasserwerfern riskierten und im Einzelfall sogar das Augenlicht verloren, waren noch vor allem Wutbürgertum Wissensbürger, die zu Recht beklagten, dass ihr lokales, von Verwertungsinteressen freies, für dieses Projekt relevantes Wissen nicht Eingang in die Planung gefunden hatte. Das ganze Geschehen um »Stuttgart 21« war ein einziger Großversuch, in dem Menschen um eine weitere Demokratisierung der Gesellschaft rangen – nicht zuletzt durch Citizen Science. Sie kämpften dafür, dass ihre Forderungen, ihre Fragen, ihre Kompetenzen, ihre Beobachtungen, ihr Zusammenhangswissen in diese wichtige, offizielle Entscheidungsfindung einbezogen wurden. Die Abwägung und Austarierung der Interessen der Planer, Träger und Politiker mit den Interessen der Mehrheit der Bevölkerung ist eine klassische Citizen Science-Forderung. Zuletzt wurde vor den Augen der gesamten deutschen Republik, in der TV-Übertragung der gesamten Schlichtung demonstriert, was Demokratisierung von Bürgerwissen bestenfalls bedeuten kann.[145] Zeitweise waren, für jedermann sichtbar, Ministerpräsidenten und Bundesbahnchefs nicht nur in der gewohnten Sprecher-, sondern auch in der Zuhörerrolle anwesend: Die Kontrolle der Experten und die Begrenzung ihrer vermeintlichen Allmacht wurden anschaulich.[146]

Ein besonderer Typus des Wissensbürgers, der wegen seiner generellen Bedeutung für Citizen Science hier herausgehoben werden muss, ist der Profi, der sich als Citizen Scientist versteht. Auch Profis der verschiedenen betroffenen Fachgebiete hatten sich freiwillig unter die Gegner des Stuttgarter Großprojekts eingereiht, um auf Augenhöhe mit ihnen um Gehör für das Bürgerwissen zu kämpfen. Dies ist eine bislang zu wenig wahrgenommene Tatsache von großer Tragweite für das Selbstverständnis und die Kraft von Citizen Science: Citizen Science ist nicht einfach nur Laien- oder Amateurwissenschaft, wo Liebhaber und autodidaktische Kenner ihren Passionen nachgehen können, sondern sie ist eine Form bürgerlichen Engagements für Wissen, die zwar solche Gruppen besonders zum Mitmachen einlädt, aber für manche Wissenschaftsprofis so attraktiv ist, dass sie sich ebenfalls beteiligen. Dabei werden sie als Ratgeber, Trainer und Weiterbilder, aber auch als Teilnehmer wie jeder andere geschätzt, weil gerade sie spezielle Fachkompetenzen und -beziehungen einbringen können, die sonst vielleicht unzugänglich blieben. Bemerkenswert ist allerdings noch etwas anderes: Diese Profis fallen unter den Citizen Scientists oft kaum als Profis auf. Einerseits deshalb,

Wenn ich sagen soll, was mich an der Wissenschaft am meisten stört, dann ist es diese scheinbare Abgeklärtheit. Die meisten Herren Wissenschaftler tun so, als ginge sie das alles nichts an. Sie scheinen über den Dingen zu stehen. Im Alltag gibt es viele haarsträubende Tatsachen, ungeklärte Riesenprobleme, größte Konflikte und gefährliche Situationen. Meistens sagen Wissenschaftler dazu gar nichts, und wenn sie etwas sagen, hört es sich so an, als hätten die das Problem gelöst. Mir treibt dies jedes Mal das Blut in die Adern. Mein persönliches Wissen stößt sich häufig hart an den Tatsachen um mich herum. Aber die Herren Wissenschaftler regen sich anscheinend über nichts auf, es sei denn über ein kleines Spezialproblem, das sie selbst entdeckt haben.

Ein Bildhauer

weil mancher Autodidakt auf seinem begrenzten Gebiet ein so guter Kenner geworden ist, dass er von den Profis als Gesprächspartner auf Augenhöhe ernst genommen wird. Andererseits aber – und dies ist das eigentlich Wichtige – weil sich diese Profis in der attraktiven Wirkatmosphäre von Citizen Science, die sie in der spezialisierten und normierten Profiwelt vermissen, erkennbar wohl fühlen.

Es ist nicht leicht zu sagen, was diese Attraktivität ausmacht.[147] Drei Faktoren sind jedoch meistens relevant: erstens Praxis- und Anwendungsnähe, die das eigene Wissen aus seiner Isoliertheit und Folgenlosigkeit herausholt und in einen unmittelbar einleuchtenden Lebenskontext stellt, zweitens die Chance auf nützliche Anregungen von außen und unübliche Kontakte für eigenes, weitergehendes Forschen (die demjenigen verschlossen bleiben, der seine Dienstzimmer in der Universität kaum verlässt), aber auch drittens eine Ahnung davon, dass das eigene begrenzte Fachwissen, wegen der vielen möglichen und unbekannten Kontexte, weit über den fachlichen Raum hinaus eine Bedeutung für die ganze Gesellschaft und ihre Zukunft haben kann. Bei Gesprächen mit sich unter den Citizen Scientists »versteckenden« Profis über ihre Motive[148] wurden immer wieder diese drei Faktoren genannt, von denen gerade der dritte nicht den geringsten Stellenwert hatte. »Ich habe das Gefühl, das ich gebraucht werde«, »Wer weiß, wozu das alles nütze ist« oder »Man sieht ja normalerweise nur sein enges Fach; hier geht es um mehr: um Kontexte, Auswirkungen, Folgen« waren einige der typischen dabei gegebenen Antworten.

Noch eine weitere Besonderheit, die die Aktivität von Berufswissenschaftlern in Citizen Science von ihrem Verhalten in Professional Science unterscheidet, ist die hier sehr viel geringere Bindung durch ein Fach. Während fremde Fächer im professionellen Raum schnell fremdes Territorium werden, das viele dort nicht zu betreten wagen, engagieren sich womöglich die gleichen Personen in Citizen Science viel unbefangener auf Gebieten jenseits ihrer beruflichen Tätigkeit. Sie übertragen dabei oft formale Fähigkeiten und Methoden, die sie gelernt haben, auf andere Inhaltsfelder. Prinzipiell kommen solche Transfers auch in der professionellen Wissenschaft vor, aber sie sind eher selten, weil sie als Abweichung vom Normalen unter hohem Sanktionsdruck durch die »braven« Fachkollegen stehen. In Citizen Science ist das Engagement des Sprachwissenschaftlers für Fragen des Naturschutzes oder das des Physikers für eine Wirtschaft ohne Wachstum nicht sanktionsbedroht, sondern willkommen, weil es nicht um Spezialistenkompetenzen geht, sondern das

Bewusstsein vom Zusammenhang der zu lösenden Probleme und der Notwendigkeit der Experten-Laien-Kommunikation stärkt.[149] All diese Entwicklungen stärken die Annahme, dass Citizen Science eine wohltuende, ja sanierende Wirkung auf die Wissenschaft insgesamt ausüben kann, indem sie ihr zumindest punktuell wieder Bodenkontakt in der Gesellschaft verschafft, den jene zweifellos auf vielen Wissensfeldern verloren hat.

Schnittstellen:
Wissenschaft im Dialog

Johannes Vogel, Generaldirektor des Museums für Naturkunde in Berlin, zuvor Abteilungsleiter am Natural History Museum in London und selbst in der Citizen Science-Bewegung sozialisiert, sagt über die Aufgabe großer Museen: »Wir müssen aus unserem abgeschotteten Dasein als lebensferne Institutionen heraustreten und die Menschen zum Mitmachen, Mitlernen, Mitforschen und Mitschützen einladen, wo und wie immer wir können. Unsere Aufgabe ist nicht, als Ausstellungs- und Forschungsprofis eine Sonderexistenz zu führen, sondern bei den heute in Städten und naturfernen Kulturräumen lebenden Menschen ihre Wissbegier auf Natur und ihren eigenen Beitrag zu deren Schutz wo und wie immer es geht zu stärken und mit Taten zu unterstützen.« Mit seiner Stimme betont er die Bedeutung der Themenbereiche Natur und Wissenschaft für heutige Citizen Science. Sie könnte um viele Stimmen ergänzt werden, die andere Schwerpunkte setzen – etwa soziale Gerechtigkeit oder die Suche nach wirklich nachhaltigen neuen Lebensstilen.

Wenden wir uns der Erörterung der organisatorischen Übergänge in der Kommunikation zwischen Citizen Science und Professional Science zu, kommen weitere Akteure ins Spiel. Eine interessante und zunehmend wichtige Frage ist, wo und wie sich Citizen Science und professionelle Wissenschaft begegnen, ja sich vielleicht sogar wechselseitig stützen und stärken können. Da qualitativ hochwertige Citizen Science umso schwerer bestehen kann, je deutlicher und konkurrenzloser die professionelle Wissenschaft ein Fachgebiet beherrscht, bekommt diese Frage Gewicht. Die »Verwissenschaftlichung« unserer Gegenwart ist zu Recht zum Topos geworden. Nur in verhältnismäßig wenigen Disziplinen haben wir eine eher umgekehrte Sachlage. Zieht sich die professionelle Wissenschaft wegen der Verlagerung ihrer Fragestellungen, im Zuge einer zunehmenden Steigerung ihrer Komplexität oder schlicht aus Geldmangel aus bestimmten Forschungsgebieten zurück, so wird auf diesen Wissensgebieten Raum für bürgerschaftliches Engagement frei.

In den meisten Fällen gibt es keine Konkurrenz zwischen Professional und Citizen Science, weil sich Citizen Scientists ohnehin nicht auf die für Profis besonders attraktiven, theorielastigen und materialaufwendigen Gebiete begeben. Ihr Fokus auf eher elementare, lokal und regional gebundene Forschungsthemen und leichter bewältigbare Methoden funktioniert auch ohne Kontrolle überwiegend problemlos. Die von Nichtkennern gern gestellte, besorgte Frage: »Was geschieht eigentlich, wenn Citizen Scientists atomphysikalische oder mikrobiologische Experimente durchführen wollen?«, ist leicht zu beantworten: Eine solche Besorgnis ist unbegründet, denn es geht gar nicht um einen Wettstreit mit den Profis, sondern um eine ganz andere Ebene von Wissenschaft und um Sachfragen, die sich aus Lebens- und Praxiskontexten stellen. Insofern gibt es meist auch keine Qualitätsvergleiche. Und was die potenzielle Gefährlichkeit wissenschaftlicher Forschung angeht, so ist Professional Science allein, ohne unverantwortlich handelnde Laien, auf manchen Gebieten schon ein ethisch höchst konfliktreiches, ja nicht selten fragwürdiges Unternehmen. Die Einsicht, dass, was möglich ist, auch, irgendwann von jemandem gemacht wird, ist nicht von der Hand zu weisen. Citizen Science trägt hierzu allerdings keine zusätzliche Gefahrendimension bei.

Es gibt verschiedene Möglichkeiten, die Übergänge zwischen professioneller Wissenschaft und Citizen Science zu organisieren. In den am weitesten fortgeschrittenen Gesellschaften mit Citizen Science-Projekten, insbesondere in den USA, finden wir – wie erwähnt – eine Organisationsform, in der Profis den Rahmen vorgeben und Laien innerhalb dessen das Wissen beschaffen, das die Profis wiederum aus- und bewerten. Dies bedeutet allerdings, dass den Laien wenig Eigeninitiative und verantwortlich nutzbare Freiheit zugestanden wird. Oft bedeutet es aber umgekehrt auch, dass sich die professionelle Wissenschaft auf diese Weise Wirkungsräume zu sichern versucht, die ihr ansonsten, durch Interesse- und Mittelverlagerung, fehlende Zugriffsmöglichkeiten oder Stellenabbau, ganz verloren gehen würden. In solchen Projekten entfaltet Citizen Science nicht alle Potenziale, zu denen sie im Prinzip fähig ist, doch sie spielt eine wichtige, unterstützende Rolle in einem gesamtwissenschaftlichen Prozess. Diese Rolle wird gemeinhin von fast allen übersehen, die

Wissenschaft entweder theoretisch erklären oder praktisch fördern wollen. Anders ist es nicht zu verstehen, dass die Wissenschaftstheorie einerseits die möglichen Kooperationsbeziehungen zwischen Profis und Laien überhaupt nicht thematisiert, und andererseits die professionellen Wissenschaftler der verschiedensten Gebiete so selten auf die Idee kommen, Beziehungen zu Laien aufzunehmen. Mit Ausnahme der erwähnten Beispiele aus dem angelsächsischen Raum scheinen sich die meisten Profiwissenschaftler hinter ihren akademischen Barrieren sicher und ausreichend autark zu fühlen, um solche Kommunikation oder gar Kooperation nicht in Betracht zu ziehen.

Deshalb ist die konstruktive Rolle auch nur einseitig konzipierter Verflechtungen beider Lager in einem gesamtwissenschaftlichen Prozess nicht zu unterschätzen. Auch ein Profi, der Laien nur als Datenzuträger für die Forschung nutzt, die weiterhin seine eigene Forschung bleibt, tut einen Schritt aus dem Profikäfig hinaus und in die allgemeine Gesellschaft hinein, und vertraut seinen Laienmitarbeitern eine das Fach weiterbringende, nicht beliebig zu ersetzende Mitarbeiterfunktion an. Auch der nur Beobachtungsdaten liefernde Laie erfüllt wissenschaftliche Basisaufgaben und agiert bereits als ein Citizen Scientist, selbst wenn ihm die höheren und interessanteren Interpretations- und Auswertungsfunktionen nicht zugestanden werden. Seine Kompetenz mag sich auf elementare Fähigkeiten (beispielsweise der Arterkennung, der Kartierung, auch der Wahrnehmung von potenziellen Gefahren) beschränken und für die anschließenden Verarbeitungsprozeduren nicht ausreichen: Gleichwohl schließt sie elementares Fachwissen ein, ohne das die Mitarbeit an einem solchen Projekt nicht in Frage gekommen wäre. Die Grenze zwischen einem nichtwissenschaftlichen und einem wissenschaftlichen Mitarbeiter ist ebenfalls eine amphibische Zone.

Schnittstellen existieren nicht nur auf fachlichen Einzelgebieten, sondern auch bei bestimmten Institutionen der Gesellschaft.[150] Vor allem sind hier die Bildungsinstitutionen im engeren Sinne zu nennen, wie Schulen, Akademien, Volkshochschulen und Universitäten. Sie alle sind nicht nur Beschäftigungsorte für professionell ausgebildete Wissenschaftler, sondern auch für Menschen, die sich als Citizen Scientists begreifen. Vor allem sind sie Bildungsstätten für die von Kant angesprochenen Erkenntnisfähigkeiten, die wir alle von Natur aus besitzen und durch Lernen und Lehren weiterentwickeln können. Der Lehrerberuf personifiziert jene Verbindung par excellence. Viele Citizen Scientists sind Lehrer.

Dabei gibt es Erschwernisse vielerlei Art. Nicht von der Hand zu weisen ist, dass die Überregulierung mit verschiedensten Vorschriften – Ministerialerlassen, Rahmenrichtlinien, Musterordnungen etc. – es gerade den Bildungsinstitutionen schwer macht, ihre Aufgaben zu erfüllen. Der bürokratische Moloch schädigt die ihm anvertrauten Einrichtungen in vielfacher Weise, er beschneidet ihre notwendige und potenziell auch vorhandene Kreativität und macht sie ungewollt, aber effektiv zu kraftlosen Ausführungsorganen der Vorstellungen aus den oberen Verwaltungsetagen. Ein kreativer Umgang der Schulen mit dieser Schnittstellenproblematik – die Förderung der attraktiven Figur des selbständigen und einfallsreichen Lehrers, den wir bräuchten – ist unter diesen Umständen kaum noch möglich.

Doch Ausnahmen gibt es, zumindest in befristet geduldeten Experimenten und Modellversuchen, vor denen die Verwalter der Normalität mehr Angst zu haben scheinen, als sie Hoffnungen darauf setzen. Kein Wunder, denn positive Ausgänge könnten durchaus ihren eigenen bisherigen Steuerungseinfluss begrenzen. In nicht wenigen Hochschulen, die als dicht beaufsichtigte Institutionen besonders gehemmt werden, wurden aber in den letzten Jahren von Studierenden, aber auch von Wissenschaftlern (die beide in dieser Hinsicht mehr gemeinsame Interessen verbinden als trennen) Versuche unternommen, die Grenzen der festen Verwaltungsstrukturen – die Fakultäten, die Lehrstühle, die Studienfächer und -ordnungen – durch quer dazu liegende Experimente und Vorstöße zu überwinden oder zumindest zu ergänzen. Ein typischer Vorstoß aus diesem Zusammenhang ist das »Forum Offene Wissenschaft« der Universität Bielefeld.

Das Forum ist ein Projekt unter vielen – genau auf der Profi-Laien-Grenze. Entstanden ohne Auftrag »von oben«, allein durch eine gemeinsame Initiative von Studierenden und acht Professoren aus acht Fakultäten und ausprobiert in einem gemeinsamen Seminar, wird es seit inzwischen fast zwei Jahrzehnten mit anhaltendem Zuspruch außerhalb der normalen Studiengänge angeboten: mit aktuellen, alle Disziplinen übergreifenden Themen für jeden Interessierten innerhalb und außerhalb der Universität. Es wird dann als besonders erfolgreich empfunden, wenn es eigene, spontane Weiterbildungsaktivitäten bei seinen Hörern auslöst, die inzwischen überwiegend »von außen« kommen.[151] Die verbindende Funktion, jener »amphibische Charakter« von Citizen Science, der die Wissenschaft dem Alltag und dem Leben wieder näher bringen will, ist auch hier als treibende Kraft spürbar. Freilich lässt sich auch beobachten, dass weniger Studierende den Weg dorthin finden, seitdem die Verschulung ihres Studiums im Zuge des Bologna-Prozesses ihnen für freiwillige zusätzliche Aktivitäten ohne deutlichen Punktebonus[152] immer weniger Raum lässt. Das »Forum Offene Wissenschaft« ist aber ein Beispiel dafür, dass es an Veränderung interessierte Kräfte innerhalb einer stark reglementierten Universitätslandschaft gibt und dass sie nach verbliebenen Freiräumen suchen, die sie im Sinne einer »transformativen Wissenschaft« (Schneidewind) nutzen können. Hierbei spielt die von der Normaluniversität vernachlässigte Profi-Laien-Beziehung eine Hauptrolle. So sind Laien auch wichtige Teilnehmer am sonst überwiegend aus Professoren zusammengesetzten Lenkungskreis des Forums, der neue Themen und Semesterprogramme vorbereitet. Auch die Citizen Science-Szene der Region ist für dieses Experiment wie für viele andere wichtig, andersherum regen solche Experimente auch selbst wiederum dort zur Weiterentwicklung an.

Für die Entwicklung einer starken Citizen Science sind auch andere Institutionen von Bedeutung, insbesondere Museen, in denen Profis und Laien sowohl durch Anschauung (Ausstellungen) als auch durch Forschung miteinander verbunden werden können. Sie sind gut geeignete, herausgehobene Plätze der Kommunikation. Die Aufgabe, als Ansprechpartner für interessierte Laien zu fungieren, kommt dabei nicht nur großen Museen zu; gerade auch die kleineren und mittleren Häuser müssen diese Funktion im eigenen und im Interesse der Citizen Scientists wahrnehmen, wenn ihre Aktivitäten nicht nur medial vermittelt, sondern vor Ort mit Leben erfüllt werden sollen. Große Museen mit nationaler oder auch internationaler Ausstrahlung haben demgegenüber eher koordinierende Aufgaben und können wichtige Brücken zu den Universitäten bilden. Außenstehende sehen zwar vor allem ihre Ausstellungsfunktion, doch haben sie auch eine wichtige Bildungs- und Forschungsaufgabe. Ein Teil davon ist der Brückenbau zwischen Professional und Citizen Science.

Auch Fachbehörden der staatlichen Ministerien könnten eine wichtige Schnittstellenfunktion übernehmen, wenn sie die Verantwortung für ihre Sachbereiche wirklich ernst nehmen.[153] Das Hauptproblem scheint aber zu sein, dass es sich um Verwaltungseinheiten handelt, die alle Arten und Unarten der Bürokratie erleben, welche auch an den modernen Universitäten Forschung und Lehre mindestens so stark behindern wie konstruktiv unterstützen. Der Traum reibungsloser, nur hilfreicher Verwaltung schwindet mit Zunahme der zu verwaltenden Größenordnung und

kehrt sich nicht selten in einen Alptraum um. Dennoch bleibt die Schnittstellenfunktion als positive Option bestehen. Wo sie genutzt werden kann,
profitieren Profis und Laien davon.

Eine im Rahmen der privaten Wirtschaft entstandene Form institutionalisierter Schnittstellen sind die sogenannten Wissenschaftsläden,
die es vielerorts gibt und die als Anlaufstellen für Bürger funktionieren,
die etwas wissen wollen. Allerdings wird nicht die Wissenschaft hier zu
den Bürgern gebracht, sondern die Bürger als Kunden zur Wissenschaft.
Die Wissenschaftler bleiben als Wissensanbieter unter sich, die Bürger
sind Wissensabnehmer. Diese Einseitigkeit verhindert einen Wissensaus-
tausch und trägt kaum dazu bei, Citizen Scientists Mut zu machen und
deren Selbstbewusstsein und Fähigkeiten weiterzuentwickeln; es handelt
sich mehr um Arbeitsbeschaffungsmaßnahmen für Profiwissenschaftler.

Hoffnungsvoller stimmt die Tatsache, dass es seit 1999 eine von Seiten des Stifterverbandes der deutschen Wissenschaft unter Beteiligung
nahezu aller namhaften Wissenschaftsorganisationen gegründete eigene
Organisation gibt, »Wissenschaft im Dialog« (WiD), die sich zunächst
die in Deutschland noch immer vernachlässigte Ebene »Public Understanding of Science« auf die Fahnen geschrieben hat; inzwischen ist aber
deutlich, dass dies auch Citizen Science einschließen muss. WiD versucht daher gemeinsam mit anderen Partnern,[154] diesen hierzulande ver-
nachlässigten Bereich gründlich aufzuarbeiten und mit eigenständigen,
sachangemessenen Ideen und Initiativen zu füllen. Zwar haben auch
diese Initiativen zunächst nur eine einseitige Richtung, aber sie zeigen,
dass Professional Science das Problem erkannt hat. Der Name der Organisation eilt freilich, zumindest gegenwärtig, der Sache noch voraus:
Dialoge sind wechselseitige Verständigungsbemühungen, zu denen Initiativen von beiden Seiten gehören. Doch kann zweifellos ein Dialog entstehen, wenn auch zunächst nur eine Seite ihn begründen will. In diesem
Fall ist der Anstoß wichtig, um die andere Seite erst einmal zu kräftigen
und ins öffentliche Bewusstsein zu rufen.

Am wirkungsvollsten für einen funktionierenden Dialog zwischen
wissenschaftlichen Profis und Laien ist die gute Zusammenarbeit im Rahmen einzelner Citizen Science-Projekte. In ihr zeigt sich direkt, dass
die Wiedervereinigung in einem homogenen Wissensraum möglich ist –
gewissermaßen ein Treffen auf der Mitte der Apfelbaumleiter – und sie
beweist die Notwendigkeit und die Leistungskraft guter Citizen Science.[155]
Dort, wo diese auch Profis so weit anlockt, dass sie sich freiwillig unter
die Laien mischen und mit ihnen auf gleicher Augenhöhe in der Sache

kommunizieren, hört die institutionelle Trennung von Profis und Laien auf. Laien sind auf begrenztem Gebiet zu Profis geworden, und die Profis können zugeben, auf allen ihr Fach überschreitenden Gebieten ebenfalls Laien zu sein.

Wenn die Projekte von Citizen Science light international werden, wird die internationale Verständigung oft doch pragmatisch wichtiger als die semantische Vielfalt der heimatlichen Sprachen. Dennoch bleiben diese bei allen Projekten, die regional basiert sind, die richtigen Kommunikationsmedien. Nur ab einer gewissen internationalen Ausrichtung wird die Verkehrssprache Englisch zu einer kommunikativen Schnittstelle. Hierbei zeigt sich dann auch, was nicht nur den Laien, sondern auch den Profis abverlangt wird. Die leider nicht seltene Einstellung »Ich bin hier der Profi, du bist nur der Laie« ist für eine gelingende Kommunikation und Kooperation nicht zielführend. Es geht um ein beidseitiges Geben und Nehmen, sprich: Lernen; ein weiteres Indiz dafür, dass Citizen Science als Beitrag zur Einheit der Wissenschaft ernst genommen werden sollte.[156] Eine derartige Zusammenarbeit ist ein lohnendes Modell moderner Wissenschaft und fordert dazu heraus, deren Erklärung eben gerade nicht auf die einseitigen Arbeitsformen der Profis, sondern viel eher auf die offeneren und kooperativeren der wissensinteressierten Laien zu gründen.

Die Aussage eines frisch emeritierten Professors: »Vor vierzig Jahren habe ich mein Hobby zum Beruf gemacht, jetzt mache ich den Beruf wieder zum Hobby« kann auch für viele seiner Kollegen gelten. Profis wie er unterstützen und stärken entweder schon während ihrer Dienstzeit oder danach Citizen Science. Sie sind darin erfolgreich, den leider allzu häufig sichtbaren Gegensatz zur professionellen Wissenschaft unscharf und fast unwichtig erscheinen zu lassen. Durch sie wächst wieder zusammen, was durch bürokratische und organisatorische Schranken – weniger durch Kompetenzunterschiede und erst recht nicht durch in den Sujets selbst liegende Schwierigkeiten – getrennt wird. Die professionelle Wissenschaft und Citizen Science bemühen sich um die gleiche Wissenschaft, wenn auch auf unterschiedlichen Niveaus und auf verschiedenen Wegen.

Trotz der Vielfalt bereits existierender Schnittstellen bleibt festzuhalten, dass der Bedarf noch weit größer ist als das Angebot. Anders ausgedrückt: An der Kommunikation zwischen Science und Citizen Science hapert es noch allerorten. Richard Friebe zitiert Klaus Mainzer vom Munich Center for Technology in Society mit der Aussage, dass es zu mehr

Es ist mir egal, ob das, was ich mache, Wissenschaft ist oder nicht. Hauptsache, es ist etwas Sinnvolles. Man hat mir gesagt, es sei schon Wissenschaft, aber eine Wissenschaft von gestern.

Da frage ich mich: Wie kommt es eigentlich, dass eine angebliche Wissenschaft von gestern sich ernsthaft mit Problemen von heute befassen kann? Und meine Ergebnisse zum Seltenerwerden der Lerchen auf den hiesigen Feldern bei unseren Naturschutzbehörden so begehrt sind?! Vielleicht sind wir gar nicht von gestern, sondern achten nur häufiger als die Nobelpreisträger auf die normalen Probleme um uns herum, die sie manchmal vielleicht gar nicht mehr wahrnehmen?

Neulich, als ich einmal in der hiesigen Universität war, weil sie Schüler zu einem »Schnupperkurs« eingeladen hatte, ist mir aufgefallen, wie viel weiter weg von meinem Alltag plötzlich die Probleme waren, um die es dort ging. Ich war auf einmal gar nicht mehr so sicher, dass ich studieren wollte.

Ein Schüler

Kommunikation zwischen Amateuren und Profis kommen müsse, mit Lernbereitschaft auf beiden Seiten. »Wir brauchen da eine ähnliche Ergänzung wie zwischen Breiten- und Leistungssport.« Und er zitiert den Autor des vorliegenden Buchs mit der Einschätzung, dass sich viele Profis nach wie vor hinter ihren akademischen Barrieren ganz wohl fühlten.[157] So lange dies der Fall ist, hat auch die amerikanische Deutung von Citizen Science keine Chance, viel zu verändern. Sähe es besser aus, wenn die Initiativen eher von den Citizen Scientists ausgingen? Die Vorurteile, auf die man wechselseitig stößt, sind schwer zu überwinden. Etablierte Institutionen wirken wie Barrieren, und Citizen Scientists erscheinen wie Eindringlinge. Deshalb ist es umso wichtiger, dass man Gelegenheiten schafft, miteinander ins Gespräch zu kommen. Dort konstruktiv an gemeinsamen Problemen zu arbeiten ist erfolgversprechender, als die Aktivität ganz den »Partner-Gegnern« von der jeweils anderen Seite zu überlassen. Noch schwieriger wird es, wenn die Wirtschaft als dritter Akteur auftritt, dann kommen auch noch nichtwissenschaftliche Interessen ins Spiel. Nur gemeinsam kann hier ein Ausgleich gefunden werden, der Citizen Science voranbringt.[158]

Förderung:
Zwei unterschiedliche Strategien

Der Citizen Scientist Volker Münchau sagt: »Machtorientierte Akteure stellen sich Einflussnahme meist in einem hierarchischen Modell vor: möglichst weit oben an der Stelle einsteigen, wo ein einzelner Entscheider, ein kleiner Kreis von Verantwortlichen oder ein Dachverband den Zugriff auf alles ermöglicht, was von ihm abhängt. Allerdings sind manche Teile der Gesellschaft gar nicht hierarchisch gegliedert, sondern eher wie Netzwerke: als lockerer Verbund von Einzelaktivitäten, häufig auch ganz frei, von niemandem abhängig und niemandem verantwortlich. Genau so ist es bei Citizen Science. Hier zeigt sich, wer kennt, was er fördern möchte, oder wer die falsche Strategie wählt. Mit welchem Ergebnis, bleibt einstweilen offen: zum Nutzen oder zum Schaden dessen, was man eigentlich fördern wollte. Dies ist ein Tatsachenbericht.«[159]

Was ist zu tun und wie soll man vorgehen, wenn man Citizen Science voranbringen will? Es gibt keine wirkliche Alternative zu einer aktiven Förderung, Nichtstun würde den aktuellen Vorsprung der angelsächsischen Länder bei Citizen Science light nicht aufzuholen gestatten, und die europäischen Potenziale von Citizen Science proper würden weiterhin im Schatten der professionellen Forschung verkümmern. Das Wissen der Laien bliebe weiterhin unterschätzt.

Wie aber fördert man Citizen Science am besten? Immer mehr Menschen in verantwortlichen Positionen scheinen sich diese Frage zu stellen. Man scheint sich unausgesprochen einig darin zu sein, dass etwas geschehen muss, aber was ist noch unklar. Dennoch zeichnen sich schon zwei mögliche Vorgehensweisen ab, die die Unterschiede in der Denkrichtung anzeigen: Top-down und Bottom-up. Erstere geht von bestehenden Institutionen aus und erwartet, dass sie ihr bisheriges Desinteresse an Citizen Science überwinden und sich nun auch für sie bildungspolitisch und finanziell engagieren. Die zweite Vorgehensweise stellt die Citizen Scientists selber in den Mittelpunkt und versucht, diese direkt zu fördern, ohne den Umweg über bestehende Institutionen. Top-down-Förderung ist vergleichsweise einfach: Es gibt relativ wenige bekannte Ansprechpartner; die Sache ist gut zu organisieren. Bottom-up-Förderung ist dagegen viel schwieriger, denn die Ansatzstellen der Förderung sind weniger leicht zu bestimmen, Förderungsgerechtigkeit viel schwerer herzustellen.

Es ist deshalb nicht verwunderlich, dass die meisten Ansätze eher dem Top-down-Modell folgen. Diese Denkweise scheint vor allem den Interessenten aus der Wirtschaft nahe zu liegen, die sich bereits jetzt für Citizen Science erwärmen können. Für sie ist es ungewohnt, es mit selbstorganisierten und ehrenamtlichen Partnern zu tun zu haben, die wenig greifbar scheinen und nicht institutionell reagieren. Außerdem geht es der Wirtschaft immer um Einfluss, Konkurrenz und Gewinn. Auch Förderung ist für sie ein ökonomisches Thema.

All das lässt sich mit den etablierten Institutionen der Wissenschaft besser regeln als mit ungebundenen Vereinen, kritischen Bürgerinitiativen oder sogar Einzelakteuren, die meist unkoordinierte Interessen haben. So spielt es kaum eine Rolle, ob sich jene Institutionen bisher bereits Citizen Science zugewandt haben oder nicht; sie erscheinen als geborene Partner für alle wissenschaftlichen Belange, auch dann, wenn es Bereiche betrifft, auf denen sie bislang überhaupt nicht aktiv waren.

Aus der Perspektive der Citizen Scientists sieht dies ganz anders aus, nämlich als wolle man ihnen über ihre Köpfe hinweg Gutes tun. Warum ausgerechnet jene, die Wissenschaft bisher als ihre alleinige Domäne betrachtet und Wissenschaftsförderung unter sich ausgemacht haben, sich auf einmal auch für gewöhnliche Wissensbürger und Laien zuständig fühlen sollten, ist für sie nicht nachzuvollziehen. Man nimmt es vielleicht hin, so wie die kleine Schwester Wohltaten der großen Schwester hinnimmt, aber der Unterschied zwischen klein und groß und zwischen ignoriert und anerkannt bleibt im Bewusstsein. Ideal ist eine solche Vorgehensweise nicht.

Wesentlich sachangemessener wäre deshalb die Methode der Bottom-up-Förderung, die Citizen Science nicht zuerst zweitrangig macht, um sie dann zu fördern, sondern ihre wichtige Rolle im Basisbereich der Wissenschaft ohne Einschränkung anerkennt. Nur ist diese Art der Förderung schwieriger zu realisieren, weil das Freie, Bunte und Ungebundene als solches über keine festen Verwaltungsstrukturen verfügt. Doch das bedeutet nicht, dass dieser Weg nicht gangbar ist, nur, dass er umständlicher zu gehen ist und diese Art der Förderung sorgfältiger geplant werden muss. Citizen Science besitzt zwar bis auf wenige selbstorganisierte Förderorganisationen keine institutionellen Repräsentanten, aber es haben sich manche Vereinigungen, Initiativen, Gruppierungen und Netzwerke gebildet, die für ganze Gruppen von Akteuren sprechen und handeln können. Bottom-up-Förderung ist über sie möglich; sie sollte als Modell bevorzugt werden, wo immer es geht.

Top-down-Förderung ist damit jedoch nicht automatisch von Übel. Nur als einzige oder als vorrangige Förderungsmethode ist sie kontraproduktiv. Ergänzende Top-down-Förderung etwa mag punktuell hilfreich sein, da sie die professionelle Wissenschaft und die Wirtschaft einzubinden vermag, und dies in ganz anderer, effizienterer Form.

In Europa ist die bisher entschiedenste selbstorganisierte Förderorganisation die European Citizen Science Association (ECSA), eine von verschiedenen Gruppierungen getragene Organisation, die am Imperial College in London gegründet wurde und zur Zeit ins Naturkundemuseum in Berlin umzieht. Bislang will sie ihre Aktivitäten darauf begrenzen, die Einbeziehung der Zivilgesellschaft beim Verständnis von Umweltfragen zu fördern.[160] Ob dies eine im Eifer des Gründungsgefechts unterlaufene Begrenzung ist, die bald als zu eng erkannt werden wird, oder eine bewusst vorgenommene Einschränkung, muss hier offen bleiben. In jedem Falle ist die ECSA schon jetzt eine starke europäische Stimme von Citizen Science, die deutlich macht, dass Professional Science die Zeichen der Zeit erkannt hat und Nutzen und Popularität der Sache nicht allein den Amerikanern überlassen wird.

Wissenschaft ist oft ineffektiv organisiert. Besonders wenn ich diese Hobbywissenschaftler sehe, von denen es heute immer mehr gibt. Wie laienhaft läuft da vieles ab! Und dann klagen sie über mangelnde Resonanz! Aber auch die Berufswissenschaftler an den Universitäten machen vieles genauso umständlich.
Dies kann die Wirtschaft einfach besser, weil sie es aus Konkurrenzgründen besser machen muss. Wenn wir ein neues Produkt bewerben müssen, dann müssen wir als erstes herausfinden, wer die entscheidenden Leute in den Medien sind, die heute die Meinungsbildung beeinflussen. Mit irgendwelchen Lokalgrößen kann man sich da nicht lange aufhalten, sonst ist die Konkurrenz schneller. Wenn die wirklich zuständigen Leute wissen, worum es geht, wandert die Information schnell nach unten. Solange elementares Marketing nicht in die Köpfe der Wissenschaftler einzieht, wird da nichts besser. Ganz schlimm sind die Hobbywissenschaftler. Die haben oft noch nicht einmal eine klare Hierarchie, wie Kommunikation verlaufen sollte. Das kann natürlich nichts werden.
Ein leitender Angestellter in der Automobilbranche

Förderung heißt übrigens nicht unbedingt und in erster Linie finanzielle Förderung, obwohl gerade sie letzten Endes notwendig ist; Näheres dazu behandelt das nächste Kapitel. Am Anfang muss immer zuerst die ideelle Förderung stehen, die glaubwürdige Unterstützung der Ideen und Ziele von Citizen Science. Nur dann, wenn die Etablierten neu nachdenken und den Citizen Scientists eine neue, mittragende Rolle in einer entstehenden Wissensgesellschaft zuerkennen, ist auch eine finanzielle Förderung sinnvoll. Ohne den wichtigsten Schritt, die Erweiterung des auf Professional Science eingeengten Wissenschaftsbegriffs, bleibt jeder Förderungsversuch unglaubwürdig und letztlich erfolglos.

Geld: Warum das Ehrenamt nichts mit Kostenlosigkeit zu tun hat

Erika Littmann hat sich der Aufgabe verschrieben, sinnvolle Projekte zu fördern: mit Geld, das eigentlich ihr und ihrem Bruder Karl-Heinz Selbach gehört. Die Geschwister haben erkannt, dass es nicht an guten Ideen mangelt, sondern daran, sie zu finden und dann finanziell zu unterstützen. Die unzureichende Förderung der Wissenschaft durch die öffentliche Hand zwingt die Wissenschaftler zu einem gnadenlosen Wettlauf um Drittmittel. Dass hierbei nicht nur beste Qualitäten miteinander konkurrieren, liegt bei dieser Konstellation auf der Hand. Littmann und Selbach folgen deshalb einem Weg, der sich bewährt hat: Sie vertrauen ehrenamtlich tätigen Organisationen, die den Wandel hin zu einer Lebensweise der Nachhaltigkeit voranzubringen versuchen und kaum oder keine staatlichen Mittel oder Mittel der Privatwirtschaft erhalten. Die kritische Einstellung zum Mainstream ist den Geschwistern dabei wichtig. Und die Erfahrung gibt ihnen recht: Solche, die laut für etwas kämpfen, sind leichter zu erkennen als diejenigen, die wirklich gut, aber still sind. Letztere zu finden ist schwieriger, aber wichtiger. Dabei helfen den beiden Sponsoren ehrenamtliche Gruppierungen. Die beste Idee zu haben ist immer die am meisten Erfolg versprechende Strategie.

Geld ist vieles: ein moderner Mythos, ein Fetisch, ein kaum zu ersetzendes Antriebsmittel kultureller Aktivitäten. Es ist auch das Thema einiger Citizen Scientists, aber vor allem ist es fast für die gesamte Bewegung buchstäblich eine Leerstelle: Geld ist meistens nicht vorhanden, allenfalls in bescheidenem Maß oder nur in Form sehr begrenzter, privater Eigenmittel. Während Professional Science in großem Umfang aus Steuermitteln und in fast noch größerem Umfang aus Privat- und Industriemitteln, gefördert wird (wenngleich auch gemessen am Nötigen viel zu wenig), so erhält Citizen Science bis jetzt aus diesen Töpfen buchstäblich gar nichts. Geld ist insofern mehr als nur eine Schnittstelle von Citizen Science zu anderen Teilen der Gesellschaft: Es enthält die Gefahr, sich an gesellschaftlichen Mängeln und Unfreiheiten anzustecken, doch ebenso bietet es auch die Chance, mehr aus dieser vielversprechenden Wissenschaftsform zu machen.

Wir haben gesehen, dass es den abhängigen Citizen Scientist gibt, der im Rahmen wissenschaftlicher Projekte als Datenlieferant eingesetzt wird. Aber wir haben auch gesehen, dass bedeutende Teile von Citizen Science selbstorganisiert und frei von institutionellen Bindungen und Weisungen aller Art sind. Ihre Forschung erfolgt ehrenamtlich. Kaum ein anderer Teil der Wissenschaft kann von sich behaupten, so frei zu sein. Die Nichtabhängigkeit von einflussreichen Institutionen, Organisationen und Geldgebern ist ein hohes Gut, das nicht durch Leichtfertigkeit oder Berechnung aufs Spiel gesetzt werden sollte. Ein unabhängiger Citizen Scientist besitzt eine ganz andere Autorität. Er kann auch kritische Positionen gegenüber Wirtschaft, Politik oder auch professioneller Wissenschaft einnehmen – anders als derjenige, welcher bei Repräsentanten dieser Handlungsfelder in Lohn und Brot steht. Deshalb stellt sich ernsthaft die Frage, wie man sich zu materieller Unterstützung verhalten soll. Darf ein Citizen Scientist für seine Arbeit Geld nehmen oder ist die völlige Abstinenz von diesem Standardbrennstoff moderner Kulturförderung ein Wesensmerkmal von Citizen Science?

Erinnern wir uns an Feyerabend. Seine Vision war Wissenschaft in einer freien Gesellschaft (Originaltitel: »Science in a Free Society«) beziehungsweise »Erkenntnis für freie Bürger« (Titel der deutschen Übersetzung). Dies führte ihn zu einer kritischen Position gegenüber der etablierten Wissenschaft, und dann – in jenem weiteren, problematischen Schritt – gegenüber unserer Rationalität überhaupt. Sein Fehler war, Rationalität nicht als ein natürliches Merkmal der Menschheit, sondern als Erscheinungsform einer bestimmten Kultur aufgefasst zu haben. Auch die Ökonomisierung der Wissenschaft hat er noch nicht in all ihren heutigen Folgen thematisiert.

Wir haben gute Gründe, ihm in seinem Ansatz bis zu einem gewissen Grad zu folgen, nicht aber in seinen unsere Rationalität relativierenden Schlussfolgerungen. Deshalb ist auch Geld – dessen Rolle er leider nicht thematisiert – ein wichtiges, aber kritisch zu behandelndes Thema. Wir sehen in Citizen Science eine Chance, in grundlegenden Wissensdingen Feyerabends Ideal, dem freien Wissensbürger, näherzukommen, seine Bildung und Stellung zu stärken, ohne seine Unabhängigkeit aufs Spiel zu setzen. Dies aber zwingt uns den Geldkonflikt auf: Wir können dem Ziel nicht näher kommen, ohne Geld zu nutzen, dürfen ihm aber nicht, wie viele unserer kulturellen Systeme es tun, Selbstverständnis und Freiheit opfern. Die Ehrenamtlichkeit der allermeisten Aktivitäten von Citizen Science ist ein Ausweg, den wir nicht gefährden dürfen. Wenn man die hiermit zusammenhängenden Probleme jedoch nicht sieht, kann das schnell geschehen sein.

Viele Tagungen und Publikationen haben sich in den letzten Jahren mit Angelegenheiten der Ehrenamtlichkeit befasst. Das fängt mit dem Begriff an, der heute wie aus der Zeit gefallen klingt (»Ehre«? »Amt?«) und hört bei dem Grundirrtum auf, dass Ehrenamtlichkeit heute schnell mit Kostenlosigkeit gleichgesetzt wird. Es ist bereits ein erhebliches Problem, wenn der Boom von Citizen Science light in den USA auch darauf beruht, dass die freiwillige Mitarbeit vieler sachkundiger Bürger an einem wissenschaftlichen Projekt in der Regel unentgeltlich erfolgt. In Deutschland veranstalten Ämter für Naturschutz Tagungen um das Ehrenamt zu loben, weil sie auf die verlässlichen Datenzulieferungen der ehrenamtlichen Sachkenner angewiesen sind, um ihren gesetzlichen Verpflichtungen nachkommen zu können. Und sie erwarten diese Leistung unentgeltlich. Der Druck dieser Erwartung provoziert Misshelligkeit, denn das Eigentum an den begehrten Daten liegt eigentlich beim Forscher, der sie oft unter erheblichen Mühen und privaten Kosten beschafft.

Es ist nicht selbstverständlich, dass das, was ein Citizen Scientist freiwillig und unentgeltlich, aber unter Einsatz erheblicher Eigenmittel erforscht, unter moralischem Druck auch unentgeltlich an Dritte weitergegeben wird. Hier sind dringend neue Konzepte vonnöten, die die Rechte an den Daten, aber auch ihren monetären Wert klarer festlegen und eine Schutzbarriere gegen die Aushöhlung der Ehrenamtlichkeit durch unterstellten Allgemeinanspruch und eine vermeintliche Kostenlosigkeit errichten. Solche Konzepte sind bislang noch kaum vorhanden. Die ungerechtfertigte Gleichsetzung von Ehrenamtlichkeit mit Kostenlosigkeit muss problematisiert werden. Man kann dies verallgemeinern: In unserer ökonomisch geprägten Zeit haben Bildung und Wissen auch einen monetären Wert, und dieser liegt bedeutend höher als viele noch immer glauben.

Das Problem hängt mit der bereits an anderer Stelle behandelten Frage zusammen, wie man Citizen Science am besten fördern kann: top-down oder bottom-up. Dabei kann sehr schnell Geld ins Spiel kommen, ohne dass seine womöglich das ganze Selbstverständnis von Citizen Science ruinierende Rolle durchschaut wird. Grundsätzlich ist anspruchsvolle Citizen Science immer eine Bottom-up-Veranstaltung. Dies ist auch ein Grund, weshalb hierarchisch organisierte Wissenschaftsministerien und Spitzenorgane der Wissenschaft nicht die geborenen Organisatoren von Citizen Science sind, und auch dann, wenn sie als ihre Förderer auftreten wollen, dies sehr zurückhaltend tun sollten.[161] Die Unorganisiertheit, Unabhängigkeit und Ehrenamtlichkeit von Citizen Science sind hohe Güter, die den freien Wissensbürger auszeichnen, und sie dürfen weder durch ungeschickte Hilfestellung, noch durch das Zaubermittel Geld gefährdet werden. Andererseits: Ohne Geld geht es nicht. Wie ist der Konflikt zu lösen?

Betrachten wir, bevor wir zu möglichen Lösungen kommen, das Problem von der anderen Seite. Citizen Science benötigt erhebliche Unterstützung und Hilfe, wenn sie eine starke Kraft bei der Schaffung der Wissensgesellschaft werden soll. Sie ist als wichtige wissenschaftliche Stimme gegenüber der massiv durch Staat und Wirtschaft geförderten Expertokratie im Medienzeitalter nicht wirklich vernehmbar, wenn sie in ihrer lokal-regionalen Versprengtheit und ihrer relativ geringen Vernehmlichkeit allein auf ihre sachliche Überzeugungskraft baut. Die ihr innewohnende Korrekturkraft kann nicht im nötigen Umfang wirksam werden, wenn eine derart große Ungleichheit der Mittel herrscht, wie das zur Zeit der Fall ist. Immaterielle Hilfe, die ihre tragenden Ideen verbal unterstützt, ist notwendig, aber letztlich nicht ausreichend und zielführend. Wir müssen Citizen Science auch finanziell instand setzen, ihre Schwächen zu verringern, ihre Stärken auszubauen und auszuspielen. Dabei ist es eine entscheidende Frage, woher das Geld fließen und wie es verteilt werden soll.

Schon jetzt ist absehbar, dass durch diese Frage ein Wettbewerb entstehen wird, wie es ihn auch bei Professional Science gibt: der Wettbewerb zwischen privaten und staatlichen Mittelgebern. Private werden es sich, sobald sie die Potenziale von Citizen Science entdeckt haben, nicht nehmen lassen, hier dabei zu sein. Dies gilt umso mehr, je förderungsabhängiger ein Citizen Scientist ist. Die USA stellen ein ideales Experimentierfeld hierfür dar. In einem Wissenschaftssystem, das ohnehin zum größten Teil privat finanziert ist, ist auch der privat finanzierte Citizen

Scientist nur eine folgerichtige Ergänzung. Seine Abhängigkeit wächst somit um eine weitere Dimension. Faktisch läuft es darauf hinaus, Wissenschaft billiger zu machen, indem man den schon jetzt oft unterfinanzierten Profiwissenschaftlern noch ein Heer von weiteren abhängigen und nicht professionell ausgebildeten Mitarbeitern unterordnet. Was an der Idee der Einbeziehung einer möglichst breiten Öffentlichkeit als Chance und als fortschrittlich erscheint, gewinnt bei bewusster Reflexion des Geldthemas eine fragwürdige, ja ausbeuterische Perspektive. Umso wichtiger ist es, dass dort, wo Citizen Science noch unabhängig betrieben wird, der Staat seine Pflicht erkennt, einer solchen Entwicklung Vorschub zu leisten: indem er mit öffentlichen Geldern einspringt, die keine Interessenbindung mit sich führen und die das gemeinsame und umfassende Ziel, das Wachsen der Wissensgesellschaft zu befördern, sehr viel glaubwürdiger anzustreben erlauben als die weitgehende Privatisierung des Bildungssektors.

Eine mittlere Lösung, die auch noch akzeptabel wäre, ist finanzielle Unterstützung durch die großen Spitzenorganisationen der Wissenschaft. Sie hätte sogar einen besonderen Charme, denn das etablierte Wissenschaftssystem würde selbst tätig werden und erkennen, dass in Bezug auf manche Probleme der heutige Wissenschaft Korrekturbedarf herrscht, der am besten selbst- und nicht fremdorganisiert eingelöst werden sollte. Indem die Wissenschaft nämlich Citizen Science finanziell unterstützt,

> Wir haben demnächst nicht mehr genug Geld, um unsere Berichtsbände regelmäßig erscheinen zu lassen. Früher erschienen sie mal jährlich, zuletzt dann alle zwei Jahre. Früher gab die Stadt etwas, auch der Regierungspräsident, gelegentlich kamen auch Bußgelder dazu, die das Gericht ehrenamtlichen Organisationen zusprechen kann. Das alles ist fast versiegt. Unsere Mitgliedsbeiträge können wir nicht in dem Umfang erhöhen, der nötig wäre, diese Ausfälle zu kompensieren.
> Auch ehrenamtliche Regionalforschung kostet Geld, privates Geld. Viele staatliche Stellen scheinen das nicht zu sehen oder für Schicksal zu halten. Vielleicht müssen wir in einigen Jahren aufhören und den Laden dicht machen. Wenn ich dies sage, ernte ich nur ein Schulterzucken. So wenig sind wir wert?
> *Die Vorsitzende einer regionalen Naturforschenden Gesellschaft*

bekennt sie sich nicht nur zur Einheit der Wissenschaft, sondern auch dazu, die Kritik von Fehlentwicklungen systemintern zu ermöglichen: Sie stärkt mit ihrer eigenen Basis auch ihr eigenes kritisches Potenzial. Citizen Science würde gewissermaßen als eine moderne, zu den älteren Methoden hinzukommende Spielart der Wissenschaft anerkannt, nicht nur um deren Basisfunktionen zu kräftigen, sondern auch um sich mit den eigenen Mängeln und Fehlern besser auseinanderzusetzen.

> Beides, staatliche Unterstützung und Unterstützung durch die etablierte Wissenschaft, würde Citizen Science entscheidend helfen, das angebotene Geld anzunehmen, weil es nicht mit Interessen verbunden wäre, die ihre Freiheit gefährdeten. Es wäre der richtige Weg, den Geldkonflikt auf grundsätzliche Weise konstruktiv zu lösen. Private Geldzuwendungen, die es sicherlich auch geben wird, werden diesen Konflikt jedes Mal neu entfachen, können aber wahrscheinlich nur im Einzelfall zugunsten eines Freiheitserhalts gelöst werden. In vielen Fällen würden Citizen Scientists ihre Freiheit verlieren, und es wird ihnen nicht unbedingt immer bewusst oder wichtig sein. Hier könnte eine zwischengeschaltete, neu zu gründende Instanz helfen, vielleicht eine Stiftung öffentlichen Rechts, die privaten Gelder einzusammeln, zu verwalten, hierdurch bis zu einem gewissen Grad ihre Quellen zu neutralisieren und die Mittel auf Antrag an bedürftige Projekte zu verteilen. Es ist denkbar, dass die hierfür zuständige Jury mit Vertretern der Geldgeber, der Wissenschaftsorganisationen und verschiedener Sparten von Citizen Science besetzt ist.

Denn ein weiteres Problem finanzieller Unterstützung ist die Verteilung der Gelder im Bereich von Citizen Science selbst. Es entsteht durch ihre strukturelle Offenheit und das Fehlen übergreifender Verwaltungsstrukturen. Dennoch gibt es naheliegende Lösungen. So existieren gerade bei Citizen Science verschiedene Netzwerke und gemeinnützige Vereinigungen, die unter Vermeidung neuer Machthierarchien auf Augenhöhe mit gleichrangigen Partnern geeignete Verteilungsinstanzen für die verschiedenen Sachsparten wären. Sogar im Bereich der besonders stark vereinzelten Citizen Scientists, die aus Liebhaberei und Hobbyismus erwachsen, existieren solche Strukturen, die zweifellos gern Hilfsdienste bei der sinnvollen und zweckdienlichen Zuweisung der Gelder leisten würden.

Und in welcher Größenordnung werden Fördergelder gebraucht? Wenn man eine Liste der sinnvollen Aufgaben zusammenstellt und etwa auf einen Zeitraum von zehn Jahren anlegt,[162] würden allein in Deutschland schätzungsweise mindestens 50 bis 80 Millionen Euro nur dafür benötigt, Citizen Science durch Schwerpunktförderung als wichtige gesellschaftliche Kraft anzuschieben und als ernst zu nehmenden Faktor unserer Gesellschaft ins allgemeine Bewusstsein zu heben. Von einer Sicherung der vorhandenen Ansätze oder gar einer flächendeckenden Förderung kann dabei noch keine Rede sein. Hierfür wird leicht das Zehnfache der genannten Summe und mehr benötigt werden: bestens angelegtes Geld, denn es wäre eine Investition in den freien Wissensbürger und in die angestrebte Wissensgesellschaft. Grundsätzlich gilt: Jede Summe hilft, wenn sie nicht zur Einschränkung, sondern zur Unterstützung jener Freiheit verwendet wird. Wenn wirklich etwas bewegt werden soll, dann muss eine potenzielle Wissensgesellschaft hierfür auch Geld in die Hand nehmen. Das Problem verschlimmert sich durch die altbekannte Schwierigkeit der chronischen Unterfinanzierung des Bildungswesens insgesamt. Unterhalb der genannten Anfangsschwelle von etwa 50 Millionen wird nur wenig erreicht werden.

Eine Pyramide macht besonders deutlich, wie wichtig für ein hoch aufragendes Bauwerk eine sichere, flächige Fundierung ist. Die Wissenschaft kennt natürlich viele hohe Spitzen, aber das Entscheidende ist ihre breite Grundlegung durch eine Verankerung in Citizen Science. In einer Wissensgesellschaft, die diesen Namen verdient, werden gute Bildung und Weiterbildung allen angeboten und sind für jeden zugänglich. Dort ist Wissenschaft nicht nur Beruf einer verhältnismäßig kleinen Elite, die ihr jeweiliges Teilwissen immer für richtig und verbindlich hält, sondern eine Sache vieler, ja aller, die Lust auf Wissen haben. Die Wissenspyramide ist eine Menschenpyramide.

Sie versinnbildlicht das Bürgerwissen einer gebildeten Zivilgesellschaft. Ihm müssen sich auch die Experten stellen. Nur eine Gesellschaft aufgeklärter Laien trägt Professional Science ausreichend mit und lässt die speziellen Wissenshöhen, die jene anstrebt, aus einem verlässlichen Fundament herauswachsen. Umgekehrt fordert sie von dieser auch ihre demokratische Verankerung in der Basis der Gesellschaft ein. Vielen Menschen Lust zu machen auf Wissen und Wissenschaft und sie aus der Gängelung durch alte und neue Mythen zu lösen, geht nur von unten und in größtmöglicher Breite. Nur dies ist letztlich zielführend und gerecht. Nur dies ermöglicht Zukunftsfähigkeit und eine Kontrolle der Experten.

Profis gibt es immer nur wenige, Laien aber viele; wir alle gehören zu Letzteren. Nehmen wir uns vor, die Bedeutung des Wissens der Laien nicht länger zu unterschätzen.

TEIL IV

Die Pyramide, oder: Der schwierige Weg in eine zukunftsfähige Gesellschaft

Der letzte Teil des Buches handelt davon, was Citizen Science erreichen will und kann. Es lässt sich in einem einzigen Gedanken zusammenfassen: eine Wissensgesellschaft zu schaffen, die diesen Namen auch verdient.

Dieses Ziel kann mit Professional Science allein, die immer eine Sache weniger Spezialisten bleiben wird, nicht erreicht werden. Die etablierte Wissenschaft verschiebt unsere Wissensgrenzen, ist aber nicht in der ganzen Tiefe der Zivilgesellschaft wirkungsmächtig. Das letzte Bild einer Pyramide soll zum Ausdruck bringen, dass für die Errichtung der Wissensgesellschaft ein breites Bildungsfundament gebraucht wird, das wir gegenwärtig in unserer Gesellschaft so noch nicht haben. Wir brauchen ein breites, verlässliches und demokratisches Fundament für drei große, essenzielle Veränderungen: für eine Reduktion der Machtaspekte in der Wissenschaft, wo sie nicht hingehören, für eine Neuorientierung politischer Wertmaßstäbe, die Bildung und Wissen immer noch nachrangig behandeln, und für das Erreichen wirklich zukunftsfähiger Lebensweisen, um diesen Planeten bewohnbar zu erhalten.

Für all dies brauchen wir auch Citizen Science. Nur dann, wenn wir eine Wissenspyramide aus Menschen bauen und möglichst jeden Bürger dazu befähigen, sich seines eigenen Verstandes zu bedienen und damit Kants Empfehlung zu folgen, haben wir eine echte Chance. Wir dürfen niemanden zurücklassen und meinen, es komme nicht auf jeden Einzelnen an. Die Forderung, das Wissen der Laien massiv zu fördern und nicht länger zu unterschätzen, ist brisant. Unsere Rationalität muss Wissenschaft, Politik und Leben in einen Zusammenhang bringen, der bislang noch nicht besteht, und dies ist nur auf einem demokratischen Weg möglich. Angesichts der drängenden Probleme der Gegenwart sehen wir, wie lang und schwierig er ist. Deshalb müssen wir jetzt losgehen.

Wissenschaftswandel:
Es geht um Wahrheit, nicht um Macht

Wie ein Seismograf registriert Stefanie Hermann jeden Anflug von Machtdenken in der Wissenschaft. Bei ihr wirkt dies wie ein Urinstinkt: Macht gehört nicht hierher, in der Wissenschaft geht es um Wahrheit. Da jedes Wissen Macht verleiht, springt ihr empfindliches Sensorium häufig an und versucht herauszufinden, welche Gewichte sich verschieben könnten, wenn der Machtaspekt die Oberhand gewinnt. Sie ist ehrlich genug zuzugeben,

dass dies bisher mehr ein Gefühl ist, eine Vermutung, als eine rational be-
gründete Gewissheit. Aber sie hat schon erlebt, dass aus dem Gefühl Wissen
wurde, als nämlich eine Kommilitonin eine Prüfung nicht bestand, weil sie
die Lieblingsfrage des Professors bewusst neutral beantwortete und prompt
durchfiel. Deshalb empfindet die Studentin Stefanie Hermann immer Miss-
trauen, wenn von der »herrschenden« Wissenschaft die Rede ist. Etwas, das
früher eindeutig auf die Habenseite des kulturellen Fortschritts gehörte, ist
für sie zweideutig geworden. In dem ehrenamtlich arbeitenden Kulturnetz-
werk, dem sie angehört, ist von alledem nichts zu spüren. Auch dort be-
müht man sich um aktuelles Wissen, aber dieses herrscht nicht, sondern ist
ein Angebot.

Citizen Science kann uns durch ihre Andersartigkeit auf veränderungs-
würdige Tatsachen und Störfaktoren in der Profiwissenschaft aufmerksam machen. Ein ganz entscheidendes, wenn auch subtiles und in seiner
Bedeutung bislang wenig wahrgenommenes Problem liegt in den Fall-
stricken eines Begriffs, an den wir uns so gewöhnt haben, dass er inzwischen fast allen leicht über die Lippen kommt: Paradigma.

Es gibt kleine und große Störfaktoren der Wissenschaft. Relativ wenig
stört zum Beispiel ein gelegentlicher Betrüger. Wir kennen inzwischen
eine ganze Menge aufgedeckter Fälle, in denen auch die auf Wahrheit zie-
lende Wissenschaft Probleme mit der Wahrhaftigkeit der Wissenschaftler hatte. Dies ist aber kein großes Problem der Wissenschaft; sie wird
mit Lügnern und Betrügern fertig. Ein wesentlich ärgerlicherer Störfaktor kann der Einfluss ökonomischer Interessen auf die Wissenschaft sein.
Wenn man bedenkt, dass die Wirtschaft Hochschulen finanziert und
sogar selbst gründet, kann man sich unschwer ausmalen, dass ökonomische Interessen leicht auf die Forschung und die Darstellung der Ergebnisse einwirken können. Selbst an den staatlichen Universitäten kann dies
der Fall sein, wenn auch meist indirekt und schwer erkennbar. Doch seitdem angesichts der knapper werdenden staatlichen Kassen viele Lehrstühle geradezu aufgefordert werden, sich nach privaten Zusatzmitteln
umzutun, weil die Fortsetzung ihrer Forschung sonst gefährdet wäre, ist
der Einfluss der privaten Geldgeber zweifellos gewachsen. Darin noch
nicht einmal eine potenzielle Irritation für die Wissenschaft zu erkennen, heißt schon, eine gewisse Blauäugigkeit an den Tag zu legen.

Nicht nur potenziell, sondern aktuell flächendeckend wirkt sich etwas
aus, was vielen Wissenschaftlern gar nicht bewusst ist: das Paradigmadenken. Dabei handelt es sich um ein Denken der Wissenschaftler selbst,

aber auch ihres Umfelds. Niemand hat es ihnen aufgezwungen; es ist eine Theorie der Wissenschaftsforschung, ein Denken in Machtkategorien. Vielen Wissenschaftlern scheint nicht bewusst zu sein, was dies bedeutet: Je mehr Macht in den Vordergrund rückt, desto mehr verdrängt sie die Wahrheitssuche.

Weshalb sonst sollte es nötig sein, in diesem Buch ein Kapitel über den Wert der Wahrheit zu schreiben? Eine der für die Zukunft der Wissenschaft wichtigsten Perspektiven – die professionelle Wissenschaft ausdrücklich eingeschlossen –, die mit Citizen Science verbunden sind, ist die Hoffnung, dieses Denken in Paradigmen wieder zu schwächen, ja dazu beizutragen, es zu überwinden. Wissenschaftstheoretisch gesehen ist dies das Anspruchsvollste, was Citizen Science leisten kann. Es muss erläutert werden, was dies bedeutet und warum es so wichtig ist.

Hintergrund ist die seit ihrem ersten Erscheinen in Thomas S. Kuhns Buch »The Structure of Scientific Revolutions« (1962) enorm einflussreich gewordene Theorie der Entwicklung der Wissenschaften als eine Abfolge sogenannter Paradigmen und Paradigmenwechsel. Nach Kuhn sind Paradigmen Musterbeispiele, die den Entwicklungsgang der einzelnen Disziplinen anleiten. Wissenschaftler folgen Vorbildern, die ihnen exemplarisch vormachen, wie die mustergültige Lösung eines Problems in ihrer Disziplin aussieht. Und sie folgen diesen Musterlösungen in Scharen, wenn sie davon überzeugt sind. Dabei – und das ist wesentlich – geht es nicht darum, dass die Wahrheit dieser Paradigmen erwiesen wäre; es wird nur angenommen, dass es wohl so ist. Seit der frühen Wissenschaftstheorie wissen wir, dass Wahrheitsbeweise nicht möglich sind, und einige Jahrzehnte später hat der Philosoph Karl Popper dies dahingehend präzisiert, dass wir nur Falschheitsbeweise führen können. Alles,

> Ich bin Student. Ich habe bisher keinen Paradigmenwechsel nötig, denn ich bin noch nicht festgelegt. Warum eigentlich meine Profs so festgelegt sind, wie sie sind, erschließt sich mir nicht.
> Nur eines sehe ich: Dass es in der Wissenschaft um Wahrheit ginge, stimmt nicht. Es geht um Macht. Meine Dozenten führen mir dies tagtäglich vor.
> Ich fürchte mich etwas vorm Examen. Denn da wird man vielleicht auch von mir verlangen, mich festzulegen. Oder ich bekomme eine schlechte Zensur.
>
> *Ein Soziologiestudent*

was behauptet wird, zählt also so lange zu unserem Wissen, bis ein schlüssiger Gegenbeweis gefunden wird.[163]

Wenn ein Paradigma von der Mehrheit der Wissenschaftler eines Fachs akzeptiert wird, dann herrscht es in diesem Fach, beziehungsweise es beherrscht die Köpfe aller Beteiligten. Sie folgen ihm wie einer Leitidee, und sie tun dies in der Regel auch dann noch, wenn erste Zweifel aufkommen. Wer ein Paradigma anzweifelt, hat es schwer: Er kann die besten Argumente vorbringen, doch die Anhänger des Paradigmas sind in der Mehrheit und lassen sich immer neue Zusatzgründe einfallen, um an ihm festzuhalten. Irgendwann kommt allerdings der Moment, wo es offensichtlich wird, dass hier um Macht gerungen wird und nicht um die Wahrheit. Es ist eine hegemoniale Situation, eine Situation, in der es um Vorherrschaft geht – keine szientifische. Wer einem herrschenden Paradigma anhängt, das er in Gefahr sieht, abgeräumt zu werden, muss immer befürchten, selbst mit abgeräumt zu werden. Doch die Geschichte der Wissenschaft zeigt, dass es irgendwann so weit ist: Ein neues Musterbeispiel zur Behandlung der Kernprobleme eines Fachs macht Furore, die Mitglieder der Scientific Community – zuerst die bislang nicht festgelegten, dann die jüngeren, aber noch beweglichen, ganz zum Schluss vielleicht sehr wenige ältere – laufen zu ihm über. Die meisten Alten machen jedoch nicht mehr mit; sie bleiben zurück, weil sie die Veränderung nicht mehr einsehen. Es kommt zu einem Paradigmenwechsel. Und dieser fällt meist mit einem Generationenwechsel auf den Lehrstühlen zusammen: Die Alten werden aussortiert.

Zwar ist jeder Paradigmenwechsel auch ein Überzeugungswechsel – man hält nun andere Erklärungen für wahr. Aber mit der Zahl der dem neuen Paradigma folgenden Anhänger wechselt die Motivation, die sie zu Anhängern macht: Waren es zunächst, wie bei den meinungsoffenen Nachwuchswissenschaftlern, noch die Argumente in der Sache, die sie überzeugt haben, so wird nach und nach die wachsende Zahl der Anhänger selbst zum Argument, dem dann schließlich die Mehrheit der Wissenschaftler eines Fachs folgt. Aus einem Überzeugungswechsel ist ein Machtwechsel geworden; die Lehrbücher werden neu geschrieben und Gründe im Einzelnen interessieren nicht mehr. Die meisten Fachkollegen können die Veränderung ohnehin schon infolge ihrer Bildungs- und Arbeitskontexte nicht in allen Einzelheiten nachvollziehen; man glaubt jetzt daran. Die Orientierung am Wahrheitswert wird nur noch formal vorgeschoben; tatsächlich ist entscheidend, welche Sachauffassung die führende Rolle übernommen hat. Sie herrscht, ihr folgt das Fach.

Innerhalb dieser Denkweise kommt als Alternative für ein Paradigma nur ein anderes Paradigma in Frage. Viele professionelle Wissenschaftler können sich eine Alternative zu einem Paradigmenwechsel gar nicht vorstellen – ein Indiz dafür, welche Rolle Macht inzwischen in den Disziplinen spielt. Wenn es normal ist, einem Paradigma zu folgen, dann ist es auch normal, einem anderen zu folgen, wenn das erste abgewirtschaftet hat.

Die Vorstellung, man könne ein Denken in Paradigmen ganz unterlassen, ist nicht weit verbreitet, und doch ist dies möglich. Man kann die Konzeption, der man eine Wahrheitschance gibt, bloß als den Hypothesenzusammenhang sehen, der sie tatsächlich ist, und nicht dem Machtdenken erliegen, die Vielzahl seiner Befolger als zusätzliches Argument für seine Wahrheit zu nehmen. Doch leider ist die Macht herrschender Schulen in der professionellen Wissenschaft inzwischen sehr einflussreich, obwohl sie dort nichts zu suchen hat. Knappe Stellen, knappe Mittel, das Streben nach größerem Einfluss, Ämter, Funktionen und Prestige bilden zusammen eine wirksame Einladung, das Machtdenken in die Wissenschaft einzuführen, und wenn es sich einmal dort etabliert hat, ist es sehr schwer wieder loszuwerden.

Die gesellschaftlichen Handlungsfelder, die dies vor allem steuern, Wirtschaft und Politik, sind tatsächlich machtorientiert. Sie haben bezeichnenderweise als erste die neue Façon de parler für die Beschreibung der Verhältnisse in ihrem eigenen Einflussbereich aufgegriffen. Die Reden von politischen und ökonomischen Paradigmen ist geläufig. Dort ist sie auch nicht zu kritisieren, denn sowohl wirtschaftliche wie politische Macht sind legitime Ziele in beiden Sphären. Ein politischer Paradigmenwechsel ist immer ein Machtwechsel, und die häufigen wirtschaftlichen Paradigmenwechsel (z. B. Moden der Kleidung, bei Autos oder in der Gestaltung von Medien) tauschen jedes Mal die führende Marktmacht aus. Dennoch hat Kuhn den Begriff nicht gewählt, weil der Einfluss beider Felder auf die Wissenschaft so groß ist, sondern deshalb, weil die etablierte Wissenschaft inzwischen selbst eine weitgehend machtorientierte Größe geworden ist. Er nennt die paradigmatische Wissenschaft deshalb »normal«. Doch das, was üblich ist, garantiert deshalb noch nicht Problemlosigkeit, im Gegenteil. Was der Erfolg der Paradigmatheorie stattdessen zu bewirken scheint, ist vielmehr, dass den meisten Wissenschaftlern das vorhandene Problem gar nicht mehr auffällt. Die »Façon de parler« ist selbst zu einer Normalität geworden, und die Normalität ist tatsächlich fragwürdig, ja skandalös.

Citizen Science eröffnet in besonderem Maße die Gelegenheit, dem machtorientierten Paradigmadenken zu entkommen, und zwar deshalb, weil Macht unter ihren Akteuren kaum eine Rolle spielt. Im elementaren Bereich ist Wissenschaft noch am ehesten das geblieben, was sie war, bevor das Machtdenken Einzug hielt: eine vernachlässigbare Größe; Laien haben meist viel weniger zu verlieren als Profis. Das Denken in Paradigmen aufzugeben und die Erkenntnis, dass Wissen Macht verleiht, wieder weniger wichtig zu nehmen, als die Wahrheitsaussicht, die es besitzt, ist eine der großen Chancen, die die ansonsten relativ bescheidenen Möglichkeiten von Citizen Science eher eröffnet als Professional Science.

Dies wäre ein bedeutender und folgenreicher Beitrag zur Sanierung des wissenschaftlichen Wertekanons, der durch die Machtkategorie erheblich durcheinander geraten ist. Macht ist ein Störfaktor ersten Ranges geworden, meist als unvermeidlich hingenommen, aber in Wirklichkeit nur für jene angenehm, die die Macht besitzen. Gerade junge, noch nicht festgelegte Wissenschaftler können oft ein Lied davon singen, wie sie die Macht eines herrschenden Paradigmas zu spüren bekommen, die schon manche Promotion und Habilitation kreativer Neudenker verhindert hat. Auch solche Qualifikationswettbewerbe gibt es in Citizen Science nicht.

Einen interessanten Testfall stellt die Situation in der Ökonomik dar. Bislang war nahezu jeder Ökonom ein Gefangener des Denkens in Paradigmen, weil man, wie in den meisten Wissenschaften, unter sich war. Die professionelle Ökonomik besaß zwar immer schon externe Kritiker, aber sie waren vereinzelt und man konnte ihren Einfluss gering halten.[164] Dies ändert sich gegenwärtig. Die heutigen Kritiker verbünden sich mit Citizen Scientists und es entsteht bürgerschaftliches Engagement in einer disziplinären Breite, wie es noch nie der Fall war. Sie sammeln sich in Vereinen, Verbänden, Netzwerken und Bürgerinitiativen vielerlei Art und dies länderübergreifend.[165] Noch nie gab es eine Bürgerbewegung dieses Ausmaßes mit dem Ziel, eine in ihren Doktrinen verhärtete Disziplin auch von außen aufzubrechen, da es von innen infolge der verhärteten Machtverhältnisse bislang nicht gelang. In kaum einem anderen Bereich von Citizen Science, außer der Umweltbewegung, arbeiten kritische Profiwissenschaftler inmitten so vieler Vertreter anderer Disziplinen und sonstiger Laien an dem gemeinsamen Ziel, ein herrschendes Denkmodell zu entkräften: Das könnte Anlass zur Hoffnung geben, dass der nötige

Durchbruch zu einem neuen Denken in der Ökonomik erreicht werden kann. Es könnte aber auch noch weiter reichen: nämlich dass vielleicht ein Exempel für die generelle Hinfälligkeit und Ersetzbarkeit des Denkens in Paradigmen und Paradigmenwechseln statuiert wird. Es ist das Exempel, den Normalfall des Paradigmenwechsels, der hier nicht zu funktionieren scheint, durch etwas ganz Ungewöhnliches zu ersetzen: die Entmachtung des Paradigmas von außen.

Natürlich besteht die Gefahr, dass auch dann, wenn das exemplarische Experiment erfolgreich ausgeht, nur das ökonomiebezogene, nicht aber das metawissenschaftliche Ziel erreicht wird, und sich ein neues Paradigma zum Herrscher über das ökonomische Denken aufschwingt. Doch sicher ist dies nicht. Ein neues Denken, das sich durchsetzt, muss kein neues Paradigma mit bloß umverteilter Macht sein, es kann auch zur Wiederentdeckung des Denkens in Hypothesenzusammenhängen und mit offenem Ausgang führen.[166] Ein Präzedenzfall könnte deshalb gut dahin führen, dass sich auch andere Wissenschaftler besinnen, den hypothetischen Charakter aller Wissenschaft wieder ernster zu nehmen. Skepsis bleibt freilich angebracht, weil Macht und Geld sich auch gegen breit aufgestellte Vernunft als stärker erweisen könnten.

Was also bedeutet Citizen Science für die Hoffnung auf die Überwindung des Paradigmadenkens? Für die herkömmliche Wissenschaftstheorie ist sie allenfalls ein Beleg der breit gestreuten Kraft von Neugier und Wissensdurst, mit der alle Wissenschaft beginnt. Darüber hinaus nimmt die Wissenschaftstheorie das Phänomen bisher nicht als für ihre Disziplin bemerkenswert wahr. Für sie ist Citizen Science eine moderne Auswirkung von Wissenschaft auf ihr Umfeld, mehr nicht. Nicht das System Wissenschaft ist vermeintlich betroffen, sondern nur Veränderungen in dessen Umwelt.

Tatsächlich aber liegt die wahre Brisanz des Aufkommens und der Bedeutung von Citizen Science für die Wissenschaft und ihre Theorie darin, dass sie dazu gezwungen werden, die ganze Perspektive der Erklärung von Wissenschaft erheblich zu verändern. Statt nur die Problemstellungen, Theorien und Methoden der Profiwissenschaftler daraufhin zu analysieren, wie diese Antworten auf ihre Fragen finden, sollten auch die vernünftigen Fragen und ernsthaften Wissensbemühungen der vielen Nichtprofis in jene Analysen miteinbezogen werden. Anders kommen wir nicht zu einer gerechteren und sachgemäßeren Bewertung des Wissens der Laien. Nur hier finden wir noch am ehesten jene ungeteilte, nicht auf Fachperspektiven eingeschränkte Rationalität, die notwendig

ist, wenn man als moderner Mensch einen Überblick über die hochspezialisierten und von Einseitigkeiten und Gefahren überschatteten Anforderungen an unser künftiges Leben behalten will.[167]

Politikwandel:
Das demokratische Bildungsgebot ist nicht erfüllt

*Hannes Langer war ein ruheloser Citizen Science-Aktivist. Eigentlich zum
Juristen ausgebildet, bestand seine wahre Berufung darin, Leute zusam-
menzubringen, die sich normalerweise nicht treffen würden, Dinge anzu-
stoßen, um die sich sonst niemand kümmerte und Projekte zu konzipieren,
die etwas Schwieriges einfacher machten, weil vielen die Nützlichkeit seiner Konzepte einleuchtete. Er hatte einen Blick für besondere Situationen,
seltene, vielleicht einmalige Chancen, die – wenn man sie nicht nutzte –
vielleicht ein für alle Mal verloren gingen. Einige, nicht alle, konnte er nutzen. Er spürte Whistleblower auf, Menschen, die weit vor Anderen wichtige Veränderungen bemerken und Ideen haben. Den »wind of change« zu
nutzen, war eines seiner Steckenpferde. Er brachte Wissenschaftler der un-
terschiedlichsten Fachgebiete, veränderungsbereite Politiker, Journalisten,
die nicht nur den Mainstream beschrieben, und immer wieder unbekannte,
neue Anreger und Mitmacher zusammen: auf informellen Treffen, zu Workshops und Tagungen, damit aus diesen Begegnungen das Neue entstehen
und wachsen konnte. Dies zu ermöglichen war seine Stärke, weniger, es später noch zu begleiten. Da war er dann schon wieder mit neuen Projekten
unterwegs.*

Noch brisanter als für die Wissenschaftstheorie, die letztlich nur einige
Fachleute interessiert, dürfte die Bedeutung sein, die Citizen Science für
die Politik besitzt.[168]

Bisher hat sie es sich damit bequem gemacht, Citizen Science weitgehend zu ignorieren. Sie konnte auf diese Weise mit festen Größen arbeiten, die Mittel nach traditionell akzeptierten Schlüsseln verteilen und
den weiteren Gang in die Experten- und Spezialistengesellschaft als un-
vermeidliches Schicksal hinnehmen. Citizen Science als neue, entwick-
lungsfähige, gesellschaftsgestaltende Kraft bringt diese Ordnung durcheinander. Sie verlangt, politisch ernst genommen zu werden und die
Chance zu bekommen, ihren Beitrag zur Herausbildung einer wirklichen
Wissensgesellschaft zu leisten. Dazu ist es aber notwendig, Gestaltungs-

spielräume zugestanden und Gestaltungsmittel bewilligt zu bekommen. Dabei sollte man am besten wie im Naturschutz vorgehen: Da versucht man auch nicht, eine verschwundene Pflanzen- oder Tierart ausgerechnet dort wieder anzusiedeln und neu zu etablieren, wo sie gegenwärtig nicht mehr vorhanden ist, sondern man beginnt vernünftigerweise dort, wo sie noch vorkommt, und versucht, dieses Vorkommen zu stützen.

Demzufolge müsste die Bildungspolitik eine Bestandsaufnahme der vorhandenen Wirkräume und Träger von Citizen Science vornehmen und diese – wenn erforderlich – durch geeignete Strukturhilfen stärken. Nehmen wir die Naturwissenschaftlichen Vereine als Beispiel. Vielen von ihnen geht es heute schlecht: Sie sind wegen der Dominanz des Naturschutzthemas ins Hintertreffen geraten, da sie im Vergleich mit den jüngeren und moderner organisierten Naturschutzverbänden im medialen Konzert nicht mithalten können. Die Forschungs- und Bildungsministerien sehen sich aber neben den Umweltministerien kaum als zuständig an, hier Unterstützung zu leisten, obwohl sie es angesichts der bedeutenden historischen und aktuellen Verdienste jener Vereine für die Breitenbildung und in der Regionalforschung durchaus sind. Wenn diese Citizen Science-Potenziale nicht verloren gehen sollen, muss die Bildungs- und Forschungspolitik hier Handlungsbedarf erkennen. Bislang ist davon nichts zu sehen.

Auch Citizen Science kann nur so gut sein, wie das allgemeine Bildungssystem es zulässt. Und dieses lässt bei vielen Menschen die natürlichen Wissensfähigkeiten ungenutzt und unterentwickelt. Breitenbildung findet nur sehr eingeschränkt statt, von Wissensgerechtigkeit sind wir noch weit entfernt. In Deutschland entscheidet nach wie vor die Herkunft eines Menschen über seine Lebenschancen, über den erwerbbaren Wissenshorizont, über späteres Engagement und Zivilcourage. Der Zusammenhang zwischen Bildungsqualität und Citizen Science ist eng und wurde als demokratische Aufgabe bislang vernachlässigt. Das Land der Dichter und Denker ist ein Bildungsentwicklungsland und damit auch ein Entwicklungsland für Citizen Science.

Citizen Science zu stärken ist nicht nur die moralische Pflicht jedes Einzelnen, sondern auch der ganzen Gesellschaft, ihrer Bildungs- und Forschungsinstitutionen. Sie alle müssen ihre Rollen in diesem Geflecht aus Geben und Nehmen, Vermitteln und Ermöglichen suchen und einnehmen, denn es sind neue, wichtige Aufgaben anzugehen. Je mehr eine jede dieser Institutionen ihre Rolle zu definieren versucht, desto größer wird die Chance, nicht in der Ausweglosigkeit unserer Expertengesellschaft zu versinken, sondern ein neues Niveau übergreifender Verantwortung und Rationalität zu entwickeln.

In einer Demokratie geht nicht nur alle Macht vom Volke aus, sondern auch sehr viel Wissen. Tatsächlich ist Wissen die Grundvoraussetzung einer Demokratie, denn erst Wissen kann sie mit wirklichem Leben füllen. Das Wissen der Bürger nicht ernst zu nehmen ist ein Mangel, es zu fördern ein Gebot der Demokratie. So gesehen haben wir noch einen gehörig langen und steilen Weg vor uns.

Immanuel Kant hat seinen Aufruf, sich des eigenen Verstandes zu bedienen, hauptsächlich gegen den Einfluss der Kirche, auch gegen gewissenlose politische Despoten geschrieben; Wissenschaft und Kunst nimmt er ausdrücklich aus. Wie würde er sich heute zum Einfluss der Wirtschaft und generell zum Machtverhältnis zwischen Experten und Laien stellen? Und zum Korsett, das die professionelle Wissenschaft gängelt? Die Frage

Demokratie in der Wissenschaft? Schön und gut. Aber faktisch haben wir Ökonomie in der Wissenschaft. Nicht schön und nicht gut. Warum? Weil wir noch immer keine nachhaltige Wirtschaft haben. Der Markt bestimmt, wo es lang gehen soll. Nun also auch in der Wissenschaft? Deshalb arbeite ich in einer Bürgerinitiative mit, die diese Tendenzen wieder abschwächen möchte. Ob wir Erfolg haben? Ich weiß es nicht, aber von solchen Überlegungen kann man sein Engagement nicht abhängig machen. Man muss tun, was richtig ist.

Eine Versicherungsangestellte

muss offen bleiben.[169] Paul Feyerabend hat die Kritik an der Wissenschaft zu einer Generalkritik an unserer Rationalität überzogen. Es wäre aber falsch, gar nichts von ihm zu lernen. Zu den wichtigen Anstößen, die er gegeben hat, gehört sein Hinweis auf die mangelnde Rolle der Demokratie in der Wissenschaft. Doch auch vor, neben und nach ihm haben immer wieder Kritiker der wissenschaftlichen Organisationsformen bemängelt, dass die Wissenschaft eine undemokratische Veranstaltung sei. Allerdings kommen solche Beschwerden bei den meisten Wissenschaftlern schlecht an, weil sie oft nicht genau genug durchdacht und formuliert sind.

Der Ruf der Bürger nach einer durchgreifenden Demokratisierung der Gesellschaft ist ebenso verständlich und berechtigt,[170] wie unklar ist, was dies für die Wissenschaft bedeuten kann. Viele Wissenschaftler fordern für ihre Zunft vorschnell eine Ausnahme; sie argumentieren, dass es in ihr nicht nach dem Willen der Mehrheit, sondern um Wahrheit gehe. Dies ist zwar richtig, doch es ist trotzdem ein Missverständnis. Niemand fordert, unter dem Siegel der Demokratisierung Mehrheitsentscheidungen über wissenschaftliche Erkenntnisse einzuführen.[171] Es geht um ganz andere Dinge. Das bekanntere ist die Ebene der Wissenschaftsorganisation und -verwaltung. Hier wird nicht über Wahrheit oder Falschheit entschieden, sondern über Zweckmäßigkeit und organisatorische Effizienz. Meist ist es deshalb auch unstrittig, dass das Demokratiegebot hier am Platze ist.[172] Es gibt aber noch eine ganze andere Dimension dieses Gebots im Hinblick auf Wissen und Wissenschaft: den für jeden offenen Zugang zu guter Bildung. Demokratisierung des Wissens bedeutet noch vor jeder Organisationsebene von Wissenschaft die Selbstverständlichkeit des Menschenrechts auf Bildung. Zwar ist Wissen erwerben zu können eine natürliche, eine angeborene Fähigkeit, aber ihre durch Bildung und Ausbildung mögliche Entwicklung ist eine Kulturaufgabe. Bei ihr versagen wir bislang noch.

Citizen Science kann heute erst einen bescheidenen Beitrag zur Demokratisierung leisten, doch steigert sich dieser in dem Maße, wie das Menschenrecht auf Bildung durchgesetzt wird.

Davon sind wir in vielen Ländern, auch aufgeklärten und hochentwickelten, noch weit entfernt. Deutschland gehört dazu. Es ist vielfach belegt worden, dass wir ein Schulsystem haben, das für bildungsferne Schichten Barrieren enthält, die undemokratisch sind, und die unter dem vorgeschobenen Argument der Verschiedenheit der Menschen nur den Effekt haben, den von Geburt aus Bildungsprivilegierten ihre Privilegien zu sichern. Den Benachteiligten wird die Wahrnehmung der ihnen zustehenden Bildungschancen jedoch erschwert. Der Zugang zu den Universitäten ist an einen Schulabschluss und nicht an individuelle Eignung gekoppelt. Schon zuvor, im Vorschulalter, werden Kinder höchst unterschiedlich gefördert. Das Bildungsleben beginnt somit ungleich, und es wird leider nicht gezielt versucht, den Einfluss des Schicksals auszugleichen, sondern dieser wird eher verstärkt. Für die meisten schließt sich eine Ausbildung in der Wirtschaft an, die ein ganz bestimmtes Nutzenwissen fördert. Ihr allgemeines Bildungsleben ist jetzt nur noch Privatsache und damit übernimmt wieder das Schicksal die Regie. Studieren muss man sich leisten können; viele können es nicht, obwohl sie womöglich besser geeignet wären als mancher, der dieses Problem nicht hat. Das Studium ist in der sogenannten Bologna-Reform nach politisch-ökonomischen Vorgaben umgestaltet worden, die den Bachelorabschluss als Standard für alle und den Masterabschluss als zusätzlichen Zweitabschluss für deutlich weniger Personen vorsehen. Hierfür ist ein eigenständiges Bildungssystem geopfert worden, das zwar reformbedürftig war,[173] aber nicht vom Primat der Ökonomie geprägt. Insbesondere der Bachelor soll Zugänge zu ökonomisch interessanten Kompetenzen bereitstellen, die frühzeitige Spezialisierungen vorsehen. Eine durch stets präsente Angebote und Optionen bereicherte Lebenswelt freier, breiter und umfassender Bildung sieht anders aus.

Den bis heute vorliegenden Erfahrungen zufolge hat sich der politisch gewollte Bologna-Prozess, der die Universitäten massiv verändert hat, nur für die Fächer und ihre Teile gelohnt, in denen einzelne Wissenschaftler frühzeitig ihre eigenen Vorstellungen durchsetzen konnten; insgesamt gesehen wurde und wird jedoch die freie Entfaltung von Wissen und Wissenschaft behindert. Obwohl die Reform bürokratische Behinderungen, insbesondere des internationalen Studienverkehrs abbauen sollte, ist durch sie nichts so angewachsen wie die Wissenschaftsverwaltung. Überprüfende und evaluierende Kommissionen aus Wissenschaftlern gibt es heute nicht weniger, sondern mehr. Intern wachen gewählte Aufpasser darüber, dass auch alle Wissenschaftler die beschlossenen Regeln einhalten; wer neue Einsichten hat, ist zunächst einmal ein Abweichler.[174] Externe Evaluationskomitees sollen Vergleichbarkeit und Objektivität sichern, sie sichern aber nur zuverlässig die Ökonomisierung und Uniformierung der Wissenschaft. Kreativität, ein in der Wissenschaft ohnehin begehrtes wie seltenes Gut, wird noch schwerer erreichbar, als sie es vorher schon war. Anstelle der nötigen demokratischen Entfesselung unseres Bildungs- und Wissenssystems ist eine von engen Effizienzkonzepten angeleitete Behinderungsmaschinerie aufgebaut worden, die eindeutig zeigt, welch bedenklich große Rolle eine einzige, selbst problematische Wissenschaft, nämlich die herrschende Ökonomik, an einer Schlüsselstelle unserer Politik spielt.

Auf Forschungsebene haben wir heute ein Universitätssystem, das Spitzenleistungen und Exzellenzinitiativen begünstigen will, aber im Endeffekt die demokratische Gesamtförderung der Wissenschaft behindert. Es verbraucht wissenschaftliche Arbeitskraft durch die Forderung nach Dokumentation und Wettbewerb ohne sichere Entlohnung. Das Gleiche gilt für das Anheizen des Universitätsrankings und die Ausweisung sogenannter Eliteuniversitäten. Bestimmte Hochschulen werden aus Prestigegründen weit stärker gefördert als andere, mit dem Effekt, dass auch hier ein Zweiklassensystem entsteht, das sich auf die gesamte Bildungslandschaft und die Wissensgerechtigkeit in der Gesellschaft negativ auswirkt. Ein von der Marktökonomie entlehntes Konkurrenzdenken, das Forschungspartnerschaften begünstigen soll, aber auch Forschungsgegnerschaften nährt, wird offen als angeblich wissenschaftlich notwendig unterstützt. Zusätzlich fördert die Politik bestimmte anwendungs- oder technologiebezogene Wissenschaften mehr als andere, wobei der erhoffte ökonomische Nutzen weit obenan steht. Überhaupt ist inzwischen das System der wissenschaftlichen Institutionen in Deutschland von bildungsökonomischen Strukturüberlegungen weit mehr dominiert als von Prinzipien der Bildungsgerechtigkeit und von den Grundideen der Demokratie.

Beim derzeitigen Fokus auf die Profiwissenschaft lässt sich derlei Schlagseite noch halbwegs verdecken. Professional Science ist selbst von Denk- und Organisationsweisen durchzogen, die eher dem Machtdenken von Wirtschaft und Politik entstammen als dem Wahrheitsdenken der Wissenschaft. Bei Citizen Science aber spielt ein solches Denken kaum eine Rolle, da keine Machtpositionen zu verteilen sind und es gemeinhin nicht um Spitzenleistungen geht. Die Basisleistungen der Wissenschaft im Schatten der Spitzen gering zu werten ist daher, wie bereits mehrfach erläutert, ein schwerer Fehler, denn besonders an der Basis ist Raum für demokratische Tugenden in der Wissenschaft. Hier kann sich jeder in dem Maße und auf dem Gebiet beteiligen, das ihm zu Gebote steht. Unter dem Gesichtspunkt der Demokratisierung von Wissen und Wissenschaft enthält vor allem Citizen Science deshalb viel entwicklungsfähiges Potenzial. Die professionelle Wissenschaft könnte, ja müsste von ihr lernen, was gut für sie ist, nicht von der Wirtschaft oder der Bürokratie.

Manch voreiliger Zeitgenosse, besonders im politischen Raum, sagt schon heute, dass wir in einer Wissensgesellschaft lebten. Dies ist natürlich nicht ganz falsch. Verglichen mit der mythenbeladenen Welt des Mittelalters, in der Aufklärung noch ein Fremdwort war und alle Wissenschaft im Dienst der Theologie, ja der Kirche zu stehen hatte, bilden wir heute zweifellos überwiegend eine Gesellschaft von Wissenden und nicht nur Glaubenden. Man darf aber drei wichtige Dinge nicht übersehen:

Erstens müssen wir auch heute noch große Teile unseres »Wissens« de facto glauben; wir können nicht alles, was wir lernen, selbst überprüfen. Dies gehört zum Standardwissen der Wissenschaftstheorie, die uns den durchgängig hypothetischen Charakter allen Wissens vor Augen führen könnte. Doch was geschieht wirklich? Die herrschende Paradigmatheorie ist selbst ihr bestes Musterbeispiel: Nicht Hypothesenketten stehen uns vor Augen, sondern Glaubensinhalte. Unsere angebliche Wissensgesellschaft ist faktisch zu großen Teilen eine Glaubensgesellschaft. Mehr Skepsis wäre vernünftig und angebracht. Die beiden anderen Punkte sind politisch von noch größerer Brisanz. Auch heute noch sind viele Menschen vom Zugang zu Bildung und Wissenschaft faktisch abgeschnitten; eine Gesellschaft von Wissensbürgern sieht anders aus. Und drittens haben neue Mythen Einzug in die Köpfe gehalten und die des Mittelalters nur abgelöst. Im Ergebnis muss man allein aufgrund der beiden zuletzt genannten Fakten nüchtern konstatieren: Gegenwärtig leben wir noch eher in einer Nichtwissensgesellschaft als in deren Gegenteil.

Der ungerecht verteilte Zugang zu Wissen und Wissenschaft ist ein Demokratieärgernis erster Ordnung. Es ist eine durch viele Untersuchungen belegte Tatsache: Bildung wird zur Schicksalslotterie. Kants Aufforderung »Sapere aude!« klingt wie Hohn in einer solchen Situation. Unsere natürlichen Fähigkeiten müssen kulturell weiterentwickelt werden, aber unsere Bildungskultur ist dazu nur bedingt geeignet und bereit. Wenn Citizen Science eine implizite Aufforderung enthält, dann die an die Politik, endlich Bildungs- und Wissensgerechtigkeit herzustellen. Ohne Wissensgerechtigkeit werden wir nie zur Wissensgesellschaft.

Die Befreiung von den alten Mythen mag weitgehend gelungen sein, aber der Preis, den wir dafür zahlen, sind neue Mythen. Ein wissenschaftsnaher Mythos ist beispielsweise der »Fortschritt«. Es gibt ihn durchaus, aber vieles, was sich so nennt, ist tatsächlich kein Fortschritt, sondern eine Marke im ökonomischen Wettbewerb. Der Fortschrittsbegriff teilt das Schicksal des Nachhaltigkeitsbegriffs: Er wird als werbewirksames Markenzeichen auf alles geklebt, ungeachtet dessen, was die Verpackung enthält. Dies entwertet beide Begriffe, sie werden hohl. Aus einer Vision wird Reklame. Andere neue Mythen können sich noch weniger auf die Wissenschaft berufen, jedoch umso deutlicher auf ökonomische Marktmechanismen. Der »Markt« selbst ist ein solcher Mythos, denn seine vermeintliche Allmacht hat etwas beinahe Gottähnliches. Er wird es angeblich schon richten, wenn wir ihn nur frei schalten und walten lassen. Doch dies stimmt nur dann, wenn es uns gleichgültig ist, wer gewinnt und wer verliert. Der Markt produziert auch jede Menge Schieflagen: den Primat des Billigen vor dem Wertvollen, den Überfluss des Unnötigen anstelle des Sinnvollen – und er verschlingt die Schwachen, die sich gegen die Starken nicht durchsetzen können. »Jugend« ist ein weiterer solcher Mythos, der uns überall von den Bildern der Werbeseiten anlächelt, »Sex« ein anderer. Beides sind nur Schlagworte, die mit dem, was eigentlich gemeint ist, kaum noch etwas zu tun haben. Sie sind Teile eines Prozesses der Entwirklichung, Abziehbilder einer Reklamewelt und Aushängeschilder der Entfremdung von Realität. Eine Wissensgesellschaft sieht anders aus.

Der größte und umfassendste der neuen Mythen, der sogar die alten wertvollen Errungenschaften unserer Kultur durch einen einzigen Fetisch ersetzt, ist »Geld«. Die Wall Street ist das perfekte Symbol dieser Geldkultur. Die völlig extremen und größtenteils grundlosen Unterschiede zwischen den Einkommen der Menschen, die in ein und derselben Gesellschaft leben und arbeiten, sprechen eine eindeutige Sprache: Es geht nicht wirklich um »Leistungsgerechtigkeit« (wie es zur Verschleierung der wahren Tatsachen heißt), sondern um die Anbetung eines neuen Götzen. Keinem hart arbeitenden Industriearbeiter ist zu erklären, warum er maximal 3.000 Euro oder weniger verdient, ein Spitzenmanager aber 3 Millionen. Ein geschasster Manager, der für eine Abfindung von 30 Millionen nicht gehen will, wohl aber für 60, macht sich selbst und die Kultur, die diesem Fetisch huldigt, endgültig lächerlich. Er selbst merkt es wahrscheinlich nicht oder es ist ihm gleichgültig, aber er trägt damit zum Niedergang einer einstmals anspruchsvollen Kultur bei. Inzwischen sind selbst jene Größenordnungen schon wieder Geschichte, doch die Protagonisten betreiben blind weiterhin die inflationäre Entwertung ihres Fetischs. Neulich ist ein Fußballer für 300 Millionen verkauft worden. Niemand begreift mehr, was hier geschieht. Noch vor der monetären Inflation bedroht uns die kulturelle. Geld ist heute der gottgleiche Leitmythos einer Kultur, die mit ihm die alten Mythen, Götter und viele einstmals differenzierte Wertkriterien abgelöst hat.

Das demokratische Bildungsgebot ist also bislang nur lückenhaft umgesetzt. Wir sind eine von neuen Mythen zu einer ganz unkantischen Irrationalität getriebene Nichtwissensgesellschaft und haben deshalb noch einen anstrengenden Weg zu neuer Aufklärung vor uns. Wissen und Wissenschaft sind dabei nach wie vor Hoffnungen, an die wir uns klammern können. Doch sie müssen die gesamte Gesellschaft durchdringen, nicht nur eine Bildungselite.

Wir haben bereits früher festgestellt: Keine anderen Handlungsbereiche in unseren gegenwärtigen Gesellschaften sind von so großer Bedeutung für ihre Struktur und das Überleben auf der Erde wie die Zukunft der Wissenschaft und besonders auch der Ökonomie. Für künftige Wissenschaft ist entscheidend, welchen Freiraum die Kreativität erhält. Wir haben gesehen, dass dieser Raum gegenwärtig begrenzter ist, als wünschenswert wäre, und durch jüngste Fehlentwicklungen noch weiter eingeschränkt worden ist.

Davon hängt auch die Zukunft der Ökonomie ab, doch auch davon, wie die Machtfrage zwischen den herrschenden Auffassungen beantwortet wird. Dies auszusprechen benennt zugleich ein enormes Problem, denn kaum ein anderer Handlungsbereich ist so stark in Grundlagenstreit, Zukunftssorgen und aktuelle Krisen verstrickt wie die Ökonomie. Dennoch hält sie schon lange an den Paradigmen fest, die ihr diese Macht verschafft haben. Sie haben sie zur bevorzugten Wissenschaft der Politikberatung gemacht und dadurch ihren Einfluss auf diese sehr verstärkt. So etwas gibt man ungern wieder auf.

Die heutige Politik ist, wie die heutige Wissenschaft auch, durch und durch von der gegenwärtigen Ökonomie gezeichnet.[175] Dies gilt für alle Bereiche der Politik, aber bei der Bildungs- und Wissenschaftspolitik ist es eklatant. Die politisch einflussreichsten Bildungsforscher waren in den vergangenen Jahrzehnten die Bildungsökonomen, und sie sind es bis heute. Sie haben entscheidend darüber mitbestimmt, welche Disziplinen und welche Wissenschaften gefördert und welche weniger gefördert wurden. Citizen Science, die ausgedehnten, volksnahen Fundamente aller Wissenschaft, bei denen Wissenssuche und Wissenslust noch unverstellt im Ganzen der Gesellschaft wirken können, war nicht darunter. Sogar die Profiwissenschaft wurde nicht im Ganzen gefördert, sondern hauptsächlich deren Prestige verheißende Teile. Die Entwicklung der Wissensgesellschaft ist dadurch auf der Strecke geblieben und ebenso die Idee der Demokratie als entscheidende Impulsgeberin für die Chancengleichheit eines Zugangs aller Menschen zu Bildung und Wissen.[176]

Die Entwicklung einer demokratisch gereiften Wissensgesellschaft bleibt ein erstrebenswertes Ziel. Mehr als die professionelle Wissenschaft allein kann kraftvoll geförderte Citizen Science uns diesem Ziel näher bringen, denn sie setzt auf Breite und Vielfalt, nicht auf Spitze und Uniformität. Nur bei einer sehr breiten Beteiligung an Wissen schaffenden Prozessen werden Wissensdurst und Wissenslust zu einer die Gesellschaft beflügelnden und die Gefahren der neuen Mythen zurückdrängenden Kraft. Sie stärkt das Wissen, das vom Volk ausgeht und damit die Demokratie.

Kulturwandel: Wir erreichen die notwendigen Veränderungen nur mit Citizen Science

Paul Feyerabend, der Ironiker, veröffentlichte in seiner Autobiografie mit dem bezeichnenden Titel »Zeitverschwendung« ein Bild, »Der Philosoph bei der Arbeit«, das ihn mit Küchenschürze beim Abwaschen zeigt. Es ist nicht die schlechteste Allegorie für das Verhältnis von Professional und Citizen Science: Letztere ist auch eine Art Reinigungsarbeit für erstere. Denn auf die einzige Gruppe unserer modernen Zivilgesellschaft, die selbst bei Feyerabend ohne Blessuren bleibt, die Laien, kommt eine sehr große Aufgabe zu. Es ist eine Aufgabe, die wir nur gemeinsam bewältigen können, denn sie betrifft unsere gesamte Kultur: Wir müssen es schaffen, die falschen Wertvorstellungen der gegenwärtig noch dominierenden Wachstumsökonomie und bildungsfeindlichen Politik zugunsten der Orientierung an einer zukunftsfähigen Gesellschaft aufzugeben. Dafür müssen wir die Wissenschaft nutzen, indem wir auch sie verändern. Nur wir alle, die Laien, haben diese Chance. Es ist die Chance von Citizen Science.

Dieses Buch hat versucht, Citizen Science in ein zeitgemäßes Verständnis der Wechselbeziehungen von Wissenschaft und Gesellschaft einzuordnen. Das bedeutet vor allem, Citizen Science und Professional Science in ein fruchtbares Verhältnis zu setzen und zu zeigen, dass, wenn man sie ernst nimmt, in Citizen Science ein Potenzial steckt, das mithelfen kann, die verschobenen Gewichte in der Profiwissenschaft zurechtzurücken, ohne dass sie jene im Kern infrage stellt. Weil Citizen Science sich eher auf die einfachen, grundlegenden, anschauungsnahen Bereiche der Wissenschaft erstreckt und die komplexen, abstrakten und speziellen Fragestellungen meidet, die ohne entsprechende Ausbildung kaum erreichbar sind, kann sie die Lust am Wissenwollen und den Forscherdrang jedes Menschen stärken. Weil sie aber zugleich auch das institutionelle Korsett von Professional Science nicht tragen muss und der Kreativität des Einzelnen kaum Beschränkungen auferlegt, kann sie auch zu einem Gesundbrunnen für die etablierte Wissenschaft werden.

Wir stehen heute vor einer historisch einmaligen, höchst anspruchsvollen Aufgabe: unsere Lebenswirklichkeit so zu verändern, dass ein Überleben auf unserem Heimatplaneten möglich bleibt. Man hat dies die »große Transformation« genannt, die wir bewältigen müssen. Allen bisherigen Prognosen zufolge, die unseren ausbeuterischen Umgang mit den hierfür erforderlichen materiellen und geistigen Ressourcen einfach fortschreiben, ist dieser Wandel nicht nur nicht gesichert, sondern unwahrscheinlich. Um dies zu ändern, ist eine ungeheuer große Anstrengung erforderlich. Es geht um eine gesamtgesellschaftliche kulturelle Veränderung, eine gezielt durch rationales Handeln herbeizuführende, bewusste und sehr grundsätzliche Reform unserer Wertvorstellungen und Ziele. Angesichts der bislang nur mäßigen Erfolge muss gefragt werden, ob unsere Kräfte hierfür ausreichen.

Ervin Laszlo, der Citizen Science in seinem Nachwort eine wichtige Rolle bei dieser großen Transformation zuschreibt, hat die Frage nach unseren Kräften gestellt und in einem Bericht an den früheren Generaldirektor der UNESCO, Federico Mayor, damit beantwortet, dass nur die Bündelung dreier starker kultureller Mächte ein hinreichendes Kräftepotenzial aufbringt, jenen kulturellen Wandel zu bewirken: die Kräfte der Religion, der Kunst und der Wissenschaft.[177] Er hat damit gleich zwei Handlungsfelder, an die wahrscheinlich viele Menschen eher denken würden, unberücksichtigt gelassen: die Wirtschaft und die Politik. Beide haben sich zwar nicht völlig disqualifiziert, sie haben aber bei schwierigen, vielfach unpopulären Aufgaben zu oft ihre gegenläufigen Interessen und Schwächen bewiesen, als dass sie bei dieser Aufgabe als Hoffnungsträger in Frage kämen.

Doch auch die drei genannten Mächte sind sicherlich nicht umstandslos in der Lage, die in sie gesetzten Hoffnungen zu erfüllen. Die Religion, die in unserer westlichen Zivilisation an Bindungskraft eingebüßt hat,[178] während sie in weiten Teilen der Welt nach wie vor Massen mobilisiert, ist selbst zu reformbedürftig, als dass man ihr als Kraft eine zuversichtlich stimmende Rolle in jener kulturellen Machtkonstellation zutrauen könnte. Oft verliert sie entweder als politische Ideologie ihre eigenständige kulturelle Stimme, oder sie verfängt sich als Kirche im Netz ihrer eigenen Institutionen, die die ursprüngliche religiöse Kraft zu einem blassen Gehorsam umwandeln. Kulturelle Veränderung kann nur erreichbar werden, wenn die Attraktivität eines Ziels dazu reizt, es aus freien Stücken anzustreben. Gehorsam ist das genaue Gegenteil. Nur dann, wenn es wieder gelingt, freiwillige Spiritualität an die Stelle des Gehorsams zu setzen, kann Religion noch einmal zu einer hilfreichen kulturbildenden Kraft werden.

Die Kunst ist viel freier von Institutionen und prinzipiell offen für alle Formen der Kreativität. Dies macht sie als kulturelle Veränderungskraft wertvoll. Es hilft auch, dass sie neben unserer Vernunft noch andere Dimensionen unserer Psyche anspricht und deren Kräfte freisetzt. Doch auch sie ist teilweise an etablierte Institutionen und deren organisatorische Traditionen gebunden (Museen, Galerien, Theater, Opernhäuser, Musikhallen, Medien etc.), die leider häufig als Bildungsgut enden lassen, was Kraftquell für neue Anfänge hätte werden können. Auch kann sie sich nicht völlig vom Zugriff der ökonomischen Interessen befreien;

Alle Parteien reden von Nachhaltigkeit und die Regierung verweist auf ihre Erfolge. Auf mich wirkt das völlig weltfremd. Der Flächenverbrauch geht ungehemmt weiter, die Wachstumssucht ist ungebremst, das Artensterben ebenfalls, die Reichen werden reicher und die Armen ärmer. Wo sind die beschworenen Erfolge? Wenn es heißen soll, ohne unsere Politik stünden wir noch schlechter da, wir machen so weiter, dann gute Nacht. Dann schaffen wir es nicht.
Man müsste alle verfügbaren Kräfte zusammentun, aber wie sollte das gehen? Die Wirtschaft und die Politik sind nicht wirklich an Nachhaltigkeit interessiert, sondern an Wachstum. Beides geht nicht zusammen. Welche Gestaltungskräfte können wir also noch mobilisieren?

Ein Sozialarbeiter

sie spielt, wann immer sie kann, im Marktkonzert mit. Vor allem ist sie aber in ihrem Selbstverständnis und ihrer Wirkung viel stärker auf den individuellen Zugang zu ihren Ausdrucksformen angewiesen als andere Bereiche des sozialen Handelns; dies begründet einerseits ihre Freiheit, doch auch ihre vergleichsweise Schwäche. Was individuell und privat ist, wird leicht unverbindlich. Dies ist kein Abgesang auf ihre Veränderungskraft, wohl aber eine Relativierung.

Bleibt die Wissenschaft. Es kann keinen Zweifel daran geben, dass ihr in Laszlos kultureller Machtkonstellation eine bedeutende Rolle zukommt, weil der nötige kulturelle Wandel ein rational gesteuerter, zielgerichteter Wandel sein muss. Doch selbst hier hieße es die Augen zu verschließen, wollte man nicht auch die Erschwernisse sehen, die die heutige Wissenschaft auf diesem Weg belasten; manche davon sind hier bereits zur Sprache gekommen. Dies gilt jedenfalls für die Form der Wissenschaft, an die viele als die einzige denken, welche diesen Namen verdient: Professional Science. Wenn auch die Wissenschaft sich teilweise vorwerfen lassen muss, Macht statt Wahrheit zu verfolgen, sich in Institutionen zu verfangen und einer zweifelhaften Idee von Ökonomie stärker als nötig Raum zu geben, so ist ihr Rationalitätsanspruch zum Teil gefährdet. Hinzu kommt ihre häufige Lebensferne, auch wenn diese in vielen Einzelfällen durch die Rahmenbedingungen einer anspruchsvollen Forschungssituation gerechtfertigt sein kann.[179] Immer ist sie es aber nicht.

Ein Ausweg könnte in einer die Wissenschaft sanierenden Kraft ihrer bescheidenen, aber starken Basisformen liegen, die freier sind als die ihrer Spitzenregionen. Natürlich kann ein neues Wissenschaftsbild, das durch die erwähnten Risiken weniger belastet ist als das jetzige, nur dann entstehen, wenn es selbst Anregungen des neuen Weltbilds aufnimmt, die aus den neu heraufziehenden Basiskulturen kommen. Auch Impulse aus neuen Entwicklungen in der professionellen Wissenschaft können als Quellen dienen, die Wissenschaft zu sanieren. Wie überall, so geht es auch hier nicht um einseitige, sondern um vernetzte, wechselseitige Einflüsse und Veränderungen: Professional Science beeinflusst Citizen Science und umgekehrt. Beide Einflussrichtungen sind möglich und wichtig. Dies bedeutet aber auch: Citizen Science könnte ein starker Bündnispartner in jener kulturellen Mächtekonstellation werden, die wir zweifellos brauchen um den nötigen gesellschaftlichen Wandel möglich zu machen. Denn ohne das Engagement der Laien werden wir nicht genügend vorankommen.[180] Drei Eigenschaften von Citizen Science sprechen dafür, dass sie mit ihrer sanierenden Kraft auch Professional Science anstecken könnte: die kaum relevanten Machtaspekte, die weitgehende Freiheit von institutionellen und ökonomischen Verflechtungen und – vor allem – ihre Lebensnähe. Diese erzeugen Glaubwürdigkeit, da die Ideale der Wissenschaft nicht durch zu viele Rücksichten verletzt werden. Und sie lassen die begründete Hoffnung aufleben, dass es wirklich um unsere Probleme geht. Natürlich ist die Übertragung dieser Qualitäten von den einfachen und beobachtungsnahen Wissenskontexten, wo sie erprobt wurden, auf die viel komplexere und abstraktere Wissenschaft der Profis kein Automatismus, und wird nur gelingen, wenn man sich eingehend darum bemüht. Aber sie ist möglich, wenn die Wissenschaftspyramide auf einem breiten Fundament gebildeter Bürger steht und die Wissenschaftsinstitutionen bereit sind, hieran Maß zu nehmen.[181] Ihre Vorbehalte sind absehbar, aber dennoch wäre der Mut, diesen Weg zu gehen, richtig.

Diejenigen, die sich – wie Ervin Laszlo – für Citizen Science einsetzen, versuchen deshalb, dem Wissen der Laien jene Dignität zurückzugeben, die falsche Nichtbeachtung und unberechtigte Überheblichkeit ihm genommen haben.

Zusammenfassung

Die Aufmerksamkeit, die Citizen Science gegenwärtig gilt, ist aussagekräftig und gibt Anlass zur Hoffnung. Leider aber auch Anlass zur Sorge.

Sie ist aussagekräftig, weil sie sowohl etwas über die Wissenschaft sagt als auch über das Bild, das von ihr in breiten Teilen der Bevölkerung im Umlauf ist. Die Wissenschaft kursiert dort als hoch spezialisierte und geachtete, aber auch entrückte Veranstaltung von Berufswissenschaftlern in Universitäten oder Labors. Angesichts der veralteten und dennoch geläufigen Metapher vom Elfenbeinturm sollen unterhaltsame Wissenschaftsshows helfen, den Menschen die abgehobene Wissenschaft näher zu bringen. Tatsächlich entsteht dadurch jedoch das falsche Bild einer ihrer faktischen Mühen entkleideten, spektakulären Ansammlung lustiger oder raffinierter Demonstrationen, die das, worum es in der Wissenschaft geht, kaum verständlicher machen, sondern es nur mehr in einen mediengerechten Rahmen einpassen. Hier wird Citizen Science mit Public Science verwechselt und Public Science mit Unterhaltung.

Bisher reagiert die Wissenschaft diesbezüglich nicht mit einer entschiedenen Haltung. Sie macht das Medienspiel mit oder hält sich von ihm fern, je nachdem, was sich anbietet. Einige Wissenschaftler beeilen sich, die bislang gemiedene öffentliche Rechenschaft in ihre Agenda zu integrieren, andere tun noch weitgehend unbeteiligt. Die verschiedenen Disziplinen sind unterschiedlich prädestiniert dafür, an Public Science anzudocken. Die Überpräsenz der Naturwissenschaften in den Medien hängt nicht zuletzt damit zusammen, dass man sie besser medial aufbereiten kann, und manchmal wirkt es etwas lächerlich, wenn Historiker oder Philosophen dies zu imitieren versuchen; mehr als Talkshows kommen dabei meist nicht heraus. Es bleibt letztlich oft ein schaler Geschmack zurück und die wirkliche Wissenschaft wird den Menschen nur selten näher gebracht. Die Gründe dafür sind nicht schwer zu finden. Sie liegen nur zum Teil im Unterhaltungsbetrieb der Medien, zum anderen Teil bei der Wissenschaft selbst.

Die professionelle Wissenschaft erfüllt die hohen Erwartungen, die die unvorbereiteten, nicht speziell geschulten Menschen in sie setzen, großenteils nicht. Die Menschen stehen mit beiden Beinen in ihrem Lebensalltag und stellen fest, wie weit die gewöhnliche Wissenschaft von diesem entfernt ist. Sie bearbeitet bestimmte Themen, die die Menschen interessieren, gar nicht, tut dies bei anderen zu spezialisiert und ist generell für Zusammenhänge und Sorgen, die sich die Menschen machen, zu wenig offen. Sie müssen ein Höchstmaß an ihnen möglicher Rationalität zum Verständnis ihres komplexen Alltags aufbringen, können sich dort aber keine methodischen Reduktionen leisten, mit denen sich die Wissenschaft für ihre Enthaltsamkeit entschuldigt, aber zugleich auch aus der Affäre zieht. Bestimmte Themen wiederum bearbeitet die Wissenschaft mit einer überproportionalen Lust an Genauigkeit, die mitnichten ihrer geringen Alltagsrelevanz entspricht; oder sie hält sich aus Angst vor zu großer Ungenauigkeit von der nötigen Bearbeitung anderer Themen zurück – obwohl genau dort vielleicht ein erheblicher Bedarf an Führung durch das Dunkel des Nichtwissens bestünde.

Die Kernthese dieses Buches ist, dass diese Schwächen keine Schwächen der Wissenschaft selbst sind und auch nicht ausschließlich auf menschliche Schwächen ihrer Protagonisten zurückgeführt werden können. In erster Linie handelt es sich um Probleme, die wir uns mit der zunehmenden und scheinbar ausweglosen Zerteilung der wissenschaftlichen Welt in komplex gewordene, arbeitsteilige Institutionen eingehandelt haben. Hierfür gibt es zwei mögliche Reparaturebenen: Reformen der wissenschaftlichen Institutionen selbst und Citizen Science. Bisher versuchen wir es manchmal mit ersterem, was prinzipiell richtig ist, und noch zu wenig mit letzterem, was jedoch große Chancen bietet.

Neben dem schiefen Wissenschaftsbild ist eine ebenso schiefe Wissenschaftspolitik zu beklagen. Sie ist eng mit jener restriktiven Wissenschaftsvorstellung verknüpft. Sie leistet kaum einen Beitrag zu deren Korrektur, sondern meist nur Beiträge zu ihrer Bekräftigung. Sie fördert die Spitzen und nicht die Basis und damit weder den Wissensbürger, noch die Wissensgerechtigkeit.

Die neue Aufmerksamkeit für Citizen Science gibt Anlass zur Hoffnung, weil sie ein neues Wissenschaftsbild und eine neue Wissenschaftspolitik einläuten könnte. Ob diese aber tatsächlich verwirklicht werden, hängt auch vom Mut der Bildungspolitik ab, sich zu erneuern. Wenn sie die Notwendigkeit dazu nicht einsieht, wird auch Citizen Science nur eine Randerscheinung in einer Nichtwissensgesellschaft bleiben.

Dabei ist Citizen Science selbst keine stromlinienförmige und einseitige Angelegenheit. Doch gibt es auch hier verschiedene Auffassungen, und das ist gut so. In Citizen Science light, wo der Citizen Scientist nur als Datensammler für die akademische Wissenschaft der Universitäten herangezogen wird, wird zwar nicht das volle Potenzial von Citizen Science abgerufen, aber zumindest das Bewusstsein der Profis für die Notwendigkeit einer Kooperation mit Laien gestärkt. Dort, wo die Wissensbürger die Sache selbst in die Hand nehmen, mischen sich ebenfalls Profis unter sie und verbinden und intensivieren dadurch beides: Professional und Citizen Science. Dies ist Citizen Science proper und in ihr liegen große Chancen für unsere Zukunft.[182]

Die professionelle Wissenschaft weist keine prinzipiellen Fehler auf, die sie zu einem Auslaufmodell macht. Im Gegenteil: Sie ist ein kulturelles Erfolgsmodell, für das es keine Alternative gibt. Aber ihre oft sehr auffällige Abgehobenheit, die zur Lebensferne wird und mit einer problematischen Geringschätzung von Lebensnähe verbunden ist, ihre organisatorische Verfasstheit, ihre oft nicht hinreichende Unterstützung durch die ganze Gesellschaft, die wirtschaftlichen und insbesondere die politischen Versuche, sie nicht nur zu nutzen, sondern auch auszunutzen, ihre übermäßige Institutionalisierung und bisweilen auch die menschlichen Schwächen ihrer Protagonisten machen sie zu Recht zum Gegenstand der Kritik. Es ist keine grundsätzliche Kritik in dem Sinne, dass das Prinzip Wissenschaft am Ende wäre, sondern eine an Attributen und Eigenschaften, die man durch ein verändertes Handeln grundsätzlich ändern kann. Citizen Science kann dazu Anstöße geben: Sie ist freier, sie besitzt andere Schwächen, aber auch viele Stärken. Ihre Hauptstärke ist ihre Freiheit. Ihre Abstinenz von der großen, hohen Wissenschaft begründet sowohl ihre Stärke, als auch den Raum, der sie begrenzt. Sie ist deshalb auch keine Alternative zur Wissenschaft, sondern deren einfache, breite Basis; normalerweise nicht in der Lage, deren ganze Möglichkeiten auszuspielen, aber nichtsdestoweniger vollgültige Wissenschaft und in mancher Beziehung realistischer und jedenfalls lebensnäher als jene in ihrer heutigen Gestalt.

Es besteht aber die Gefahr, dass dies nicht in voller Klarheit erkannt wird, und Professional Science im Glauben an einen Alleinvertretungsanspruch für die Wissenschaft und in Überschätzung der Rolle des Internets sich Citizen Science einfach komplett als neue Methode einzuverleiben versucht. Das für Profis attraktive Missverständnis, Laien seien nur billige, vielleicht sogar kostenlose Forschungshelfer, würde die Chance verspielen, deren vorhandene Rationalität ohne Vorurteil zur Kenntnis zu nehmen und aufzuwerten, und uns ein wirklichkeits- und lebensnahes neues Wissenschaftsverständnis zu bescheren. Die emanzipatorische, aufklärerische Kraft, die in Citizen Science schlummert, ginge weitgehend verloren, wenn etablierte Interessen aus Wirtschaft, Wissenschaft und Politik eine kleine Lösung anstrebten, die nur ihre bisherigen Positionen bestärken würde.

Wenn wir also Wissenschaft neu und besser verstehen wollen als bisher, dann sollten wir unsere Vorurteile überwinden und uns an Citizen Science orientieren. Wir sollten sie uneingeschränkt ernst nehmen und unterstützen, weil wir damit die Wissenschaft und die Gesellschaft insgesamt fördern, sie zukunftsfähiger und demokratischer machen.

Nachwort von Ervin Laszlo

Citizen Science – Wissenschaft für die Bürger einer Welt im Wandel

Citizen Science ist heute wichtiger als jemals zuvor. Unser Wissen entscheidet über unser Wohlergehen und unsere Zukunft. Wissenschaft brauchen wir, weil wir zuverlässiges, gut begründetes Wissen brauchen. Und Bürger sind nicht nur dafür da, sich mit Wissen auseinanderzusetzen, das ihnen vorgegeben wird, sondern sie sind die Träger des Wissens, das sie so erwerben; sie tragen es weiter. Mehr noch: Sie können und müssen auch eigenes Wissen schaffen, es erzeugen, sich also an seiner Hervorbringung beteiligen, an der Forschung.

Dieses Buch zu schreiben erforderte von seinem Autor eine gehörige Portion Zivilcourage. Er wirft seinem eigenen Fach vor, uns bisher ein zu abgehobenes und enges Bild von der Wissenschaft vermittelt zu haben, die auch an Macht und Prestige und nicht nur an der Wahrheitssuche orientiert ist. Er klagt die Politik an, auf dem demokratischen Auge der Wissensgerechtigkeit blind zu sein. Und er verlangt, in den aktuellen Debatten um Citizen Science ihre oberflächliche Darstellung als »Mitmachwissenschaft« aufzugeben und sich endlich den tiefer liegenden Problemen zu stellen. Vor allem packt Peter Finke mit dem Verhältnis von professionell ausgebildeten Experten und den ihnen ausgelieferten Laien eines der Kernprobleme unserer heutigen Zivilgesellschaften an. Rationalität ist keineswegs nur ein Besitz Ersterer.

Ich möchte diese Zusammenhänge erläutern.

Warum ist Wissen, grundlegendes Wissen, Basiswissen, heute so entscheidend wichtig? Deshalb, weil das elementare Wissen – also das Bild, das wir von der Welt und uns selbst im Kopf haben – uns durch unser gesamtes Sein und Handeln in der Welt führt. Es ist dasjenige, was uns sagt, wie wir handeln sollen, denn es sagt uns, wie die Welt aussieht und welche Ziele wir in ihr anstreben können und sollten. Wenn unsere heutige Welt nicht zukunftsfähig und durch viele Krisen bedroht ist, dann vor allem deshalb, weil unser jetzt noch vorhandenes Weltwissen schwere Mängel aufweist. Es liefert uns falsche Kennzeichen und Wegweiser darüber, was wir sind und von der Welt erwarten dürfen.

Der Grund des Mangels sind aber nicht Konstruktionsfehler der Menschen, sondern der rapide Wandel der Welt, den wir zu einem großen Teil (freilich nicht ausschließlich) selbst durch unser eigenes Handeln verursachen und zu verantworten haben. Und dies wiederum hängt in erheblichem Maße von unserem grundlegenden Verständnis der Welt ab. Die Welt hat sich gewandelt und wandelt sich weiter, weil unser Handeln sie verändert, aber auch deshalb, weil die Natur nie konstant dieselbe ist: Das komplexe System aus Individuen, Gesellschaften und natürlicher Umwelt ändert sich ständig. Und dieser Wandel muss in unserem Weltwissen nicht nur nachvollzogen, sondern sogar vorweggenommen werden, sonst hinkt die Zivilgesellschaft ständig hinter den Entwicklungen her. Wir handeln dann – so wie wir es jetzt größtenteils tun – auf der Basis überholten, veralteten Wissens.

Die dringende Herausforderung für jede Gesellschaft – freilich nicht nur für die Experten, sondern auch für die vielen Laien, also uns alle – liegt darin, unser Wissen zu erneuern. Es geht dabei keineswegs nur – noch nicht einmal in erster Linie – um die für ganz bestimmte Funktionen zuständigen Entscheidungsträger und Eliten. In unserer heutigen, von allgegenwärtigen Kommunikationsnetzen durchzogenen Welt wirken alle an dieser Erneuerung mit, die kommunizieren, also buchstäblich die gesamte Menschheit. Erst unser aller Wissen von der Welt, das der Profis und das der Laien, ergibt zusammen jene kritische Masse, die wir für ein vollständiges Bilder der benötigten Veränderungen zusammenbringen müssen, ganz egal, ob der Wissensbeitrag des Einzelnen hierzu von einigen für relevant gehalten wird oder nicht.

In der heutigen Welt bilden nicht die traditionellen Eliten der führenden Experten die Avantgarde des Wissens, sondern diese besteht vielmehr aus den sich in vielen neuen Kommunikationsformen bewegenden vorwiegend jungen Leuten, die die heraufziehenden neuen Kulturen repräsentieren. Sie sind der in Trägheit verharrenden Mainstream-Kultur weit voraus, denn ihr Denken und Fühlen entspricht den gegenwärtigen und neu zu schaffenden Lebensbedingungen auf diesem Planeten viel eher als der Mainstream der Gewohnheiten und des etablierten Denkens.

Das sich neu formierende Weltbild greift übrigens einige Elemente einer Kultur auf, die am Rande des entstehenden Zeitalters der Naturwissenschaften Konturen gewann, etwa in der Quantenphysik. Dieser Zusammenhang ist tatsächlich sehr interessant und bedeutungsvoll. Es handelt sich dabei nämlich um eine Kultur der umfassenden Verknüpfungen, der allseitigen Kommunikation und Bewegung, nicht fester Ortsgebundenheit, sondern vielfacher Verflechtung und sich verändernder Beziehungen. Sie findet in jenen emergierenden Kulturen ihren Ausdruck, nicht nur in Begriffen einer wissenschaftlichen Fachsprache, sondern vor allem in Alltagsbegriffen, die eine Zueinandergehörigkeit ausdrücken, eine Art Einheit, gar Liebe als eine fundamentale soziale und ökologische Tatsache.

Die entstehenden neuen Kulturen erschaffen die Basis für eine Welt der Kooperation. Einheit, Zugehörigkeit und Liebe sind Wegmarken auf den Pfaden zu diesen neuen Kulturen. Sie sind Säulen einer Kultur der Solidarität, die ihrerseits Voraussetzung einer Kultur umfassend wirksamer, durch menschliche Werte gebildeter Kooperation ist. Sie löst die alte Kultur der Isolation und Konfrontation ab, die für die Sackgassen verantwortlich ist, in die wir uns hineinmanövriert haben. Wenn Menschen einander als eine wechselseitig verbundene »kohärente« Gruppe wahrnehmen und nicht bloß als eine Art isolierter Existenzen in einem gesellschaftlichen Dschungel, wo jeder seine eigenen Interessen unabhängig von den Interessen anderer und womöglich auch gegen diese verfolgt, dann werden sie die Solidarität entwickeln, die notwendig ist, um aus dieser Isolation herauszufinden und im geteilten Interesse gemeinsam zu handeln.

Die heutige Welt ist eine solche global interagierende, in wechselseitigen Abhängigkeitsverhältnissen lebende Welt. Reichweite und Tiefe dieser Interaktionen und Abhängigkeiten gehen weit über die heute schon politisch und wirtschaftlich wahrgenommenen Strukturen hinaus. Die Menschen in dieser Welt – wenn man mal von den ärmsten, am wenigsten handlungsfähigen Bevölkerungsgruppen und Regionen absieht – sind keine passiven Objekte eines sich entfaltenden Prozesses, sondern tatsächlich Akteure, wenn auch manchmal ohne sich dessen bewusst zu sein. Sie sind auch keine Subjekte in jenem traditionellen angelsächsischen Sinne, in dem sie als Untergebene eines Monarchen galten. Sondern sie sind Bürger und im Idealfall Mitglieder einer Demokratie. Ihre Möglichkeit zur aktiven Mitgestaltung hängt nicht allein von Geld oder sozialer Position ab, sondern ist genau so (oder sogar noch mehr) abhängig von ihrer Fähigkeit und ihrem Willen, sich an der allgemeinen Kommunikation zu beteiligen.

Dies bringt mich zurück zum Verständnis von Citizen Science und ihrer Rolle in einer sich wandelnden Welt. Auch Wissenschaft ist nichts Lokales, Regionales oder Nationales. Sie entzündet sich zwar sehr häufig dort an konkreten Beobachtungen und findet dabei auch heute noch oft ihre Themen, aber sie ist global in dem Sinne, dass sie sich, ohne von Grenzen aufgehalten zu werden, über alle Kommunen, Regionen und Nationen erstreckt. So erreicht sie als ein Prinzip unserer Rationalität alle Bürger der gegenwärtigen Welt. Diese ungehinderte Ausbreitung grundlegender Konzepte ist für unsere Existenz in der interaktiven und abhängigen Welt ganz wichtig. Sie ermöglicht die gemeinsame Einsicht, dass es keine schlechthin nur lokalen Weltereignisse gibt, die anderswo nicht beachtet werden müssen, sondern dass – bei einer sehr fundamentalen Betrachtung – alles von Natur aus miteinander verwoben ist. Dies wahrzunehmen ist Voraussetzung für verantwortliches und konstruktives Handeln in einer allseitig verbundenen und interdependenten Welt. Es ist auch die Grundlage von Citizen Science.

Diese neue Weltsicht – in der professionellen Wissenschaft oft als systemisch, holistisch, manchmal auch holografisch bezeichnet – ist nicht einfach ein top-down-Prozess. Insofern ist es konsequent und richtig, dass Peter Finke in diesem Buch die allein von oben nach unten gerichtete Förderung von Citizen Science als falsch kritisiert. Es geht um einen viel komplexeren, interaktiven Prozess, bei dem das neue Wissen den Geist und die Vorstellungskraft der Leute anregt, sie als Citizen Scientists beflügelt, und deren Denken und Handeln wiederum auf die professionelle Wissenschaft zurückwirkt.

Wir benötigen also nicht unbedingt die Anstöße der traditionellen politischen oder ökonomischen Eliten, die häufig ausbleiben oder auf das Beharren auf dem Gewohnten setzen, sondern vielleicht nur subtile, aber effiziente Signale aus den bottom-up entstehenden, neuen Kulturen, die dann ein neues Wissenschafts- und Weltverständnis nach sich ziehen.

Was sich dort entwickelt und wann, hängt stark vom Feedback aus der Zivilgesellschaft ab. Dieses Feedback ist eine Art Resonanzkörper, der zurückmeldet, wie sich die Interessen und Motive der Menschen verändern. Er arbeitet mindestens so gut wie Rückmeldungen bei öffentlichen Ausgaben oder privaten Investitionen. Wenn das Feedback der Bürger gestört ist, begünstigt dies einflussreiche Minderheiten, die ihre eigenen Vorhaben und Ziele durchsetzen möchten. Wenn es aber funktioniert, ist es ein starker Ansporn dafür, jene Veränderungskultur voranzutreiben, die einen objektiven Beitrag liefern kann, um Bestand und Wohlergehen der heutigen Welt durch den Übergang zu anderen, zukunftsfähigeren Verhaltensweisen zu sichern. Es sind die vielen Laien, die für dieses Feedback gebraucht werden, wir alle; ohne sie – uns – geht es nicht.

Neues Wissen aus der professionellen Wissenschaft über Bildung und Weiterbildung in die Köpfe einer kritischen Masse in der Zivilgesellschaft zu befördern, ist die Aufgabe von weitsichtigen, den Bürgern und der Öffentlichkeit zugewandten Wissenschaftlern. Immer mehr nehmen sich dieser Aufgabe an, was schon die Zahl der populärwissenschaftlichen Bücher beweist, die von führenden Wissenschaftlern allein aus dem Bereich der Naturwissenschaften geschrieben werden. Diese Wissenschaftler sind sich der Tatsache bewusst, dass auch sie Bürger dieser Welt sind und insofern mitverantwortlich für den Zustand der Erde und das allgemeine Wohlergehen.

Dies ist Public Science. Dass aber die Bürger selbst – und zwar nicht nur die Profis, sondern in erster Linie auch die Laien – in die Lage versetzt werden, das veränderte Wissen über die Welt aufzunehmen, durch eigenes Forschen an ihren Problemen und Erfahrungen im regionalen Raum selber weiterzuentwickeln, für sich selbst und andere anwendungsfähig zu machen und durch jenes Feedback eine Wissensgesellschaft aufzubauen, ist die Aufgabe von Citizen Science, wie Peter Finke sie in diesem Buch beschreibt. Es ist dies keine passive, mechanische Aufgabe, sondern eine aktive, die viel Kreativität erfordert.

Auf den allermeisten Gebieten sind wir alle Laien. Das neue Bürgerwissen muss im Einzelnen und im Zusammenhang aufgebaut, entwickelt und in seinen Implikationen für unser Weiterleben durchdacht werden. Dieses kreative, verantwortungsvolle Bemühen ist nicht hinreichend, aber es ist eine Voraussetzung, um jene Wissenspyramide mit breiter Basis zu errichten, von der in diesem Buch die Rede ist und die wir für ein zeitgemäßes Update unseres teilweise überholten Denkens und Handelns neu erbauen müssen. Es ist die notwendige Bedingung dafür, die sich schnell verändernden, sich vielfach verschlechternden Lebensbedingungen auf den neuen Weg einer wirklich nachhaltigen Entwicklung umzuleiten und den Bürgern tatsächlich zukunftsfähige Perspektiven für ihr Leben und ihre weitere Entwicklung anzubieten.

Deshalb ist Citizen Science aus meiner Sicht die beste, ja in einer demokratischen Gesellschaft vielleicht die einzige Möglichkeit, jenes neue Bürgerwissen zu fördern, das wir brauchen. Wir werden es aber nur gewinnen, wenn wir die Wissensgerechtigkeit zwischen den Experten und den Laien neu justieren und den Laien mehr als bisher zutrauen. Auch wer an der Zukunft der professionellen Wissenschaften interessiert ist, muss einräumen, dass vieles davon abhängen wird, welche Bildung und Rolle den rational handelnden Laien künftig zugestanden wird. Dabei hilft die begriffliche Trennung der Wissenschaft von ihren Institutionalisierungen, die in diesem Buch konsequent vorgenommen wird; sie ist leider oft unüblich, aber notwendig. Die Wissenschaft hat – wie uns sein Autor zeigt – weniger Kritik verdient als die Organisationsformen, mit denen wir sie immer wieder behindern. Citizen Science kann dies ans Licht bringen, denn die lebensnahe, ungebundene Wissenschaft der Bürger ist anders: Sie ist frei.

Danken wir Peter Finke, dass er das Thema Citizen Science ernsthaft und in die Tiefe gehend aufgegriffen hat und ihre Struktur und Rolle für die künftige Welt gründlich diskutiert.

Anmerkungen

Teil I: Die Expedition, oder: Laien sind nicht dumm

1 Friebe 2013

2 Ich verwende diesen englischsprachigen und die von ihm abgeleiteten Begriffe (zum Beispiel citizen scientist) in diesem Buch durchweg als Termini technici, für die es in vielen Fällen bislang eine unmissverständliche deutsche Entsprechung nicht gibt. An der Findung einer akzeptablen deutschen Bezeichnung für Citizen Science muss weiter gearbeitet werden. Vgl. zur Namensdiskussion auch Teil I des Buches, passim, insbesondere das Kapitel »Der Begriff und seine Pole«, S. 36 ff. In einigen Fällen verwende ich auch einen eingeführten englischsprachigen Fachbegriff wegen der Klarheit des durch ihn Bezeichneten (zum Beispiel »Scientific Community«) oder zur Gegenüberstellung (»Professional Science«). Diese Praxis ist kein Plädoyer für Anglizismen oder gar für Englisch als alleinige Wissenschaftssprache (vgl. hierzu das Kapitel »Sprachprobleme: Citizen Science kommuniziert anders«, S. 155 ff.), sondern eine Entscheidung, die hier vorgetragene Argumentation an die aktuelle internationale Debatte anzuschließen, in der sich der Begriff Citizen Science durchgesetzt hat.

3 Zur heutigen Situation der professionellen Wissenschaft habe ich vor einigen Jahren ein Buch geschrieben (Finke 2005), in dem es darum geht, den alleinakzeptierten »logical view« (Quine) zu einem »ecological view« zu erweitern.

4 Bereits 1938 war ein Buch des Bestsellerzoologen und Statistikers Lancelot Hogben mit ähnlichem Titel erschienen, »Science for the Citizen«. Aber dort ging es nicht um Citizen Science, sondern eher um das, was wir heute »Public Science« nennen: eine umfangreiche populäre Einführung in die Wissenschaft für jedermann.

5 Dickinson/Bonney 2012

6 »(...) citizen science is a wonderful thing to share with your family« (Landgraf 2013, xiii).

7 In Dickinson et al. (2010) wird Citizen Science als »ecological research tool« definiert.

8 Das vorliegende Buch argumentiert bewusst gegen diese drohende formale und inhaltliche Verengung, ja Aushöhlung des Citizen Science-Begriffs.

9 Wissenschaftstheoretiker haben oft – aus meiner Sicht mit geringem Erfolg – versucht, den Begriff der Wissenschaft zu definieren. Ausführlich hierzu argumentiere ich in Finke 2005, passim.

10 Ich habe in der gesamten Zeit meiner unterschiedlichen Tätigkeiten für forschende Vereine und Gesellschaften viele professionelle Wissenschaftlerkollegen getroffen, die sich ebenfalls dort aus den verschiedensten Motiven heraus engagierten (zum Bei-

spiel Biologen, Physiker, Techniker, Historiker, Ökonomen, Sozialwissenschaftler), aber unter ihnen war nie ein Wissenschaftsforscher. Ich kenne keinen Kollegen aus der Wissenschaftstheorie, den es einmal zu Studienzwecken oder aus eigenem Interesse in eine Citizen Science-Umgebung verschlagen hätte. Es ist demzufolge nicht klar, woher man seine Kenntnisse und insbesondere auch Urteile über Wissenschaft nimmt, es sei denn, ausschließlich aus den Universitäten und sonstigen Einrichtungen der professionellen Forschung. Dies ist der übliche, oft einzige Erfahrungshintergrund der Profis, die über Wissenschaft schreiben: ihr eigenes Milieu. Einer, den ich dazu befragte, beantwortete die Frage nach den Quellen verblüffend kurz und offen: »Durch Nachdenken«. Die Äußerung spricht für sich selbst.

11 Unter anderem als Mitglied verschiedener wissenschaftlich tätiger Gruppen der Citizen Science-Bewegung, langjähriger Leiter einer Naturforschenden Gesellschaft, Gründungspräsident des Dachverbands der deutschen Naturwissenschaftlichen Vereinigungen, Organisator seiner Umwandlung in ein Netzwerk für ganz Mitteleuropa und seither dessen Sprecher, Mitgründer der Vereinigung für Ökologische Ökonomie und seither Vorstandsmitglied, member-elect des Global Challenges Network, Initiator eines weltweiten Citizen Science-Projekts gegen die Regenwaldzerstörung in Südostasien und seither sein Scientific Manager.

12 Ein professioneller Verteidiger von Citizen Science sieht sich zu der (offenbar notwendigen) Bemerkung veranlasst: »Citizen Science should not be second-rate science« (Silvertown 2009, 468).

13 Bisweilen wird die Geringschätzung sogar in deutliche Worte gekleidet. So bezeichnet zum Beispiel der Profi David Weinberger, der am Berkman Center for the Internet and Society an der Harvard Universität über den Einfluss neuer Technologien wie des Internets auf Wissenschaft und Gesellschaft forscht, »diese Leute« als »nichts anderes als wissenschaftliche Instrumente« (Interview mit der New York Times, zitiert nach Friebe 2013).

14 Feyerabend 1978

15 Der wissenschaftskritische Aspekt fehlt in der bisherigen Literatur zur Citizen Science nahezu völlig; dies ist ihre vielleicht gravierendste Lücke.

16 Dies ist auch ein Nachteil des grundsätzlich sehr guten, konkreten und weiterführenden wissenschaftskritischen Ansatzes in Schneidewind/Singer-Brodowski 2013. Die enge Verflechtung der professionellen Wissenschaft mit den sie tragenden Institutionen wird dort leider nicht zum Anlass genommen, unvoreingenommen zu prüfen, ob Wissenschaft nicht auch außerhalb ihres einengenden institutionellen Korsetts stattfindet, und diese Formen der Wissenschaft ernsthaft auf ihren Beitrag zur Wissensgesellschaft insgesamt zu untersuchen. Die Konsequenz ist, dass Citizen Science als ein Reformbeitrag zum gegenwärtigen System dort nicht vorkommt.

17 Vgl. »Der Verein als Forum der Amateurwissenschaft« (Daum 2002, 103–111)

18 Silvertown 2009 stellt das Aufkommen heutiger Citizen Science in Zusammenhang mit der Entstehung der modernen Naturwissenschaften in den letzten 200 Jahren. Der Blick könnte noch weiter zurückgehen.

19 Der Wikipedia-Artikel über Citizen Science ist noch deutlich verbesserungsbedürftig (Stand August 2013).

20 Friebe 2013

21 Vgl. auch Silvertown 2009, der »a new dawn for citizen science« zu beobachten meint.

22 Busch 2013, passim; ich bezweifle die pauschale Wertschätzung der zuletzt genannten Neuigkeit.

23 Der oft gekürzt abgedruckte Text »Was ist Aufklärung?« ist in vollem Umfang auch digital zu lesen, etwa unter http://www.digbib.org/Immanuel_Kant_1724/Was_ist_Aufklaerung

24 Eine zeitgemäße Version des kantischen Weckrufs ist Welzer 2013.

25 Für die meisten ist Feyerabend als Vertreter einer »anarchistischen Erkenntnistheorie« und als Befürworter eines »anything goes« (Feyerabend 1975) in die Philosophiegeschichte eingegangen. Dieser gegen rigide Methodennormen gerichtete Slogan, der manchmal mit »Mach was du willst!« sehr locker übersetzt worden ist, wurde und wird häufig missverstanden. Citizen Scientists halten sich meistens brav an das, was für sie verlässliche Methoden sind. Feyerabend hätte dies mit dem unseligen Einfluss der Experten erklärt und sie zu mehr Ungehorsam aufgefordert.

26 Erstausgabe in englischer Sprache New Left Books (London) 1978. Englischsprachige Neuausgabe Verso (London) 1982. Dazwischen erschien die deutsche Erstausgabe unter dem Titel »Erkenntnis für freie Menschen« in Frankfurt (Suhrkamp) 1979. Eine veränderte Zweitausgabe ist dort 1980 erschienen.

27 Es gibt eine ganze Reihe unangepasster Wissenschaftler und Philosophen, die in unserer Zeit dazu beigetragen haben, die elementare Wissenslust neu zu beleben und sie über das enge Feld des Berufswissenschaftlers hinaus breit im Bewusstsein der modernen Gesellschaft zu verankern – zu ihnen gehören Ludwik Fleck, Leopold Kohrs, Erwin Chargaff, Arne Naess, Fritjof Capra, um nur einige zu nennen, die besonders herausragen – aber Gründungsphilosophen von Citizen Science waren auch sie nicht. Die Bewegung hat keinen philosophischen Gründer; sie ist die kraftvoll nachwirkende Idee der Aufklärung in unserer heutigen Gesellschaft.

28 Er hat es auch in den veränderten Neuausgaben des Buches von 1980/1982 nicht wiedergefunden. Dort schreibt er in einer neuen Einleitung: »Wie beurteilt ein Bürger die Vorschläge der Institutionen, die ihn umgeben, von seinem Geld leben und sein Dasein verunstalten und wie beurteilt er diese Institutionen selbst? (…) Die Antwort, die ich im vorliegenden Buch auf diese Frage gebe, erkläre und verteidige, lautet wie folgt: In einer freien Gesellschaft verwendet der Bürger die Maßstäbe der Tradition, der er angehört.« Feyerabend differenziert jetzt mehr, indem er den institutionellen Charakter von Professional Science klarer als das in erster Linie Kritikwürdige herausstellt.

29 Er bezeichnet sie durchweg als »Rationalismus«.

30 Damit ist neben einer zu großen Nähe zu den Institutionen vor allem gemeint, dass ehrenamtlich tätige Laien von Forschern als unbezahlte wissenschaftliche Mitarbeiter genutzt werden und ein öffentlicher Anspruch auf Verfügung über die von ihnen gewonnenen Forschungsdaten erhoben wird.

31 Es ließen sich viele Belege voreiliger Übersetzungen fremdsprachlich entstandener Begriffe zitieren. Schon der englische Originalbegriff ist mehrdeutig und wird selbst in England und Amerika oft eng und einseitig ausgelegt. Ich verwende ihn hier dennoch als Terminus technicus, weil er inzwischen international verstanden wird.

32 Die Klage Daums 2002: »Der (…) Amateurismus als nichtprofessionelles und außerschulisches Wissenschaftsinteresse und als Teil der bürgerlichen Laienkultur ist in Deutschland bisher weitgehend unerforscht. Auch fehlen ein Untersuchungsinstrumentarium und eine angemessenen Begrifflichkeit.«, (103) gilt noch heute.

33 Für Feyerabend sind Laien die einzigen Bürger, denen man eine Kritik der Wissenschaft zumuten und anvertrauen kann: »Laien können und müssen die Wissenschaften überwachen« (Überschrift Kap. 7 in Feyerabend 1978). Irwin 1995: xi

34 Ein vager Begriff ist ein Begriff ohne eine klar auszumachende Bedeutung. Wissenschaftlich ist Vagheit oft von Übel, es sei denn in gewissen kreativen Kontexten, wo es nicht anders geht. Dort ist ein vager Begriff immer noch besser als gar keiner, allerdings nur unter Anerkennung seiner Vagheit. Ein Begriff mit mehreren Bedeutungen ist alltäglich und wissenschaftlich unbedenklich, wenn klar gemacht wird, welche seiner Bedeutungen im Einzelfall gemeint ist. Die Vagheit oder Mehrdeutigkeit des Citizen Science-Begriffs ist interessant, soweit sie Potenziale freisetzt, neue Wege zu beschreiten. Nur eines muss ausgeschlossen bleiben: ein grundsätzlicher Kampfbegriff gegen die etablierte Wissenschaft. Solch ein Kampf würde in jedem Fall zu Verlusten führen. Allerdings muss man die Kritik an den Institutionen und deren Organisationsstrukturen davon unterscheiden. An diesen gibt es zu Recht vieles auszusetzen, das nicht der Wissenschaft an sich zugerechnet werden darf (s. § 4).

35 Ein deutsches Citizen Science-Internetportal heißt »Bürger forschen mit«. Dass sie auf manchen Gebieten nicht nur mit-, sondern völlig alleine forschen, weil sich die Universitäten aus diesen zurückgezogen haben oder die Wirtschaft sich nicht dafür interessiert, kommt in diesem Horizont noch nicht vor.

36 Wie elementar Citizen Science in den USA aufgefasst wird, zeigt der Ankündigungstext des Praxisleitfadens von Landgraf 2013: »People of all ages and backgrounds can discover how to contribute to real scientific research with this handy guide. It defines citizen science, providing an overview of the social and community aspects behind the idea. The book is organized by topic and features links to library resources and descriptions of books appropriate to the subject. In addition, a section devoted to ongoing citizen-science programs includes detailed descriptions for parents and children to identify projects appropriate to their interests, abilities, commitment levels, and locations. Accessible for the whole family, this invaluable resource provides the tools for building strong families as well as improving the global community.«

37 Silvertown spricht dies offen aus: »A (…) factor driving the growth of citizen science is the increasing realization among professional scientists that the public represent a free source of labour, skills, computational power and even finance« (Silvertown 2009: 467). Insbesondere der finanzielle Aspekt, der die Einbeziehung von kenntnisreichen Laien als Sparmaßnahme der Wissenschaft beschreibt, verdient kritisiert zu werden (vgl. den Abschnitt zum Irrtum der Kostenlosigkeit [ab S. 175] in diesem Buch).

38 Auch Koch/Wolff 2013 beschreiben Citizen Science allein aus dieser professionellen Perspektive, indem sie sagen: »(Hier) entdecken viele Forscher und Organisationen das ungenutzte Potenzial der Bürger als Wissenschaftler und kreieren aktiv Programme, Wettbewerbe, Projekte, Webseiten und Spiele, welche Laien einbinden und dadurch die Vorteile der Citizen Science nutzen sollen.«

39 Es gibt deshalb eine Tendenz, sich bei Citizen Science-Plattformen und Bündnissen ein bisschen verwaschen »in der Mitte zu einigen«. Manche Grundsatzpapiere der ECSA

(European Citizen Science Association; vgl. OPAL »Public Engagement in Research«) klingen so, als wollte man Streit oder eine tiefergehende Reflexion der Unterschiede vermeiden. Man kann sich zum Beispiel auf die Formel der Einbeziehung einer möglichst großen Zahl von Menschen in die Forschung, vielleicht sogar nur Umweltforschung, zurückziehen, ohne die Frage nach dem Status der Profis oder der Laien explizit zu stellen. Doch diese Frage ist entscheidend.

40 Man könnte der amerikanischen Fachliteratur sogar zum Vorwurf machen, dass sie die wahre Bedeutung, die der unabhängige, sachkundige Bürger für das Zustandekommen von Citizen Science besitzt, verschleiert. Die große, selbständige amerikanische Naturalistentradition von Thoreau bis zum Sierra Club hat auch dort Citizen Science hervorgebracht, ja ermöglicht. Die professionelle Wissenschaft hat diese nicht erfunden, sondern ist heute deren Nutznießerin, mehr nicht.

41 Die Literatur zur Kritik der professionellen Wissenschaft ist so umfangreich, dass sie hier nicht annähernd gewürdigt werden kann. Eine herausragende Stimme ist die von Erwin Chargaff, dessen Argumente in vielen Aspekten so klingen, als nähmen sie den Wunsch nach einer Citizen Science vorweg, die eine Reform unserer naturwissenschaftlichen Praxis bewirken soll (Chargaff 1979).

42 Schneidewind/Singer-Brodowski 2013. Das Buch beschränkt sich auf die Diskussion der Verhältnisse in Deutschland.

43 Hier gibt es in jüngerer Zeit Korrekturen, aber keinen vollständigen Rückzug der Politik. Über alte Konkordate hat sich auch die römisch-katholische Kirche einen nach wie vor bestehenden ähnlichen Einfluss auf die Besetzung von – keineswegs nur theologischen – Lehrstühlen gesichert. Hier spielt sogar der Lebenswandel potenzieller Kandidaten eine Rolle; ein Bischof übernimmt dabei die Rolle des Ministers.

44 Je größer der Anteil privaten Geldes an der Wissenschaftsfinanzierung ist, desto mehr hängen Förderung oder Nichtförderung von den Interessen der Geldgeber ab. An privaten Hochschulen kann es vorkommen, dass ganze Lehr- und Forschungsbereiche über Nacht zusammenbrechen, wenn eine Förderzusage nicht mehr aufrechterhalten wird. Der Vf. hat dies an der Privatuniversität Witten-Herdecke selbst erlebt.

45 Es ist bezeichnend, dass Schneidewinds Vorschlag einer Bürgeruniversität (Schneidewind 2013), so unterstützenswert er als eine institutionelle Lösung ist, den eigentlich notwendigen Zwischenschritt einer Bürgerwissenschaft überspringt. In Finke 2014 weise ich darauf hin, dass er die gesamte Citizen Science unerwähnt lässt.

46 Ein aktueller Beleg dieser These ist die der europäischen Universitätswissenschaft aus politischen Motiven heraus aufoktroyierte Bologna-Reform ihrer Hochschul- und Studienstrukturen.

47 Eine Einschränkung betrifft einige Projekte von Citizen Science light, die den Big-Science-Charakter der professionellen Wissenschaft in Citizen Science hineintragen.

48 Der durch E. F. Schuhmacher bekannt gewordene Slogan stammt tatsächlich von seinem Lehrer Leopold Kohr (vgl. Kohr 2002).

49 Zum Beispiel schreibt Koch 2013: »Wissenschaftler bitten interessierte Bürger um Mithilfe bei Großprojekten« (112). Dies ist aber nur eine Spielart von Citizen Science und nicht diejenige, die den Kern der Sache trifft: die Aufwertung des Laienwissens.

50 In Bezug auf diese beiden Ziele gibt es viele Parallelen zu den Auffassungen, welche in Schneidewind/Singer-Brodowski 2013 dargestellt werden.

Teil II: Der Apfelbaum, oder: Lebensnähe als Prinzip

51 Die Wissenschaftstheorie ist in beständiger Gefahr, mit Methodologie verwechselt zu werden. Dabei ist dies nur ein Teilgebiet davon und es ist zu Recht umstritten, wie hilfreich oder hinderlich die Auszeichnung bestimmter Methoden ist. Feyerabend (1975), oft geschmäht und missverstanden, weist zu Recht darauf hin.

52 Das erste Kapitel von Finke 2005 behandelt die Frage, was Wissen ist, ausführlicher, als an dieser Stelle möglich.

53 Hand 2010. – Ich danke Zahar Zakaria und Herve Gonin für Stimmungsbilder aus anderen Kulturen. Sie zeigen: Die Details sind verschieden, die gouvernementale Missachtung des Bürgerwissens ist überall gleich.

54 Dies ist einer der Gründe, warum viele Darstellungen von Citizen Science in Zeitungen und Zeitschriften neben der Realität liegen: Sie suchen den mediengerechten Aufreger (»Die Biohacker«, »Zocken für die Forschung«) und beißen sich an Randerscheinungen fest. Die Motive und Themen der weitaus meisten Citizen Scientists kennen keine Ambitionen auf der Suche nach wissenschaftlichen Höchstleistungen oder nach einer spektakulären Alltagsbeschäftigung. Sie erforschen etwas aus ihrem Umfeld, das sie ihrer Lebenserfahrung zufolge für erforschenswert halten.

55 Schütz/Luckmann 1988

56 Zum Beispiel zählen Dickinson/Bonney 2012, Busch 2013 und Landgraf 2013 Projekte auf, die alle durch Internetnutzung möglich (oder erleichtert) wurden, die aber überwiegend in den verschiedenen Regionen und Staaten der USA angesiedelt sind und vor allem die Bürger dort interessieren. Sie erschließen der professionellen Forschung eine neue Methode. Die Bedeutung der Nähe für die dort ansässigen Citizen Scientists bleibt also unverändert.

57 J. Koch zitiert meine eigene Auffassung mit der Aussage, dass es »Freizeitforscher, die auf ihrem Spezialgebiet so manchem Hochschulprofessor gewachsen waren, (...) immer schon gegeben« hat (Koch 2013, 112).

58 Das berühmte »tertium non datur« ist ein Grundsatz der herkömmlichen zweiwertigen Logik. Der mathematische Intuitionismus (Brouwer) lehnte ihn zwar ab, doch die Mehrheit der lieben schwarz-weiß malenden Kollegen folgt ihm bis heute.

59 Auch die ausgedehnte Debatte über Kommunikationsprobleme zwischen Wissenschaft und Gesellschaft (»communicating academic analyses to a non-academic audience«, Phillips et al. 2012, 35) leidet an dieser häufig zu strikt gezogenen Grenzlinie.

60 Von etwa 200 am ZiF (Zentrum für interdisziplinäre Forschung) der Universität Bielefeld durchgeführten interdisziplinären Workshops waren nahezu alle durch die Beteiligung verschiedener Disziplinen gekennzeichnet. Dennoch lag hier eher eine Verschiedenheit von Bezeichnungen vor, als eine in der Sache. Bei genauerer Analyse stellte sich heraus, dass es sich in mehr als der Hälfte aller Fälle um in den Forschungsfragen äußerst nahe beieinander liegende Randgebiete mehrerer Nachbardisziplinen handelte. Formell wurde die Bedingung der Interdisziplinarität eingehalten, tatsächlich aber sprachen hier Wissenschaftler miteinander, die einen sehr ähnlichen Ausbildungshintergrund und sogar ähnliche Auffassungen von ihrem Gegenstand hatten (Basis: eigene Auswertung der Programme zwischen 1973 und 2004; unveröffentlicht).

61 Die gleiche Auswahl von Veranstaltungen am Bielefelder ZiF enthielt nur zu einem knappen Viertel solche Workshops, die streng genommen die Hauptkategorie bilden sollten.

62 Nur etwa zehn Workshops der Auswahl fielen in diese anspruchsvolle Kategorie.

63 Ich akzeptiere, dass es andere Auffassungen von Transdisziplinarität gibt, darunter auch solche, die sie auf die professionelle Wissenschaft beziehen. Wer sie aber mit Interdisziplinarität gleichsetzt, verschenkt eine Differenzierungschance, die man nutzen sollte. – Eine sehr differenzierte Diskussion des Begriffs der Transdisziplinarität findet sich in Schneidewind/Singer-Brodowski 2013, passim.

64 »Dass gerade in der transdisziplinären Forschung immer wieder herausragende Beiträge von Personen und Institutionen außerhalb des klassischen Universitätssystems gekommen sind und kommen, hat Konsequenzen bis hin zu den Stellenstrukturen im Wissenschaftssystem« (Schneidewind/Singer-Brodowski 2013, 105).

65 Sehr genaue Kenntnisse können sogar ein Kreativitätshindernis sein. Wir haben bei der Analyse von 30 Forschungsberichten, in denen eine besonders kreative Forschungssituation geschildert wurde, auffällig viele gefunden (22), die andeuteten, dass Nichtkenntnis einiger Spezialliteratur, ja sogar anerkannter Basisliteratur zu einem Teil des Gebiets, auf das man sich gewagt hatte, wahrscheinlich zum Erfolg beigetragen haben könnte (unveröffentlicht). Die fehlende Ablenkung der wissenschaftlichen Phantasie durch angebliches Tatsachenwissen kann offenbar eine befreiende Wirkung haben. Natürlich ist sie auch riskant. Professionelle Wissenschaftler können sich dieses Risiko kaum leisten.

66 Es hat in der Vergangenheit philosophische Konzepte gegeben, die eine solche Zusammenhangswissenschaft anstrebten, aber angesichts der unaufhaltsamen Wissensspezialisierung sind all diese Versuche erfolglos geblieben. Ein Beispiel ist etwa das Werk des heute vergessenen deutschen Philosophen Heinrich Rickert. Die zunehmende Schwierigkeit, bei immer komplexer werdenden Wissenslagen Zusammenhänge zu erforschen, führt die professionelle Wissenschaft konsequent zur ihrer Gliederung in Disziplinen, zu der es wahrscheinlich keine Alternative gibt. Dies ändert aber nichts an der Notwendigkeit, sich faktisch möglichst rational ihnen gegenüber zu verhalten. Zum Beispiel könnte man Studiengänge, Fakultäten, ja ganze Universitäten auch anders als üblich, nämlich nicht nach Fächern, sondern nach Problemzusammenhängen gliedern. Doch bilden auch hier die Disziplinen mit ihren Kernkompetenzen den jeweiligen Hintergrund. Deshalb ist es wichtig zu sehen, dass dort, wo die professionelle Wissenschaft versagt oder nicht hinreicht, wir alle uns dennoch Urteile bilden müssen und auch können. Das Scheitern der Zusammenhangsphilosophien bedeutet nicht, dass das Verständnis von Zusammenhängen grundsätzlich aussichtslos ist. Diese Alltagserfahrung stellt ein rationales Motiv für die transdisziplinären Perspektiven in Citizen Science dar.

67 Vgl. die differenzierten Argumente Stegmüllers in Stegmüller 1954, passim. Der Erfolg der Husserl-Schule und ihre Ablösung durch die logikzentrierte Philosophie Gottlob Freges sind auch ein Beleg für das genannte Problem. Auf »Wesensschau« (Husserl) kann zumindest Wissenschaft kaum gegründet werden.

68 Bei Gründung der als Forschungsuniversität konzipierten Universität Bielefeld 1967 wurde bezeichnenderweise vorgesehen, dass ein Schwerpunkt namens »Mathemati-

sierung der Einzelwissenschaften« eingerichtet werden sollte. Treibendes Motiv war die Idee einer weiteren Steigerung der Genauigkeit.

69 Ich habe, bezeichnenderweise in meiner Habilitationsschrift, dies selbst einmal praktiziert. War es aus Übermut oder aus Angst vor den etablierten Kollegen, die den jungen Bewerber beurteilen sollten? Das Ausmaß, in dem ich damals Wert auf den Nachweis meiner Beherrschung der mengentheoretischen Formelsprache gelegt habe, ist mir heute eher peinlich.

70 Anders in der Sprachwissenschaft: Der amerikanische Linguist Noam Chomsky revolutionierte die Sprachwissenschaft damit, die Erklärung der Möglichkeit eines kreativen Sprachgebrauchs als die zentrale Aufgabe einer sachangemessenen Grammatiktheorie zu verstehen. Leider haben die Wissenschaftsforscher daraus nichts gelernt.

71 Es gab tatsächlich Feldführer, die diesen »Jizz« der charakteristischen flüchtigen Wahrnehmung zur Basis von Zeichnungen zur Tierbeobachtung machten, doch haben die meisten Verlage diese wieder ausgemustert, weil sie sich schlecht verkauften.

72 Fitzpatrick 2012, 236

73 Viele Wissenschaftler gehen mit dem Begriff Theorie sehr restriktiv um und halten nur komplexe Hypothesenmengen, die vielleicht obendrein noch »bestätigt« sein müssen, für würdig, als »Theorie« zu gelten. Dies ist zu eng gesehen. Auch eine elementare Hypothese ist bereits eine Theorie, wenngleich eine sehr einfache. Und ob sie wahr oder falsch ist, spielt für diesen Status keine Rolle.

74 Der hauptsächlich in der deutschsprachigen philosophischen Tradition durch Dilthey hervorgehobene Unterschied zwischen dem Erklären und dem Verstehen spielt heute nicht mehr die gleiche trennende Rolle wie früher, weil die Wissenschaftstheorie deutlich gemacht hat, dass man auch das Verstehen erklären und das Erklären verstehen muss. Je mehr sprachliche Texte sich zwischen die Welt und den wissbegierigen Menschen schieben, desto mehr wird das Verstehen selbst zum Problem, doch bleibt die Aufgabe der Erklärung der Welt auch beim Verstehen von Texten die entscheidende Aufgabe der Wissenschaft. Dies ist bei Citizen Science nicht anders als dort, wo die Akademiker ganz unter sich sind.

75 Der Wissenschaftstheoretiker W. Stegmüller hat in seinem frühen Buch »Metaphysik, Wissenschaft, Skepsis« eine sehr eindrucksvolle Abfolge zunehmender Sprach- und Verständnisblockaden zwischen Wissenschaftlern beschrieben, die nicht in deren persönlichen Fähigkeiten begründet sind, sondern in den wachsenden Strukturproblemen ihrer einander immer fremder werdenden Fachinhalte (vgl. Kap. 1, passim).

76 Es gibt die etablierte Disziplin der Technikfolgenabschätzung, auch befassen sich insbesondere einige Soziologen mit Expertenkritik. Doch all dies – so wichtig es ist – geschieht unter den beschränkenden Bedingungen von Professional Science und damit im Rahmen dessen, was kontrolliert werden soll.

77 Ein Meeresbiologie-Professor des Alfred-Wegener-Instituts klagt bei seiner Pensionierung in einem Interview: »Leider haben die Forschungsprogramme oft einen diktatorischen Touch bekommen. Zu einer bestimmten Zeit gibt es eben nur Forschungsgelder, wenn ich beim Wattwurm auch einen Bezug zur Klimarelevanz herstellen kann. Der Wettstreit um die Mittel ist so intensiv geworden, dass sich niemand traut, richtig dicke Forschungsbretter zu bohren. Man geht dahin, wo es leicht ist, Ergebnisse zu bekommen. Mut in der Forschung wird nicht belohnt.« (Karsten Reise im Interview mit Jörg Christiansen; Sylter Nachrichten vom 23. 03. 2013).

78 Die sogenannten Drittmittel haben heute eine über die Finanzierung eines Projekts weit hinausgehende Bedeutung erlangt: Sie sind zum Auftakt für weitere staatliche Förderung geworden. Die Höhe der eingeworbenen Drittmittel sichert weitere Zuwendungen nach dem Muster »viel hilft viel«. Der eigentliche Forschungsinhalt wird dabei zweitrangig; allein die Drittmittelhöhe sichert einen Platz in der Rangfolge.

79 Surowiecki 2004/2007

80 Eine Fundgrube dieser beliebten Gleichsetzung ist http://en.wikipedia.org/wiki/Citizen_science

81 Mit dieser Idee gehen oft Verwechslungen und Irrtümer einher: Der Gewinn an Speicher- und Rechenkapazität muss keineswegs mit einem Wissens- oder Problemlösungsgewinn verbunden sein; vgl. das Folgende.

82 Locus classicus ist Elias Canettis »Masse und Macht«.

83 Friebe 2013

84 Charisius et al. 2013

85 Interessant ist die Situation bei einem auch von Profis relativ gut kontrollierten Citizen Science-Projekt wie Wikipedia. Auch hier können schwache oder verbesserungsfähige Darstellungen längere Zeit stehen bleiben, insbesondere bei Sachgebieten, für deren Kontrolle es relativ wenige Experten gibt. Dennoch ist es wegen des gemeinhin gut funktionierenden Profi-Laien-Mixes statistisch gesehen ein deutlich geringeres Problem, als in der professionellen Wissenschaft, wo ein Paradigma herrscht, dessen Übermacht keine Kritik zulässt. Die Langzeitwirkung der viel seltener überarbeiteten fachlichen Printmedien tut ein Übriges.

86 Phillips et al. 2012, 82 schreiben mit Bezug auf verschiedene amerikanische Studien: »(...) there is growing recognition that the power of citizen science to promote science learning in informal environments has not effectively been measured or demonstrated«.

87 Das Sprachproblem wird im Teil III des Buches ausführlich behandelt (siehe S. 155 ff).

88 Die Irrelevanz eines Begriffs wie »Lebensalltag« für die professionelle Wissenschaft war wahrscheinlich die Intention jenes auf S. 73 zitierten Philosophen bei seinem Versuch einer Zurechtweisung. Dennoch lag er daneben, denn er hatte nicht verstanden, was gemeint war.

89 Torgersen/Schmidt 2012 beschreiben iGEM sehr deutlich als Werbeveranstaltung für ein positives Image der professionellen synthetischen Biologie mit großer Wirkung auf ein »junges, techno-affines, liberales, urban-gebildetes und elitäres Publikum«.

90 Charisius et al. 2013, passim

91 Eine weiterführende ethische Diskussion enthält das Nachwort von Ervin Laszlo zu diesem Buch. Dort geht es auch um die Frage, wie verantwortliches Handeln der Bürger unter den Rahmenbedingungen einer stark veränderten Welt möglich ist. Der Autor weist Citizen Science hierbei eine große Bedeutung zu.

92 Die deutsche Internetplattform »Citizen Science Germany« trägt den Untertitel »Bürger forschen mit« und dokumentiert hierdurch ihre unverändert konservative Wissenschaftsauffassung. Bürger dürfen an der Forschung mitwirken; dass sie sie auch selbst in die Hand nehmen, ja in selbstgewähltem Rahmen vorantreiben können, bleibt hier außerhalb der Vorstellungskraft. Wikipedia als ein typisches Citizen Science-Projekt wurde anderswo gewürdigt.

93 Inzwischen wissen wir, dass es noch komplizierter war: Diese bereits 1859 durch den holländischen Ichthyologen Pieter Bleeker beschriebene Art musste 1998 mit offizieller Genehmigung der biologischen Nomenklaturbehörde neu beschrieben und mit einem neu hinterlegten Neotypus gesichert werden. Dabei kam heraus, dass Foerschs Fische einer anderen Art angehört hatten.

94 Vgl. Rüschemeyer 2013

95 Hier soll ein Projekt genannt werden, das ich selbst entwickelt habe und das ich bis heute als wissenschaftlicher Leiter begleite: das Parosphromenus-Project. Am Beispiel der hochgradig existenzbedrohten sogenannten Prachtguramis (Gattung *Parosphromenus*) geht es darum, für den Kampf gegen die Regenwaldvernichtung in Malaysia und Indonesien auch Aquarianer zu gewinnen, die sich sonst nur selten für die Verhältnisse in der Heimat ihrer Pfleglinge interessieren. Durch die dortige Anlage ökonomisch lukrativer Palmölplantagen durch internationale Konzerne findet eine alle bisherigen Maßstäbe übertreffende Vernichtung von indigener Kultur und einmalig reicher Biodiversität statt. Die sonst eher unpolitischen Aquarianer engagieren sich weltweit sichtbar dagegen und stärken die Position derer, die ein Ende der Zerstörung erreichen möchten.

96 Vgl. das Kapitel Lebensreform/Selbstreform in Kerbs/Reulecke 1998, 73–139

97 Tim Haarmann in DIE ZEIT Nr. 38/2013

98 Zum Beispiel von Friebe 2013 oder Koch 2013. – In Lintotts Projekten wird die schon früher kritisch diskutierte Schwarmintelligenz der Massen – »the intelligence of the crowd« – vergleichsweise naiv als Positivum gefeiert.

99 Ganz anders ist etwa die Rolle des bereits erwähnten, von Repräsentanten der Synthetischen Biologie, der grünen Gentechnik und der Nanotechnologie entwickelten internationalen iGEM-Wettbewerbs und seines kleinen Ablegers, des »Synbio Slam«, zu sehen, die wissenschaftlichen Nachwuchs rekrutieren und die verbreitete kritische Stimmung gegenüber den erwähnten Forschungsrichtungen positiv beeinflussen sollen. Hier wird private Motivation für die professionelle Wissenschaftskommunikation genutzt. Vgl. Charisius et al. 2013

100 In vielen Veröffentlichungen wird ein Bild von Citizen Science gezeichnet, das sie irgendwo zwischen Freizeitvergnügen – für Landgraf 2013 ist dies, wie bereits erwähnt, neben dem pädagogischen Aspekt das entscheidende Motiv für Citizen Scientists: »(...) citizen science is a wonderful thing to share with your family« (xiii) – und reiner Mitmachwissenschaft ansiedelt (»Die ›Bürgerwissenschaftler‹ wollen einfach nur dabei sein«; Haarmann 2013, 44).

101 Dies gilt auch für die sich an umweltrelevanten Citizen Science-Projekten beteiligenden Laien in Großbritannien und in den USA; Dickinson/Bonney 2012, passim

102 Dies geschieht mit zwei Hauptargumenten: Geld- und Stellenmangel, sowie interne Fortschritte der Disziplin. Beides verdeckt das Wesentliche: Interessen- und Machtverlagerungen.

103 Auch die Sonderrolle, die die Astronomie im Citizen Science-Bereich zweifellos spielt, beginnt mit einer technischen Errungenschaft: der Verfügbarkeit erschwinglicher und dennoch guter Teleskope.

104 Frei 1985

105 »(Der neuen Geschichtsbewegung) zugehörig fühlen sich manche Universitätshistoriker, die unter der Vereinzelung und unter dem Konkurrenzkampf im akademischen Wissenschaftsbetrieb leiden. Zu ihnen zählen aber auch viele Laienforscher« (Heer/Ulrich 1985, 10).

106 »Durch die Geschichtslandschaft der Bundesrepublik weht ein frischer Wind. In vielen Städten und Regionen haben Gruppen von historisch Interessierten damit begonnen, die Entdeckung von Geschichte in die eigenen Hände zu nehmen« (Heer/Ulrich 1985: 9).

107 Niethammer 1980

108 Hier zeigt sich eher ein Vorteil des deutschen Begriffs Wissenschaft gegenüber des englischen science, da Laieninteresse und Bürgerwissen vielen Wissensfeldern gilt, nicht nur solchen aus dem naturwissenschaftlichen Bereich. Es wäre der Sache nach ungerechtfertigt, hier Felder fortzulassen, nur weil sie im angelsächsischen Sprachgebrauch nicht im engeren Sinne als sciences verstanden werden.

109 Es ist einzuräumen, dass auf diesem Feld recht viele, vergleichsweise naiv agierende Hobbylinguisten tätig sind; »Volks-« oder »Küchenetymologie« sind bekannte Stichworte hierzu.

110 Ich beginne hier keine Diskussion über die Frage, wie wissenschaftlich diese Aktivitäten sind. Dies ist auch in der professionellen Literaturwissenschaft umstritten. Wer Citizen Science unvoreingenommen deskriptiv beschreiben will, muss allen Wissenschaften ihr eigenes Selbstverständnis zugestehen und die Aufstellung von Normen meiden.

111 Radkau/Hahn 2013

112 J. Radkau erzählt die schöne Geschichte der Exkursion einer Studentengruppe zum Kernkraftwerk Würgassen, auf der ihr Busfahrer der herausragende Laie war, der den aufgebotenen Experten mit den wirkungsvollsten Argumenten Paroli bot.

113 Vgl. Paech 2012 für eine kritische Diskussion der verschiedenen Anpassungsversuche der Wachstumsidee an die veränderte Einsicht in die carrying capacity der Erde.

114 Jackson 2013

115 Demaria, F. et al. 2013

116 Vgl. Kennedy/Litaer 2004. – Ch. Gelleri (»Chiemgauer«) weist z. B. darauf hin, dass sein Modell spieltheoretische Aspekte besitzt.

117 Es ist bezeichnend, dass diese Idee zunächst von finanzwissenschaftlichen Außenseitern (etwa Silvio Gesell) entwickelt worden ist.

118 Der Paritätische Wohlfahrtsverband bezeichnet die bisherigen Konzepte und Methoden der Altenpflege als einen »Riesen auf tönernen Füßen«.

119 Einzelheiten in Lang/Wintergerst 2011, 267 ff.

120 Netzwerk Vorsorgendes Wirtschaften (Hrsg.) 2013

121 Lesenswert ist Kontos 1985.

122 Ein ähnliches Bündel von Argumenten findet sich in Leggewie/Welzer 2009.

123 Finke 2012

124 »(…) anstatt Schaden anzurichten, wird jetzt der Nutzen dieses neuen, öffentlichen Wissens für die Gesellschaft klar (…). Die Bürger müssen dagegen kämpfen, dass Informationen über Angelegenheiten von entscheidender öffentlicher Bedeutung unterdrückt werden. Wer die Wahrheit ausspricht, begeht kein Verbrechen.« (E. Snowden, zitiert nach Der Spiegel 45 [4.11.2013], 24)

125 Es könnte so aussehen, als ob hier eine der typischen Eigenschaften von Citizen Science – die Bedeutung des Nahen, oft auch Lokalen oder Regionalen – verloren ginge. Aber so ist es nicht: Jeder Eintrag ist der Beitrag eines einzelnen Individuums. Er erfolgt oft deshalb, weil erlebte Werte und Kenntnisse seinen Schreiber motivieren.

126 In seinem Buch »Sprache der Eiszeit« (1962) ignoriert Fester die normalen Verfahren anerkannter Grundsätze der Etymologie und der Sprachverwandtschaft.

127 Die Erich-von-Däniken-Methode »So könnte es doch gewesen sein« ist erkennbar zu schlicht, um als seriöse wissenschaftliche Methode gelten zu können; sie diskreditiert deshalb auch Citizen Science nicht, weil sie hierfür nicht in Anspruch genommen werden kann. Das erwähnte Beispiel Fester liegt nicht auf der gleichen Ebene.

128 Carpentier 2011

129 Siehe z. B. erneut die Internetplattform »Foldit« (http://fold.it/portal/), bei der es darum geht, Proteine zu falten. Zur Erläuterung von Citizen Science eignet es sich in etwa so, wie wenn man am Beispiel des Triathlons erklären wollte, was Breitensport bedeutet.

130 Silvertown 2009, 467 und 470

131 »It is no coincidence that the first regular appearances of the phrase ›citizen science‹ in the 1990s coincided with the Internet's ascendance« (Fitzpatrick 2012: 237).

132 Ein bekannt gewordenes Beispiel in den USA ist die »Citizen Science Alliance« (CSA), die sich auf ihrer Website mit folgenden Worten vorstellt: »The CSA is a collaboration of scientists, software developers and educators who collectively develop, manage and utilise internet-based citizen science projects in order to further science itself, and the public understanding of both science and the scientific process. These projects use the time, abilities and energies of a distributed community of citizen scientists who are our collaborators.«

133 Beispiele sind etwa Vogelbestimmungs-Apps des NABU, das Programm Ardini oder die digital aufbereitete Flora Helvetica.

134 Nach Material aus dem Artikel »Zeitlupe« von S. Beyer, Der Spiegel 40/2013, 132–135

135 Ein hoffnungsvoller Neuansatz ist die Initiative »Wissenschaft im Dialog« (WiD). Sie setzt sich in Deutschland für eine gesellschaftsoffene Diskussion und den Austausch über Forschung ein, organisiert Dialogveranstaltungen, Ausstellungen oder Wettbewerbe und entwickelt neue Formate der Wissenschaftskommunikation. Es ist bezeichnend, dass sie sich früher als andere für Citizen Science geöffnet hat.

136 Vgl. Torgersen/Schmidt 2012, 141 ff., die dies als eine unzureichende Form der Wissenschaftskommunikation kritisieren.

137 Die Autoren in Phillips 2012 sprechen vom »dialogic turn in the production and communication of knowledge« (3 ff.).

138 Die folgende Argumentation verdankt J. Wirrer entscheidende Anregungen.

139 In der umfangreichen Literatur, die in Phillips 2012 zum Thema Wissenschaftskommunikation angeführt wird, und die auf ein europäisches Forschungsprojekt zurückgeht, findet sich kein einziger deutschsprachiger Beitrag. Auch Arbeiten von Habermas werden in englischer Übersetzung zitiert.

140 Vgl. das in Endnote 2 Angeführte zur Praxis in diesem Buch. Es ist sehr verschieden, ob man einzelne Termini technici, die aus einer bestimmten Fremdsprache stammen, aus Gründen der Vermeidung von Missverständnissen oder des Anschlusses an eine internationale Debatte für begrenzte Kontexte übernimmt, oder ob man die gesamte wissenschaftliche Kommunikation in einer universal verwendeten Sprache durchführen will. Ersteres ist oft unvermeidlich, Letzteres muss zu Einbußen führen.

141 Obwohl das Projekt von einer multinational basierten »European Communication Research and Education Association« (ECREA) ausging und die Demokratisierung lobt, die durch die Partizipation der Bürger an Wissenschaftsprozessen vorangetrieben wird, thematisieren dennoch alle (englischsprachigen) Beiträge des Bandes Phillips et al. 2012 zwar die dialogische Wissenschaftskommunikation, aber keiner die Sprache, in der dies stattfinden soll. Es wird offenbar für selbstverständlich gehalten, dass dies Englisch sein wird.

142 Eine weitergehende Kritik der professionellen Wissenschaft enthält Finke 2005, insbesondere 259 ff.

143 Daum 2002 stellt fest, »dass der amateurwissenschaftliche Aktivismus keinesfalls ein bloß angelsächsisches Phänomen darstellte, sondern nicht zuletzt im bürgerlichen Vereinswesen Deutschlands eine Heimat fand« (107).

144 Es gibt Felder des Engagements, auf denen sie die Männer zahlenmäßig auf den zweiten Rang verweisen: bei den sozialen Themen, Themen mit ausgeprägt feministischen Motiven, solchen, bei denen es um familiäre Probleme geht, auch bei bestimmten anderen Teilthemen (z. B. engagieren sich mehr Frauen als Männer in der Botanik, weniger in der Zoologie). Bei der Übernahme von Vereinsführungsaufgaben ist das Bild gemischt und ebenfalls stark themenabhängig: Es gibt Vereinstypen, die dauerhaft fast rein in Männerhand sind (z. B. Hobbyvereine) und solche, bei denen sich auch Frauen heute stark engagieren (künstlerische, historische und umweltbezogen arbeitende Vereine).

145 Es ist bezeichnend, dass der Schlichter, Heiner Geißler, danach ein Buch mit dem Titel »Sapere aude! Warum wir eine neue Aufklärung brauchen« veröffentlicht hat.

146 Der Architekt von »Stuttgart 21« dokumentiert noch 2013 in einem Spiegel-Interview seine völlige Ahnungslosigkeit im Umgang mit dem Phänomen des sich im Gewande des Wutbürgers versteckenden Wissensbürgers (vgl. Der Spiegel 27 vom 1. 7. 2013).

147 Auffallend ist z. B. in der Schweiz, dass Universitätswissenschaftler weit stärker in naturwissenschaftlichen Vereinigungen aktiv sind als in Deutschland. Dies gilt hier nur für bestimmte Universitäten und Vereine (ein Beispiel ist die traditionsreiche Dresdener Gesellschaft »Isis«), im Nachbarland ist dies fast flächendeckend der Fall.

Ich erkläre es durch den dortigen klügeren Umgang mit diesen Vereinigungen im Rahmen der Schweizerischen Akademie der Naturwissenschaften SCNAT.

148 Der Vf. hat z. B. auf seinem kulturökologischen Lehrstuhl in Witten-Herdecke zwischen 1996 und 1998 mehrere Lehrforschungsprojekte mit interessierten Studierenden durchgeführt, bei denen Vertreter verschiedener Berufe und Hobbys, sowie Mitglieder von Bürgerinitiativen und Vereinigungen nach ihren Motiven befragt wurden. Fortgesetzt wurde dies im Rahmen von Kreativseminaren an der Universität Bielefeld bis zum Jahr 2005. Das passim in den »Kästen« verwendete Material entstammt diesen Projekten.

149 Ortwin Renn und Antje Grobe haben aus Analysen der Nanotechnologie-Kommunikation wichtige Schlüsse gezogen, die sie u. a. zu der Empfehlung bringen: »Experten-Wissen und Laien-Wahrnehmung sollten eher als einander ergänzend denn als gegensätzlich eingestuft werden« (zitiert nach Heckl/Weitze 2012, 182).

150 Eine besonders eindrucksvolle und effiziente Lösung hat die Schweiz auf dem Gebiet ihrer naturwissenschaftlichen Organisationen in Gestalt der SCNAT gefunden. Der Schweizerischen Akademie für Naturwissenschaften gehören neben den universitären auch die sonstigen Organisationen an, die auf diesem Gebiet tätig sind, darunter alle naturwissenschaftlichen Vereine, die den Bereich »Naturwissenschaft und Regionen« abdecken. Eine zentrale Geschäftsstelle koordiniert die verschiedenen Interessen und gibt eine professionell redigierte, staatlich finanzierte Zeitschrift heraus, die wichtige Informationen unter allen Mitgliedern streut; der Statusunterschied zwischen Professional und Citizen Science wird auf diese Weise wirksam und zum Nutzen aller überbrückt.

151 Allerdings sind auch zwei weitere Beobachtungen mitteilenswert. Erstens überschreiten die beteiligten Hochschullehrer bei der diskursiven Entwicklung neuer Themenbereiche ständig ihre engen Fächergrenzen und werden de facto als Citizen Scientists tätig; die Grenze zwischen Profis und Laien verschwimmt. Und zweitens zögern auch manche Kollegen aus eben diesem Grund, sich selber am Forum zu beteiligen – ein Hinweis auf die auch selbst auferlegten mentalen Grenzen in der Profiwissenschaft, die den Unterschied markieren, der sie von der unbeschränkten Rationalität trennt, welche jedem von uns im Alltag abverlangt wird. Manch einer wird sehr ängstlich, wenn es darum gehen könnte, die Erlaubnis seiner Venia Legendi zu überschreiten, was ihn zwar formal ins Recht setzt, faktisch aber Lebensfremde geradezu provoziert.

152 Inzwischen konnte durch Verhandlungen erreicht werden, dass Studierende, die regelmäßig alle Veranstaltungen eines freiwilligen Seminars besuchen und ein akzeptables Protokoll einer von ihnen anfertigen, hierfür in einem bestimmten Fach zwei Leistungspunkte erhalten können.

153 Bisweilen kann man daran zweifeln: Ein deutsches Bundesamt, das eine Tagung zur Bedeutung des Ehrenamts mit speziellem Blick auf bestimmte Vereinigungen durchführte, wunderte sich über die geringe Teilnahme, weil es sich offenbar der Schwierigkeiten nicht bewusst war, die ehrenamtlich Tätige für eine Teilnahme überwinden müssen (Zeitaufwand, Mittelaufwand, schwierige Informationswege etc.). Statt Hilfestellungen zu geben, wurde den umworbenen Vereinen als Desinteresse und Nichtnutzung von Chancen ausgelegt, was tatsächlich ein schwerer Fehler des Amtes bei der Vorbereitung der Tagung gewesen war.

154 Einer von diesen ist das Berliner Museum für Naturkunde, das sich zurzeit darauf vorbereitet, die Steuerungszentrale der am Imperial College London gegründeten »European Citizen Science Agency« (ECSA) zu werden.

155 Lang/Wintergerst 2011 sprechen für die von ihnen untersuchten und evaluierten Modelle einer »Komplementärökonomie«, welche »soziale Innovationen für die alternde Gesellschaft« (so der Untertitel des Buches) ausprobieren, und vom »Bürger-Profi-Mix«, der ein »Handeln auf Augenhöhe« ermögliche, aber auch benötige (155 und passim).

156 Vgl. die Erfahrungen, die in Lang/Wintergerst 2011 von sozialen Citizen Science-Modellen geschildert werden (134 f.)

157 Friebe 2013

158 Seit 2013 gibt es eine Gesprächsrunde zu Citizen Science mit Vertretern aus Wissenschaft, Politik und Wirtschaft im BMBF, die sich dort regelmäßig treffen. Das Museum für Naturkunde Berlin und andere geeignete Mittlerinstitutionen (wie »Wissenschaft im Dialog«) wollen diesem Beispiel folgen und den tatsächlichen Dialog zwischen den Lagern in Gang setzen und fördern.

159 Unter den aktuellen Entwicklungen zur Förderung von Citizen Science in Deutschland findet man unschwer Belege für die Ambivalenz des hierarchischen Denkens.

160 Die Zukunft wird zeigen, was dies im Detail bedeutet. In ihrem neuesten Newsletter heißt es nur: »(…) the network will support public involvement in the advancement of environmental understanding« (ECSA-Newsletter 9/2013).

161 Bei den diesbezüglichen Gesprächen, die seit 2013 unter der Regie des BMBF stattfinden, ist dieses Bewusstsein vorhanden. Der verantwortliche Gesprächsleiter führte sie mit der Bemerkung ein, es gehe dem Ministerium nicht darum, Organisationsgewalt an sich ziehen zu wollen, sondern eher um eine Art Geburtshelferrolle.

162 Die genannten Summen sind das pauschalisierte Ergebnis jahrelanger Diskussionen in vielen Vereinigungen und Netzwerken der deutschen Citizen Science-Bewegung (z. B. NNVM und DNVD), Konsultationen mit schweizerischen und österreichischen Kolleginnen und Kollegen, mit Studierenden und Initiativen der alternativen Wissenschaftsszene, aus Gesprächen in deutschen Bundes- und Landesämtern, für die die Zuarbeit durch Citizen Science wichtig ist, sowie mit erfahrenen Führungspersönlichkeiten von bestehenden Wissenschaftsorganisationen. Eine Liste sinnvoller, unterstützender Maßnahmen findet sich auf S. 239.

Teil IV: Die Pyramide, oder:
Der schwierige Weg in eine zukunftsfähige Gesellschaft

163 Selbst dieser ist nicht in jedem Fall zu erbringen. Die »Spielzeugbeispiele«, an denen das Prinzip illustriert wird (»Alle Raben sind schwarz«), verdecken dies.

164 Ein gutes Beispiel ist William Kapp, der bereits in den 50er-Jahren Ideen einer sozialökologischen Ökonomik in den USA publizierte, die teilweise heute noch nicht die Studierenden der Wirtschaftswissenschaften erreichen (vgl. Kapp, Karl William [1950]: The Social Costs of Private Enterprise. Harvard Univ. Press, Cambridge/Mass.). Ich danke Hermann Graf Hatzfeldt und Rolf Steppacher für wichtige Hinweise zur Person von Kapp.

165 Deutliches Beispiel ist die Degrowth-Bewegung, die regelmäßige große Kongresse in verschiedenen Ländern abhält. Der Kongress 2014 findet in Deutschland (Leipzig) statt.

166 Ich verdanke Niko Paech den Hinweis auf die Ideen von Leopold Kohr, insbesondere seine Idee eines »Wirtshauses der Wissenschaft«, in dem durch den Fortfall der behindernden Grenzen zwischen den Vertretern unterschiedlicher Ansichten kreative Erkenntnisprozesse möglich werden (vgl. Kohr 2002).

167 Eine Darstellung der Problematik dieses Kapitels im Stil einer wissenschaftlichen Satire habe ich in Finke 2010 gegeben.

168 Vgl. auch Jones/Irwin 2013

169 »Faulheit und Feigheit sind die Ursachen, warum (…) es anderen so leicht wird, sich zu deren Vormündern aufzuwerfen. (…) Habe ich ein Buch, das für mich Verstand hat, einen Seelsorger, der für mich Gewissen hat, einen Arzt, der für mich die Diät beurteilt usw., so brauche ich mich ja nicht selbst zu bemühen. Ich habe nicht nötig zu denken, wenn ich nur bezahlen kann; andere werden das verdrießliche Geschäft schon für mich übernehmen. Dass der bei weitem größte Teil der Menschen den Schritt zur Mündigkeit (…) auch für sehr gefährlich halte: dafür sorgen schon jene Vormünder, die die Oberaufsicht über sie gütigst auf sich genommen haben.« (aus dem vierten Satz des kantischen Textes »Was ist Aufklärung?«)

170 »Für *Citizen Empowerment*, die Stärkung der Bürgergesellschaft, hat die Berufspolitik wenig Sinn und Gespür« (Leggewie 2012: 271).

171 Dies ist aber fast der Status quo: Ist nicht ein Paradigma, das sich durchgesetzt hat oder eine herrschende Schule eine Art Mehrheitsentscheidung in einer Sache, die keine Mehrheitsentscheidungen kennen darf?

172 Es herrscht Parität, also eine Gleichstellung der Entscheider, nicht unbedingt auch eine Drittelparität (Studenten, Professoren, wissenschaftliche Mitarbeiter). Doch ganz schlecht ist diese nicht. Sie hindert die Professoren nicht daran, die besten Argumente vorzutragen (wenn sie über sie verfügen). Wohlgemerkt: Es geht um Verwaltungsfragen.

173 Es ist eine gern vorgebrachte Argumentation der Verteidiger des Bologna-Prozesses, dass deren Kritiker angeblich die Reformbedürftigkeit des alten Systems unterschätzten. Für einige gilt dies sicherlich, aber für nicht wenige gilt fast das Gegenteil: Sie hätten sich eine weit radikalere Reform gewünscht. Allerdings eine solche, die weniger top-down und mit bürokratisch-ökonomischen Argumenten, als eine, die bottom-up, mit dem Mut zur Vielfalt und zum Abbau institutioneller und wirtschaftlicher Behinderungen organisiert worden wäre. Die Chance wurde vertan.

174 Sarkastischer Kommentar eines Kollegen: »Jetzt habe ich eine neue wissenschaftliche Erfahrung machen dürfen: Ich bin Modulbeauftragter geworden. Dass ich das noch erleben darf!«

175 »In seinem letzten, erst postum veröffentlichten Text klagte [Ludwig Fleck] 1960, dass die Wissenschaft zu ihrem Schaden immer mehr zur Gehilfin von Politik und Industrie geworden sei. (…) Was soll man dazu im Abstand von 50 Jahren sagen? Man müsste wohl – zu Flecks Entsetzen – konstatieren, dass die Wissenschaft heute noch viel mehr als damals den Denkstil von Politik, Wirtschaft und Medienöffentlichkeit angenommen hat. Nicht zuletzt, weil das so ist, gehören die Schriften Flecks (…) nach

wie vor zum Lohnendsten, was man über Sein und Sollen der Wissenschaften lesen kann.« (Michael Hagner, FAZ, 9.10.2011)

176 In seinem Plädoyer für weitergehende Stufen der Demokratisierung äußert Claus Leggewie – »Träumen muss erlaubt sein« – dass »der Klimawandel eine ›fünfte Welle‹ der Demokratisierung auslösen« könne. Hierbei handele es sich um eine »bürgerschaftlich gestützte Demokratisierung« (Leggewie 2012: 271). Es liegt auf der Hand, dass dies auch eine weitergehende Demokratisierung von Wissen und Wissenschaft einschließen müsste.

177 Laszlo 1994, 145 ff.

178 Ich sehe Religion nicht wie z. B. R. Dawkins als ein Auslaufmodell unserer Kultur. Eine kritische, auch für die Begrenztheiten der Wissenschaft offene Wissenschaftstheorie unterstützt die pure Wissenschaftsgläubigkeit nicht. So sehr man die Lust auf Wissen fördern muss, so richtig bleibt es auch, angesichts seiner hypothetischen Struktur eine grundsätzlich skeptische Haltung zu bewahren. Sie muss nicht zur Religion führen, aber gewiss auch nicht dorthin, alle, die diesen Weg gehen, als irrational zu brandmarken.

179 Leider wird die Wissenschaft auch in Welzer/Wiegandt 2012 (wie in vielen anderen Veröffentlichungen) nur als Mittel verstanden, die nötigen Veränderungen zu bewirken, kommt aber nicht auch selbst in den Genuss einer kritischen Betrachtung. Ohne ein verändertes Wissenschaftsverständnis und eine veränderte Wissenschaftspraxis wird der Einfluss dieses wichtigen Reforminstruments nicht ausreichen, um den nötigen gesellschaftlichen Wandel mitzutragen.

180 »People are the eyes and ears of the community« (Judith Enck, zitiert nach Busch 2013, 20). Zu ergänzen wäre: Nicht nur die Sinne der Laien werden gebraucht; auch ihre Vernunft.

181 »›Science for the people‹ was a slogan adopted by activists in the 1970s. ›Science by the people‹ is a more inclusive aim, and is becoming a distinctly 21st century phenomenon« (Silvertown 2009, 470).

Zusammenfassung

182 Schon 2002 spricht Daum von der »Notwendigkeit, auch im deutschen Fall die personelle Trägerschicht amateurwissenschaftlicher Beschäftigung künftig wesentlich breiter zu definieren und das Feld der verpönten Dilettanten und Laien verstärkt einzubeziehen« (107 f.).

Literatur

Busch, Akiko (2013): *The Incidental Steward. Reflections on Citizen Science*, New Haven and London: Yale University Press.

Carpentier, Nico (2011): *Media and Participation. A Site of Ideological-Democratic Struggle*, Bristol: Intellect.

Chargaff, Erwin (1979): *Das Feuer des Heraklit. Skizzen aus einem Leben vor der Natur*, Stuttgart: Klett-Cotta.

Charisius, Hanno, R. Friebe & S. Karberg (2013): *Biohacking*, München: Hanser.

Daum, Andreas (2002): *Wissenschaftspopularisierung im 19. Jahrhundert. Bürgerliche Kultur, naturwissenschaftliche Bildung und die deutsche Öffentlichkeit 1848–1914*, München: Oldenbourg.

Demaria, Federico; F. Schneider; F. Sekulova & J. Martinez-Alier (2013): *What is degrowth? From an activist slogan to a social movement*, in: *Environmental Values 22*, Cambridge: The White Horse Press, 191–215.

Dickinson, Janis L.; B. Zuckerberg & D.N. Bonter (2010): *Citizen Science as an Ecological Research Tool: Challenges and Benefits*, in: *Annual Review of Ecology, Evolution, and Systematics Vol. 41*, Palo Alto: Annual Reviews, 149–172.

Dickinson, Janis L. & R. Bonney (Eds.) (2012): *Citizen Science. Public Participation in Environmental Research*, Ithaca and London: Cornell University Press.

Feyerabend, Paul (1975): *Against Method: Outline of an Anarchistic Theory of Knowledge*, Fourth Edition, New York: Verso Books. – Deutsch (1983): *Wider den Methodenstreit. Skizzen einer anarchistischen Erkenntnistheorie*, Frankfurt: Suhrkamp.

Feyerabend, Paul (1978): *Science in a Free Society*, New York: Verso Books. – Deutsch (1979): *Erkenntnis für freie Menschen*, 1. Auflage, Frankfurt: Suhrkamp.

Finke, Peter (1996–2005): *Materialsammlung Lehrforschungsprojekte zu Citizen-Science-Seminaren Universität Bielefeld und Privatuniversität Witten-Herdecke*, unveröffentlicht.

Finke, Peter (2005): *Die Ökologie des Wissens. Exkursionen in eine gefährdete Landschaft*, Freiburg: Alber.

Finke, Peter (2010): *Die Paradigmakrankheit und ihre Heilung. Über Diagnose und Therapie einer wissenschaftlichen Epidemie*, in: *Aufklärung und Kritik 2/2010*, Nürnberg: Gesellschaft für kritische Philosophie, 83–92.

Finke, Peter (2012): *Der schwierige Weg zur Wissensgesellschaft. Ein Plädoyer für Citizen Science*, in: *Forschung und Lehre 11/12*, Bonn: Deutscher Hochschulverband, 914–916.

Finke, Peter (2012a): *Aquaristik und »Citizen Science«*, in: *VDA-aktuell 4/2012*, 13–16.

Finke, Peter (2013): *Mit Citizen Science die Wissenschaft verändern*, in: *Wissenschaftsmanagement 3/2013*, Bonn: Lemmens Medien GmbH, 12.

Finke, Peter (2013/2014): *Wenn Bürger zu Forschern werden*, in: *Naturgucker-Magazin 10*, Wuppertal: Bachstelzen Verlag GbR, 42–45.

Finke, Peter (2014): *Der inkonsequente Reformer*. in: *duz Magazin 01/14*. Berlin: Dr. Josef Raabe Fachverlag für Wissenschaftsinformation, 28–29.

Fitzpatrick, John W. (2012): *Afterword*, in: Dickinson/Bonney (Eds.), 235–240.

Frei, Alfred Georg (1985): *Geschichtswerkstätten*, in: Heer, Hannes & V. Ulrich (Hrsg.), 400–404.

Friebe, Richard (2013): *Forschung zum Mitmachen: Aus großer, lebenslanger Freude*, in: *FAZ*, 24.03.2013.

Gibbons, Michael et al. (1994): *The New Production of Knowledge: The Dynamics of Science and Research in Contemporary Societies*, London: Sage.

Haarmann, Tim (2013): *Zocken für die Forschung*, in: Zeit 38, 44.

Hand, Eric (2010): *Citizen Science: People Power*, in: *Nature 466*, London: Nature Publishing Group, 685–687.

Heckl, Wolfgang M. & M.-D. Weitze (2012): *Nanobiotechnologien: Konzepte, Kontroversen, Kommunikation*, in: Weitze, Marc-Denis, A. Pühler et al. (Hrsg.), 155–189.

Heer, Hannes & V. Ulrich (Hrsg.) (1985): *Geschichte entdecken. Erfahrungen und Projekte der neuen Geschichtsbewegung*, Reinbek bei Hamburg: Rowohlt.

Heinrich-Böll-Stiftung (Hrsg.) (2013): *Bericht aus der Zukunft. Wie der grüne Wandel funktioniert*, München: oekom.

Hogben, Lancelot (1938): *Science for the citizen. A self-educator based on the social background of scientific discovery (Primers for the age of plenty. 2)*, London: Allan and Unwin.

Irwin, Alan (1995): *Citizen Science. A Study of People, Expertise and Sustainable Development*, London and New York: Routledge.

Irwin, Alan (2001): *Constructing the Scientific Citizen: science and democracy in the biosciences*, in: *Public Understanding of Science Vol. 10 (1)*, London: SAGE Publications, 1–18.

Jackson, Tim (2013): *Wohlstand ohne Wachstum*, München: oekom.

Jones, Kevin E. & A. Irwin (2013): *Un espace d'engagement citoyen? La participation profane et le changement institutionnel dans la gouvernance contemporaine des risques*, in: *Revue d'Anthropologie des connaissances Vol. 7, No. 1*, Liège/Paris: Cairn.info, 145–171.

Kant, Immanuel (1784): *Beantwortung der Frage: Was ist Aufklärung?*, Originalveröffentlichung in: *Berlinische Monatsschrift, H. 12*, Berlin: Haude und Spener, 481–494.

Kennedy, Margret & B. A. Lietaer (2004): *Regionalwährungen – Neue Wege zu nachhaltigem Wohlstand*, München: Riemann.

Kerbs, Diethard & J. Reulecke (Hrsg.) (1998): *Handbuch der deutschen Reformbewegungen 1880–1933*, Wuppertal: Hammer.

Koch, Cédric & G. Wolff (2013): *Citizen Science: Bürger forschen mit. Wie Wissenschaft und Gesellschaft von der Partizipation interessierter Bürger profitieren*. Online unter www.wissenschaftsmanagement.de/news/buerger-forschen-mit

Koch, J. (2013): *Prof. Dr. Jedermann*, in: *Der Spiegel Spezial, Heft 55*, Hamburg: Spiegel, 112.

Kohr, Leopold (2002): *Das Ende der Großen. Zurück zum menschlichen Maß*, Salzburg: Otto Müller Verlag.

Kontos, Silvia (1985): *Zur Geschichte der Hausarbeit*, in: Heer, Hannes & V. Ulrich (Hrsg.), 174–181.

Landgraf, Greg (2013): *Citizen Science Guide for Families: Taking Part in Real Science*, Chicago: Huron Street Press.

Lang, Eva & T. Wintergerst (2011): *Am Puls des langen Lebens. Soziale Innovationen für die alternde Gesellschaft*, München: oekom.

Laszlo, Ervin (1994): *Der Laszlo-Report. Wege zum globalen Überleben*, München: Heyne.

Leggewie, Claus & H. Welzer (2009): *Das Ende der Welt, wie wir sie kannten*, Frankfurt: Fischer.

Leggewie, Claus (2012): *2025: Die demokratische Frage heute*, in: Welzer, Harald & K. Wiegandt (Hrsg.), 253–274.

Netzwerk Vorsorgendes Wirtschaften (Hrsg.) (2013): *Wege vorsorgenden Wirtschaftens*, Marburg: Metropolis.

Newman, Greg et al. (2011): *The Art and Science of Multi-Scale Citizen Science Support*, in: *Ecological Informatics 6 (2011)*, Philadelphia: Elsevier, 217–227.

Niethammer, Lutz (Hrsg.) (1980): *Lebenserfahrung und kollektives Gedächtnis. Die Praxis der »Oral History«*, Frankfurt am Main: Syndikat.

Paech, Niko (2012): *Befreiung vom Überfluss. Auf dem Weg in die Postwachstumsökonomie*, München: oekom.

Phillips, Louise; A. Cravalho & J. Doyle (Eds.) (2012): *Citizen Voices. Performing Public Participation in Science and Environmental Communication*, Bristol/Chicago: Intellect.

Radkau, Joachim (2012): *Eine kurze Geschichte der deutschen Antiatomkraftbewegung*, in: Weitze, Marc-Denis, A. Pühler et al. (Hrsg.), 191–202.

Radkau, Joachim & L. Hahn (2013): *Aufstieg und Fall der deutschen Atomwirtschaft*, München: oekom.

Rüschemeyer, Georg (2013): *Auch Noah hat klein angefangen*, in: *FAZ Nr. 6*, Frankfurt am Main: Frankfurter Allgemeine Zeitung GmbH, 64.

Schneidewind, Uwe & M. Singer-Brodowski (2013): *Transformative Wissenschaft. Klimawandel im deutschen Wissenschafts- und Hochschulsystem*, Marburg: Metropolis.

Schneidewind, Uwe (2013a): *Plädoyer für eine Bürgeruniversität*, in: *duz Magazin 08/13*. Berlin: Dr. Josef Raabe Fachverlag für Wissenschaftsinformation, 30–31.

Schumacher, Ernst Friedrich (2013): *Small is beautiful. Die Rückkehr zum menschlichen Maß*, München: oekom.

Schütz, Alfred & T. Luckmann (1988): *Strukturen der Lebenswelt*, Frankfurt: Suhrkamp.

Silvertown, Jonathan (2009): *A new dawn for citizen science*, in: *Trends in Ecology and Evolution 24*, London: Cell Press, 467–471.

Surowiecki, James (2004): *The wisdom of crowds. Why the many are smarter than the few and how collective wisdom shapes business, economies, societies and nations*, London: Little Brown. – Deutsch (2007): *Die Weisheit der Vielen. Warum Gruppen klüger sind als der Einzelne*, München: Goldmann.

Stegmüller, Wolfgang (1954): *Metaphysik, Wissenschaft, Skepsis*. Frankfurt: Humboldt.

Torgersen, Helge & M. Schmidt (2012): *Perspektiven der Kommunikation für die synthetische Biologie*, in: Weitze, Marc-Denis, A. Pühler et al. (Hrsg.) (2012), 113–154.

Trumbull, Deborah J. et al. (2000): *Thinking Scientifically During Participation in a Citizen-Science Project*, in: *Science Education, Vol. 84, Nr. 2*, 265–275.

Vogel, Michael (2010): *Die Macht der Sterngucker*, in: *Bild der Wissenschaft 9*, Leinfelden-Echterdingen: Konradin Medien GmbH, 47.

Weitze, Marc-Denis & A. Pühler et al. (Hrsg.) (2012): *Biotechnologie-Kommunikation. Kontroversen, Analysen, Aktivitäten*, Heidelberg: Springer.

Welzer, Harald & K. Wiegandt (Hrsg.) (2012): *Perspektiven einer nachhaltigen Entwicklung. Wie sieht die Welt im Jahr 2050 aus?*, Fischer: Frankfurt.

Welzer, Harald (2013): *Selbst denken. Eine Anleitung zum Widerstand*, Frankfurt: Fischer.

Worthington, J.P. et al. (2012): *Evolution MegaLab: A Case Study in Citizen Science Methods*, in: *Methods in Ecology and Evolution 3 (Issue 2)*, London: British Ecological Society, 303–309.

Hinweise auf
weiterführende Informationen

Die folgende Auswahl ist eine praxisorientierte Zusammenstellung. Sie wendet sich in erster Linie an Neueinsteiger in die Citizen Science-Szene, erhebt jedoch keinen Anspruch auf Vollständigkeit.

◆ Die beste Methode zum gezielten Auffinden von Projekten ist die Suche im Internet. Dort findet man – wenn man in mehreren Sprachen sucht – alles: internationale, nationale, regionale und lokal ausgerichtete Projekte, Citizen Science proper und Citizen Science light.

◆ Auf folgenden Internetseiten sind Basisinformationen über Citizen Science-Projekte zusammengestellt: *www.buergerwissenschaften.de, www.citizen-science-germany.de, social.helmholtz.de/blog/buerger-fuer-die-wissenschaft-wissenschaft-fuer-buerger-citizen-science, www.fona.de/de/14719, www.wikipedia.org/wiki/Citizen-science.*

◆ Herausragende Projekte und Angebote in Deutschland findet man z. B. auch auf folgenden Websites: *www.wissenschaft-im-dialog.de/de/projekte/citizen-science/projekte-in-deutschland, www.izw-berlin.de/citizen-science.html, www.ufz.de/index.php?de=30511, www.jugend-forscht.de*, Perspektiven für Österreich enthält *www.dib.boku.ac.at/citizen_science*, für die Schweiz koordinieren die vier nationalen Akademien (vgl. *www.akademien-schweiz.ch*) sämtliche Forschungsaktivitäten (vgl. auch *www.phaeno.ethz.ch*).

◆ Überwiegend englischsprachige Projekte und Informationen findet man unter: *www.zooniverse.org, scistarter.com/finder, www.citizensciencealliance.org/projects, www.scientificamerican.com/citizen-science, www.wikipedia.org/citizen_science.*

◆ Von den in diesem Buch zitierten Publikationen enthalten insbesondere die folgenden Aufstellungen von Citizen Science-Projekten: Busch 2013: 211–220, Friebe 2013: 66, Haarmann 2013: 44, Hand (2010): 685 ff., Koch 2013: 112, Koch/Wolff 2013: passim, Landgraf 2013: thematisch sortiert passim, Newman et al. (2011): 219, Silvertown 2009: 469.

- Die überwiegende Zahl der Citizen Science-Projekte betreffen die verschiedenen Bereiche des Natur- und Umweltwissens und -schutzes (vgl. *www.biodiversity.de* sowie die Seiten der Naturschutzverbände, z. B. *www.bund.net/themen_und_projekte* oder *www.nabu.de/aktionenundprojekte*), bei den Naturwissenschaften spielen darüber hinaus insbesondere Geologie, Meteorologie oder Astronomie eine größere Rolle. Für die Bereiche Soziales, Kultur und Politik gibt es wegen der großen Differenzierung des bürgerschaftlichen Engagements keine vergleichbaren zusammenfassenden Suchadressen.

- Viele Vereinigungen wirken regional und lokal (z. B. Nassauischer Verein für Naturkunde: *www.naturkunde-online.de/projekt*). Für den Bereich Natur bietet das »Netzwerk der Naturwissenschaftlichen Vereinigungen in Mitteleuropa« NNVM alternativ die Suche nach Vereinen oder Orten an (*www.nnvm.eu*, im Ausbau).

- Oftmals firmieren Projekte nicht unter dem Label Citizen Science, obwohl sie in erheblicher Weise die Kompetenz und Forschungsbereitschaft kenntnisreicher Laien nutzen, vgl. z. B. *www.soziokultur.de*, *www.dda-web.de/adebar* oder *www.seniorenbueros.org*.

- Das Interesse an bestimmten Hobbys kann Ausgangspunkt für verstärkte Bemühungen um Wissen auf verschiedenen Gebieten sein. Eine Übersicht bieten *www.hobbymap.de*, *www.hobby.ch* und *www.austria.info*.

- Bürgerinitiativen sind Sammelstellen für aktuelles bürgerschaftliches Engagement und damit auch für eine Vielzahl von Citizen Science-Projekten. Übersichten findet man z. B. unter *www.buergerinitiative.de* und *www.b-b-e.de/themen*. Projektvorschläge sammelt *info@civil-academy.de*.

- Bestimmte Onlineportale (z. B. *www.naturgucker.de*), publizieren interessante Beobachtungsdaten und Texte; bisweilen sind Printmagazine angeschlossen (z. B. *www.naturgucker.magazin.de*).

Maßnahmen zur Förderung von Citizen Science

Die nachfolgende Liste ist aus Diskussionen im Lenkungskreis des »Netzwerks der Naturwissenschaftlichen Vereinigungen in Mitteleuropa« (NNVM) entstanden und später auf den ganzen Bereich von Citizen Science-Aktivitäten extrapoliert worden. Eine sinnvolle Anschubförderung allein in Deutschland erfordert hiernach mindestens 50 bis 80 Millionen Euro/zehn Jahre. Die Erhaltung der Ehrenamtlichkeit muss hier ein Leitmotiv sein.

- Ein etwa alle zwei Jahre stattfindender Citizen Science-Tag, auf dem gemeinsam interessierende Fragen erörtert und einzelne Vorhaben vorgestellt werden
- Übernahme von bzw. Unterstützung bei den Reise-, Tagungs- und Publikationskosten
- Auszulobende Preise für besondere Leistungen spezieller Gruppen (Kinder/Jugendliche, Hobby, bürgerschaftliches Engagement)
- Förderung vielversprechender Projekte auf Antrag
- Finanzierung des Abkaufs persönlicher Daten, die von Behörden und Ämtern benötigt werden
- Unterstützung ehrenamtlicher regionaler Publikationsreihen
- Aus- und Weiterbildungsmaßnahmen für Lehrer und Trainer von Citizen Scientists
- Ausstattungshilfen und Beratung für ehrenamtliche Organisationen der Citizen Science-Bewegung
- Eine gemeinsame Citizen Science-Zeitschrift, die die Bewegung zusammenführt und mit der professionellen Wissenschaft verbindet
- Förderung von Aktivitäten zur Vermehrung und Aktivierung von Schnittstellen zur professionellen Wissenschaft
- Unterstützung bei der Mediensuche und -nutzung
- Weiterbildung von Wissenschaftsjournalisten speziell für die mediale Unterstützung von Citizen Science
- Hilfestellung und Unterstützung bei der Entwicklung konkreter Nutzanwendungen und Verwertungsmöglichkeiten
- Vermittlung von inhaltlicher Expertenhilfe
- Hilfestellung bei der Expertenkontrolle im Einzelfall, z. B. Unterstützung von Gegengutachten